AF352379

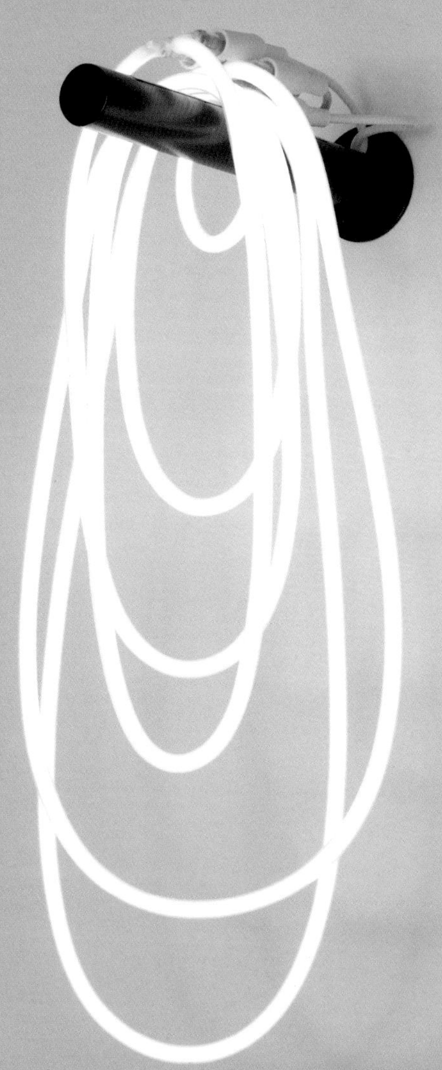

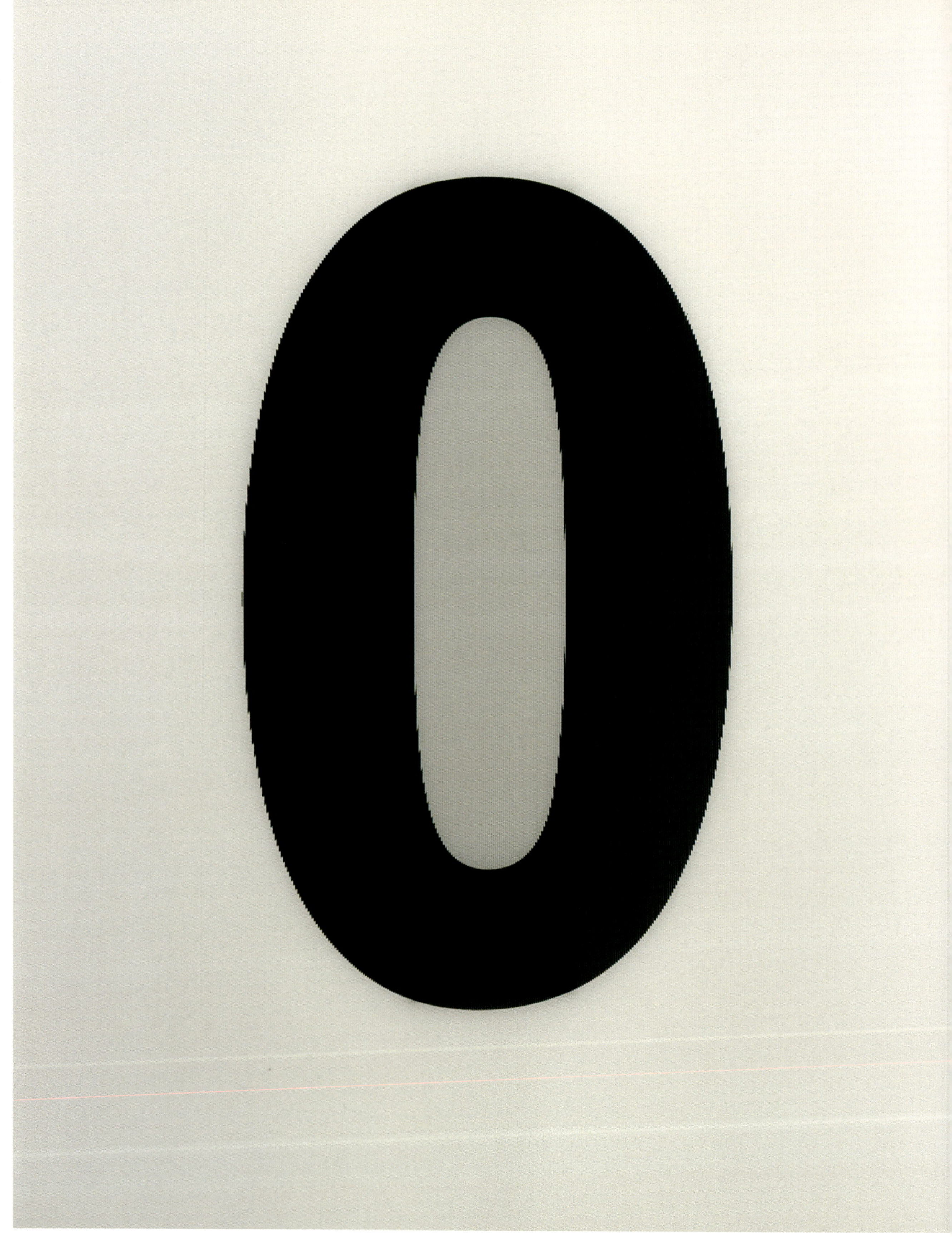

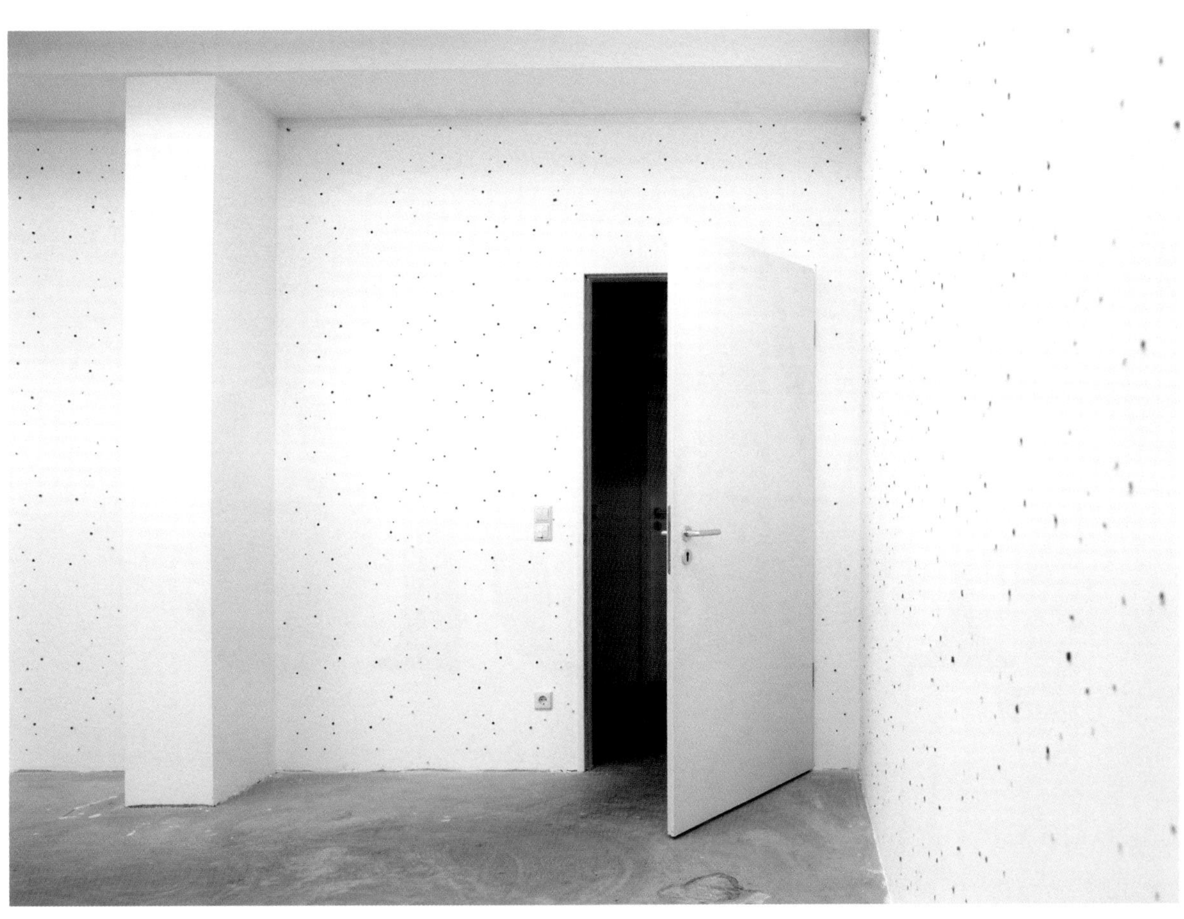

More

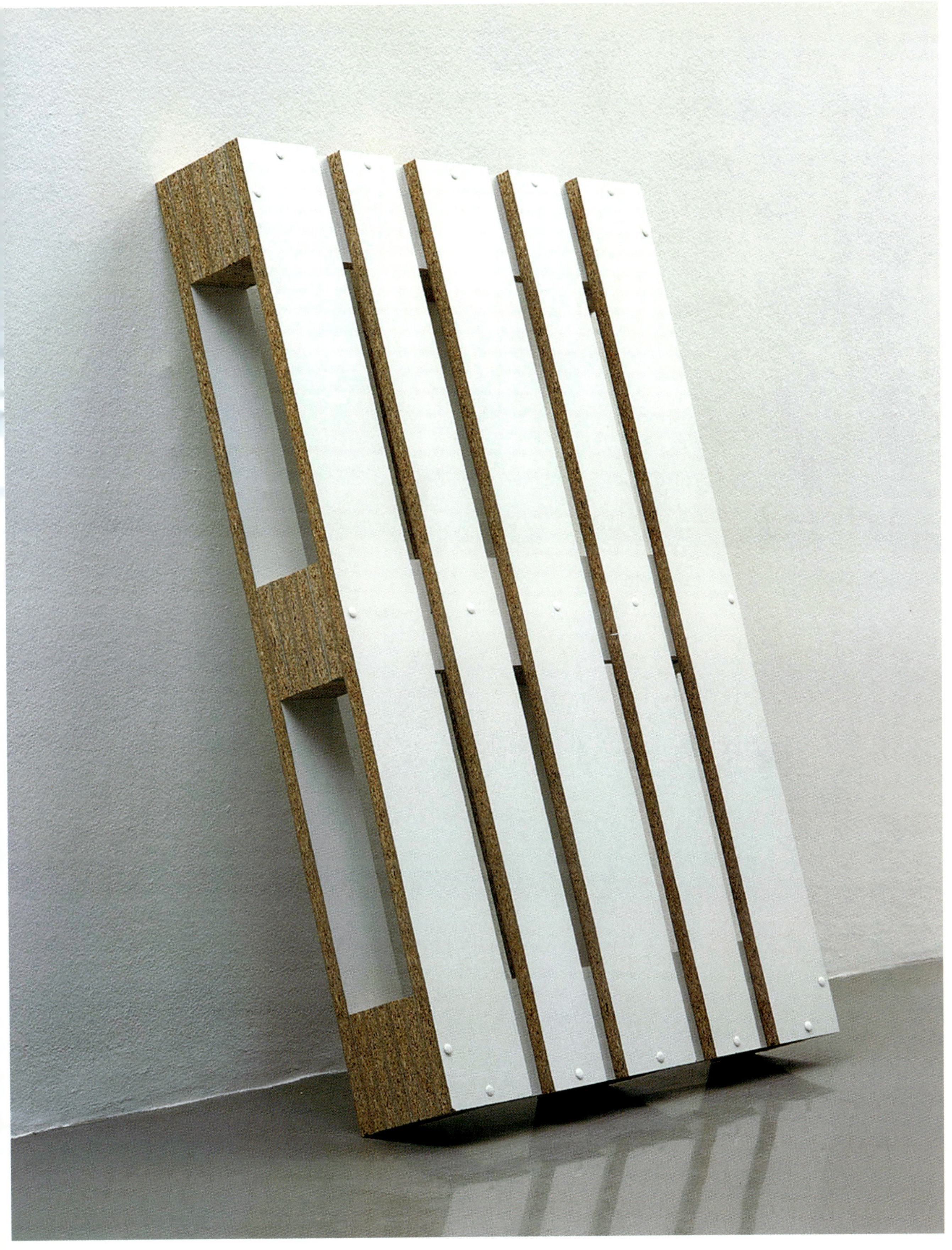

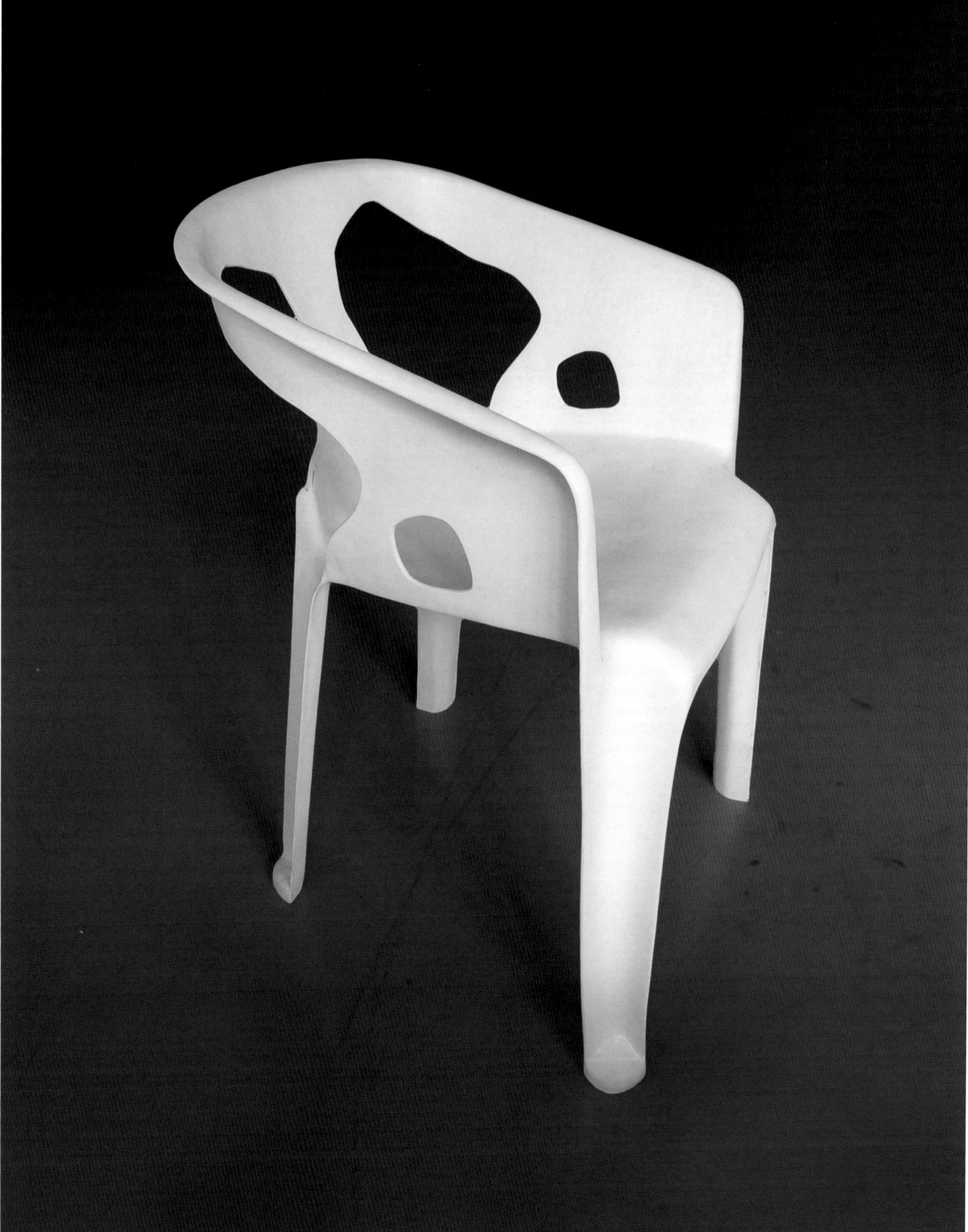

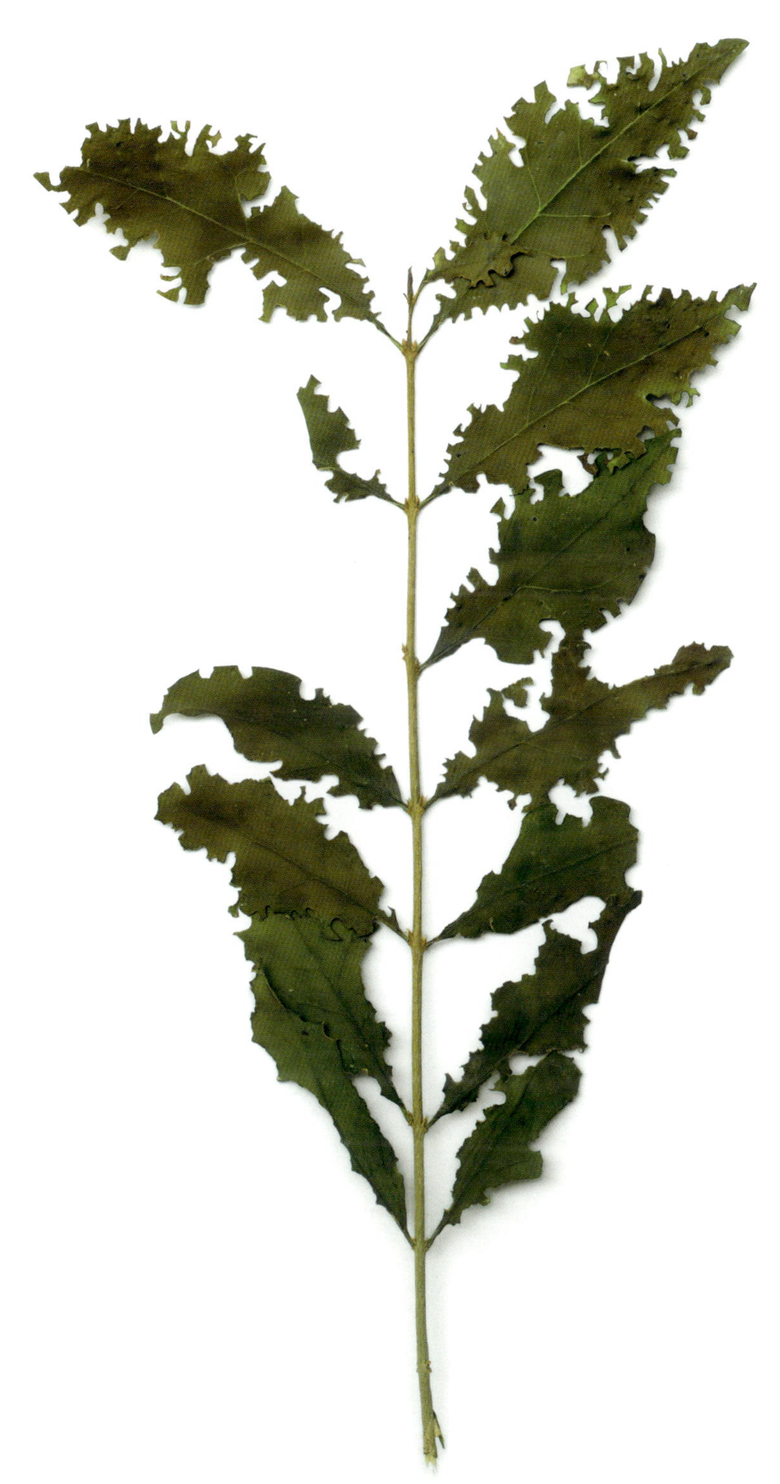

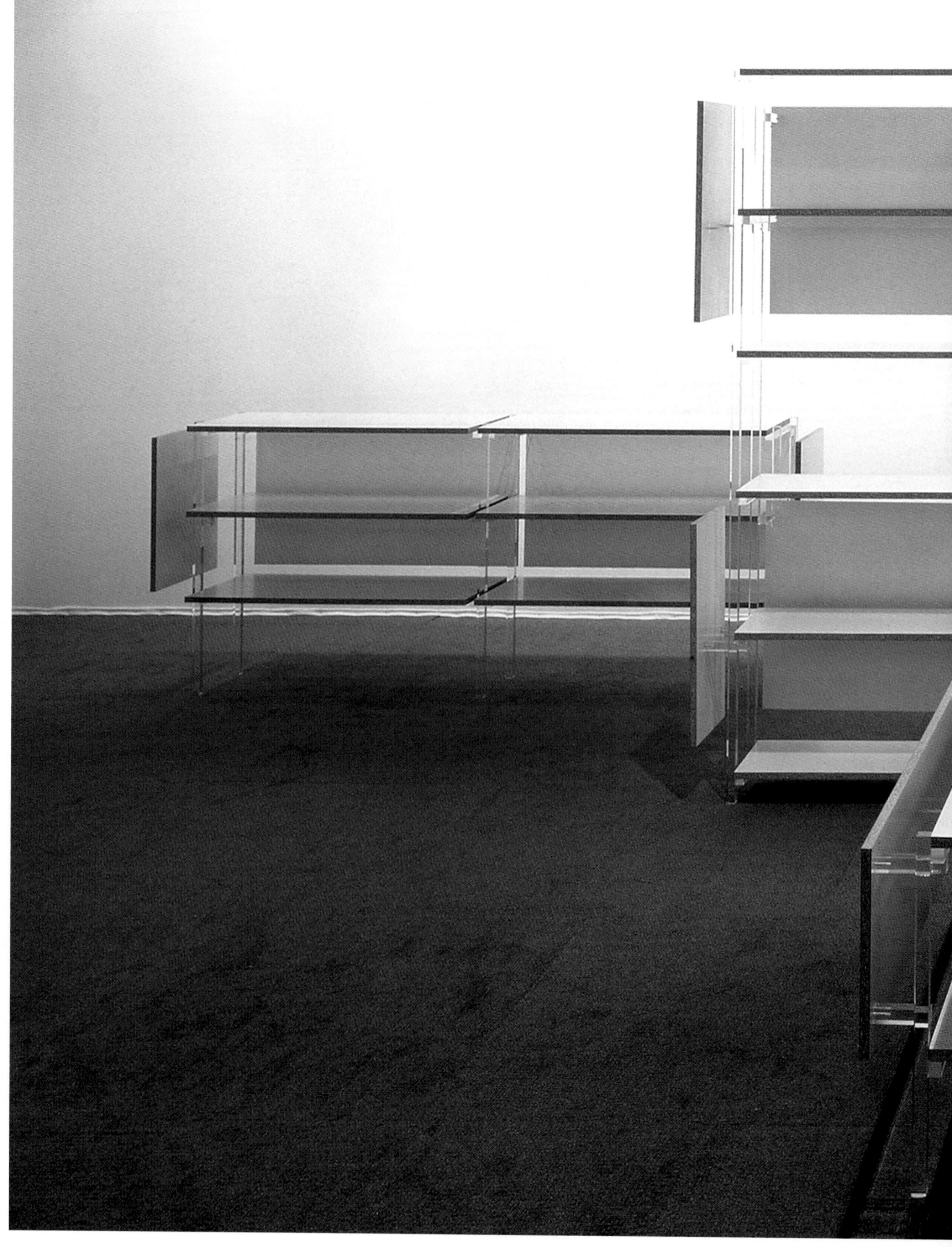

INTERVIEW
Gilles Drouault / Mathieu Mercier

Place de la Bastille, vendredi 31 mars. Il est 19h et comme il fait encore doux, nous nous installons en terrasse. Il y a beaucoup de monde sur la place, beaucoup de jeunes : ils attendent l'allocution télévisée du Président de la République. Nous parlons de cela, des mouvements des étudiants, des manifestations, des grèves, de la politique, avant de passer au travail de Mathieu. Forcément, notre discussion garde des traces de nos premiers échanges...

Mathieu : Ce qui m'intéresse, c'est de générer une forme qui trouve sa pertinence dans le champ de l'art et qui, en même temps, questionne le monde social et politique auquel ce champ appartient. Des questions liées au design, à l'architecture, à l'urbanisme... Des questions simples qui sont : « comment vivre l'espace privé ? », ou « comment vivre l'espace public ? ». C'est évidemment plus ou moins perceptible, plus ou moins direct dans mon travail...

Quand je vois un film comme *Deux ou trois choses que je sais d'elle*, ça me fascine de voir comment Godard rend compte d'une réalité sociale—et il est très précis sur ce qui arrive à l'époque en région parisienne, son film est la preuve qu'on pouvait voir les problèmes qui allaient se poser dans les décennies suivantes—et en même temps, il trouve des solutions formelles qui élargissent les possibilités du cinéma : comment montrer les conséquences d'un urbanisme sauvage, d'une architecture mal pensée, ce que ça provoque comme comportements...

Gilles : Comment conçois-tu la création de formes nouvelles en même temps qu'un questionnement du champ social ?

C'est la même chose, créer des formes nouvelles, c'est forcément questionner le contexte dans lequel elles apparaissent. Pour résumer, je dirais que l'art n'a pas à être le reflet de la société (ou de problèmes sociaux) parce qu'il est à l'intérieur—et non au dehors—de la société, et toujours en interaction avec les conflits qui la traversent. La plupart de mes œuvres sont pensées comme ça, à partir de questions qui traversent la vie sociale et politique. Mais comme je suis plasticien, ces questions me viennent de façon formelle... Par exemple, quand j'ai exposé à Beaubourg, les étais, qui sont aussi des sortes de pièces d'engrenage aux couleurs industrielles, se perdaient dans le plafond de l'espace 315. Dans ce contexte, j'aime les voir comme les pièces d'une machinerie reliées à la machine culturelle qu'est Beaubourg... Au-delà de la référence que je voyais—prix Marcel Duchamp oblige—à la *Broyeuse de chocolat*, ça devenait aussi une façon de montrer qu'une œuvre d'art exposée se connecte à un espace social et politique et fonctionne avec—ou contre—lui...

Évidemment, si mes œuvres ne répondaient qu'à un questionnement social, je ne serais pas satisfait, je changerais de pratique pour faire de la sociologie ou de la politique...

Quelqu'un m'a dit que les étais donnaient une forme à des questions liées à la finalité de la pratique artistique, du

Place de la Bastille, Friday March 31. It's 7 pm and since it's still nice out, we take a seat on a terrace. The square is full, lots of young people. They're waiting for the televised address of the President of the Republic. We talk of that, the student movements, the protest marches, the strikes, politics, before switching to Mathieu's work. Naturally our discussion was bound to have a few traces of our initial conversation...

Mathieu: What I'm interested in is generating a form that is pertinent in the field of art and yet at the same time that questions the social and political world to which that field belongs. Questions related to design, architecture, town planning... Simple questions like "How should one inhabit private space?" or "How should one inhabit public space?" Obviously it's more or less perceptible, more or less direct...

What fascinates me when I view a film like Godard's *Two or three things I know about her* is to see how Godard portrays a social reality—and he's quite precise about what was going on at the time around Paris. His film is proof that you could see the problems that were going to arise in the following decades. And at the same time, he finds formal solutions that broaden cinema's possibilities: how does one show the consequences of sprawl, of an architecture that is poorly planned, and what that provokes in the way of behaviour...

Gilles: How do you imagine the creation of new forms while questioning the social field?

It's the same thing. Inevitably, to create new forms is to question the context in which they appear. To put it in a nutshell, I would say that art doesn't have to be a reflection of society (or social problems) because it's within—not outside—society and always interacting with the conflicts affecting it. A good number of my works are imagined that way, from questions that affect social and political life. But because I'm a visual artist, those questions come to me in a formal way... For example, when I showed at the Pompidou, the struts, which are also kinds of gear mechanisms done in industrial tones, were lost in the ceiling of space 315. In that context, I like to view them as pieces in a machinery linked to the cultural machine of the Pompidou. Beyond the reference I saw—given the Marcel Duchamp prize—to the *Chocolate Grinder*, this became a way of showing that an exhibited artwork is connected to a social and political space and functions with or against it.

Obviously, if my works are only a response to questioning society, I wouldn't be satisfied, I'd change my direction in order to do sociology or politics.

Someone said to me that the struts were also a way of lending form to questions involving the finality of making art. "An artwork is an object that allows one to support a whole lot of mental architectures, aesthetic, ethical, and conceptual, and which functions as a machine as well, a machine for thinking, showing, indicating. Hence the cogwheels..." That means viewing the work of art in an overly illustrative way... yet at the same

genre : « une œuvre d'art est un objet qui permet de soutenir tout un tas de types d'architectures mentales : esthétique, éthique, conceptuelle, et qui fonctionne aussi comme une machine à penser, à montrer, à indiquer, d'où les rouages... ». C'est voir l'œuvre d'une façon trop illustrative... mais en même temps, j'aime qu'une œuvre m'entraîne dans ce genre de discussion... Sans que l'œuvre soit seulement prétexte à débat...

Les étais, c'était aussi, comme dans presque chacune de mes œuvres, la volonté de trouver une forme qui reste en partie irréductible à l'analyse... C'est important pour moi de réaliser une œuvre qui me paraît nécessairement conserver une étrangeté, qui ne ferait pas sens ; juste une présence...

On reviendra sur cette idée d'étrangeté et de présence mais j'aimerais poursuivre sur les questions d'ordre social qui traversent ton œuvre et l'expo à Beaubourg. Je voudrais parler de cette œuvre que tu as montrée à l'espace 315... La maquette immobilière que tu as reproduite à l'échelle 9/10ᵉ. Je sais qu'on t'en a déjà beaucoup parlé lors de tes derniers entretiens, mais il me semble que cette œuvre n'a jamais été commentée de façon satisfaisante.

Changer l'échelle d'une maquette de promoteur immobilier, c'était en changer le point de vue, l'interroger... Comme la regarder à la loupe. Cette idée de maison est évidemment née de réflexions sur l'habitat, l'architecture et sur l'espace public aussi...

L'espace public est porteur d'une idéologie. La forme d'une ville, l'importance donnée à la circulation des voitures ou, à l'inverse, la multiplication des rues piétonnes dans les centres ville, des zones pavillonnaires dans les périphéries, tout cela donne une forme qui induit une façon de vivre...

Mais je n'ai pas réalisé cette œuvre seulement en référence au mode de consommation qu'elle suppose.

Cette œuvre a souvent été interprétée comme la critique d'un mode de vie petit-bourgeois. Il y eut même quelqu'un pour parler de « mépris des classes moyennes inférieures ».

Je ne me suis jamais posé de question en ces termes. Ça ne m'intéresse pas : rien que le vocabulaire utilisé, « classes moyennes inférieures », celui du marketing et des promoteurs immobiliers justement, m'est volontairement étranger. Qu'un changement d'échelle, proche pour moi d'un travail de laboratoire, puisse être interprété comme du mépris, cela illustre la volonté d'exclure de la pratique artistique les expérimentations qui, entre autres résultats, interrogent les modes de production d'une culture et de l'esthétique qu'elle impose. Au profit d'un discours plus général, soi-disant plus politique mais qui prend bien garde de ne jamais mettre en question les fondements de la culture qui l'autorise. Je crois que la haine de l'art se fond souvent dans un discours ambigu sur l'art engagé. Finalement, ce sont les mêmes qui revendiquent un art

time, I like it when an artwork draws me into this kind of discussion, without the work being only an excuse for a debate…

The struts were also, as in almost all of my works, the desire to find a form that cannot be entirely reduced to analysis. It's important for me to realize a work of art that seems to me inevitably to keep a certain strangeness, that won't make sense. Just a presence…

We'll return to that idea of strangeness and presence, but I would like to carry on with the questions of social order that run throughout your work and the Pompidou show. I would like to come back to that work you exhibited in space 315, namely, the 9:10 architect's model of a building. I know your last few interviews went over this a lot, but it seems to me that that work has never been analyzed in a satisfactory way.

To change the scale of a property developer's model was to change the point of view, to question it, as if looking at it through a magnifying glass. That idea of a house obviously sprang from various thoughts on habitat, architecture, as well as public space.

Public space brings with it an ideology. The form of a city, the importance granted to automobile traffic or, on the contrary, to increasing the number of purely pedestrian streets in the centre of town, the residential zones on the outskirts, all of that yields a form that results in a certain way of living…

But I didn't produce that piece only in reference to the mode of consumption that it assumes.

That work has often been interpreted as a critique of a petty bourgeois lifestyle. There was even one person who spoke of the "scorn for the lower-middle classes."

I've never asked myself the question in those terms. I'm not interested in that. Just the vocabulary used, "lower-middle classes," the very vocabulary of marketing and property developers, is intentionally foreign to me. That a change in scale (for me akin to lab work) can be interpreted as scorn illustrates the wish to exclude from artmaking experiments that, along with other results, question the means of production of a culture and the aesthetic it imposes, in favour of a more general discourse, a supposedly more political one, but which is careful never to question the foundations of the culture that makes it possible. I think the hatred of art often merges with an ambiguous discourse on politically committed art. Basically, it's the same people who demand a politically committed art and who insist that artists confine themselves to the overused discourse of politicians. They want the artist to illustrate the themes of the political debate…

I expect much more from art. I believe that the artist takes part in defining the conditions of the debate. They don't produce the discourse, they create the forms in which a discourse can be

engagé et qui exigent de l'artiste qu'il se cantonne au discours éculé des hommes politiques. Il voudraient que l'artiste illustre les thèmes du débat politique...

J'attends beaucoup plus de l'art. Je crois que l'artiste participe à définir les conditions du débat. Il ne produit pas de discours, il crée les formes dans lesquelles peut s'insérer un discours. C'est à la fois beaucoup plus, parce qu'il impose une forme au discours, et beaucoup moins, parce qu'il ne semble pas avoir de conséquence discursive immédiate...

Cette expo à Beaubourg était placée sous le signe des vanités... C'est un thème qui revient souvent dans mon travail et il me semblait que c'était intéressant de réaliser des œuvres dont une des lectures possibles était la vanité pour un lieu qui a longtemps été le temple de l'art contemporain à Paris...

La maison, c'était un leurre placé au centre de l'expo. Quelque chose qui capte le regard, qui attire, dont on peut aller voir l'intérieur... Et puis... l'intérieur est vide. Non seulement on ne peut pas y entrer mais en plus, on ne peut voir que le vide du volume...

Ton travail a toujours été perçu comme très référencé, à l'art minimal, au Pop, au constructivisme etc.

Pour moi, la référence explicite à des œuvres ou des artistes passé sert de point de rencontre avec le public. Ces références sont présentes dans l'œuvre parce qu'elles le sont dans ma vie et, la plupart du temps, dans la vie des spectateurs. Mais elles sont comme un jalon, rien de moins mais rien de plus non plus. Une référence n'est jamais une fin, tout au plus le moyen de tisser un lien avec l'histoire des formes. Par exemple, la série des *Drum and Bass* est évidemment une référence à Mondrian... Mais cette référence, finalement, n'a pour moi pas plus d'importance que les références liées aux objets de consommation courante qui composent l'œuvre.

Je trouve que ton travail se radicalise dans le sens où il est de plus en plus difficile de le lier à des références historiques directes.

On me dit aussi que mon travail devient de plus en plus abstrait. Les deux vont ensemble. Les références artistiques sont comme les références à des objets de la vie courante, un moyen de créer un *lieu commun* avec le spectateur. Mais j'attends de ce *lieu commun* qu'il disparaisse dans la contemplation d'une œuvre au profit d'autres interprétations. Je pense que ces références sont toujours présentes dans mes œuvres mais d'une façon moins évidente, plus difficile à capter au premier regard.

Tout à l'heure, nous parlions de formes. Il y a une autre dialectique que tu as développée dans ta pratique et qui concerne justement la forme et l'informe...

Les questions dont on a parlé jusqu'à présent sont très présentes mais pas exclusives dans mon travail. Comme je le disais, j'envisage mon travail comme consistant à se poser des ques-

inserted. It's both much more, because they impose a form on the discourse, and much less, because they don't seem to have any immediate consequences in terms of the discourse…

That show at the Pompidou was placed under the theme of vanity. It's a theme that often arises in my work and it was interesting, it seemed to me, to produce works where one possible reading was the vanity of a venue that has long been the temple of contemporary art in Paris…

The house was a decoy placed at the centre of the show, something that caught the eye, that drew you in, that you could go and visit the inside of. And then… the inside is hollowed out. Not only can you not go in, but also you can only see the emptiness of the volume.

Your work has always been seen as being very referenced, to Minimal Art, Pop, Constructivism, etc.

It's that, for me, the explicit reference to works or artists of the past serve as a meeting point with the public. These references are present in the work because they are present in my life and most of the time in the lives of viewers. They're like a landmark, nothing less but also nothing more. A reference is never an end in itself; at the most it's the means to weave a link with the history of forms. For example, the *Drum and Bass* series is obviously a reference to Mondrian. Yet in the end that reference holds no more importance for me than the references linked to the present-day consumer objects making up the work.

I find that your work is becoming more radical in the sense that it's increasingly difficult to connect it with direct historical references.

I'm often told that my work is becoming more and more abstract. The two go together. The art references are like references to objects from day-to-day life, a means to create a *common link* with the viewer. But I expect that *common link* to disappear in contemplating the work in favour of other interpretations. I think those references are always present in my works, although in a less obvious way, more difficult to catch at first glance.

We were talking earlier about forms. There is another dialectic that you've developed in your art-making and which concerns form and formlessness.

The questions we've spoken of until now figure very much indeed in my work. As I've said, I see my work as consisting of my questioning forms. Yet here again, it is very simple questions that guide me: What is the difference between the constructed and the aggregate, between formlessness and the formed… It's a bit the subject of a work that I call the pile of plaster and which Julien Fronsacq calls the tomb. It's a way of doing things that comes up fairly often in my work: how, in one and the same artwork, I like to juxtapose the smooth, finished form and the formless, like a paradox. Like with

tions de formes. Or, là encore, ce sont des questions simples qui me guident : quelle est la différence entre le construit et l'agrégat, entre l'informe et le formé... C'est un peu le sujet d'une œuvre que j'appelle le tas de plâtre et que Julien Fronsacq appelle la tombe. C'est une façon de faire qui revient assez souvent dans mon travail : comment, dans une même œuvre, j'aime juxtaposer la forme finie, lisse, et l'informe, comme un paradoxe. De la même façon qu'avec les moulages de béton sur socles miroir. Parfois, c'est la référence qui vient s'opposer au résultat, comme dans la série des *Still Untitled*...

Ça rejoint un peu la pratique du collage.

Oui, d'ailleurs le collage est une pratique qui m'intéresse... comme un court-circuit de nos habitudes perceptives, de nos idées reçues. Le dernier en date est le « fémur », l'assemblage d'une barre d'acier et d'une boule de pétanque par une soudure surdimensionnée. Ce que j'aime, c'est comment deux objets mis ensemble peuvent créer un objet absolument différent, radicalement autre, étranger à ce qui lui donne forme. On trouve une nouvelle fois Godard, quand il formulait cette curieuse opération : 1 + 1 = 3, voulant dire par là, à propos du montage, qui est une forme du collage, qu'une image plus une image donnent une troisième image dans l'esprit du spectateur.

Ça m'intéresse parce que mon travail m'a aidé à percevoir qu'on ne crée pas des objets à partir de rien, créer c'est toujours inventer : on transforme des matières, on les détourne, on les colle ou décolle mais on ne les fait pas jaillir de nulle part.

Le ready-made est le geste le plus radical de l'histoire de l'art parce qu'il est le plus simple et le plus économique (dans le sens où on parle d'économie du langage) : Duchamp transforme un objet en opérant un déplacement, le geste créateur consiste juste à modifier le contexte. C'est, en un geste, condenser toute la production d'une œuvre d'art et aussi de toute œuvre. D'une certaine façon, l'homme n'ajoute jamais rien au monde, il le transforme.

Pour finir, j'aimerais bien revenir sur cette idée que tes œuvres deviennent plus abstraites, et sur ce dont tu parlais au début, la présence de l'œuvre ?

Je ne veux pas que mes pièces paraissent trop littérales ni être dans le commentaire. Ce qui m'intéresse, c'est condenser dans une œuvre différents niveaux de lecture : qu'un spectateur puisse y voir des résonances en termes de vie quotidienne, privée et publique, mais aussi en termes historiques, comment une œuvre acquiert du sens dès lors qu'on la contextualise dans le champ de l'art. C'est ça que j'appelle la pertinence en art : comment une œuvre fait à la fois sens dans le champ de l'art et fait écho, dans le champ social plus large, aux préoccupations de son temps. Mais, en même temps, il faut que cette œuvre résiste à toute interprétation, qu'il reste quelque chose d'irréductible dans sa forme ; la poésie de l'œuvre, si le terme n'était pas si galvaudé...

La part irréductible de l'œuvre commence avec la question : « Mais qu'est-ce que c'est exactement ? » Et puis, on commence

the concrete casts on mirrored pedestals. Occasionally, it's the reference that comes to contrast with the result, as in the series *Still untitled...*

That's a bit like collage.

Yes. Moreover, collage is a practice I'm interested in, as a short circuit of our habits of perception, our received wisdom. The most recent is "femur", an assemblage consisting of a steel bar and a pétanque bowl joined by a huge weld. What I like is how the two objects together can create an absolutely different object, radically different, foreign to what lends it its shape. We have here once again Godard when he came up with that odd equation: 1 + 1 = 3, meaning, in terms of editing, which is a form of collage, that an image plus an image yields a third image in the viewer's mind.

I'm interested in that because my work has helped me see that you don't create objects from nothing; to create is always to invent. You transform materials, reappropriate them, stick them together or pull them apart, but you don't make them spring out of nowhere.

The ready-made is the most radical gesture in the history of art because it's the simplest and most economic (in the way that we speak of the economy of language): Duchamp transforms an object by effecting a displacement. The creative gesture consists of simply modifying the context. It is condensing in a gesture the whole production of a work of art and the whole work. In a way, man never adds anything to the world, he transforms it.

To conclude, I'd like you to come back to the idea that your artworks are becoming more abstract and to what you were talking about at first, the presence of the work of art.

I don't want my pieces to appear to be too literal or to be all in the commentary. What I'm interested in is condensing different levels of reading in one piece. That a viewer can see echoes there in terms of daily life, private or public, but also in historic terms, how a work acquires meaning once one contextualises it in the field of art. That's what I call the pertinence of art, how a work of art produces meaning in the field of art and echoes with the concerns of the day in the broader social field. But at the same time, that work must resist every interpretation, that there remains something irreducible in its form, the poetry of the work, if the term wasn't overused...

The irreducible part of the work of art begins with the question, "What is it exactly?" And then, you try to interpret it but after a while you clearly see that something resists your efforts which would be a pure presence in a way. Without seeing anything mystical in that. A physical presence, an unexplained block.

Like in Kubrick's *2001*?

The reading of Kubrick's monolith is often mystical, whereas

par l'interpréter mais au bout d'un moment, on voit bien que quelque chose résiste, qui ne peut être interprété et qui serait en quelque sorte une pure présence. Sans y voir rien de mystique... Une présence physique, un bloc inexpliqué.

Comme dans *2001* de Kubrick ?

La lecture qu'on fait du monolithe de Kubrick est souvent mystique... Alors que pour moi elle est plus d'ordre poétique, dans le sens où un objet poétique serait un objet qui ne renvoie qu'à lui-même, un objet minimal si l'on préfère. C'est marrant parce qu'avec Julien Fronsacq, nous parlions du «fémur» et là encore nous évoquions *2001*, le moment où le singe lance l'os devenu outil... Et l'on revient au geste créateur, déplacer un objet, d'un contexte à un autre, d'une finalité à une autre... transformer un os en outil...

for me it's more of a poetic nature, in that a poetic object would be an object that only refers to itself, a minimal object, if you like. It's funny because we were talking with Julien Fronsacq about "femur" and there too we brought up *2001*, especially the moment when the ape tosses the bone that has become a tool... And we come back to the creative gesture, reappropriating an object, from one context to another, from one purpose to another... To transform a bone into a tool...

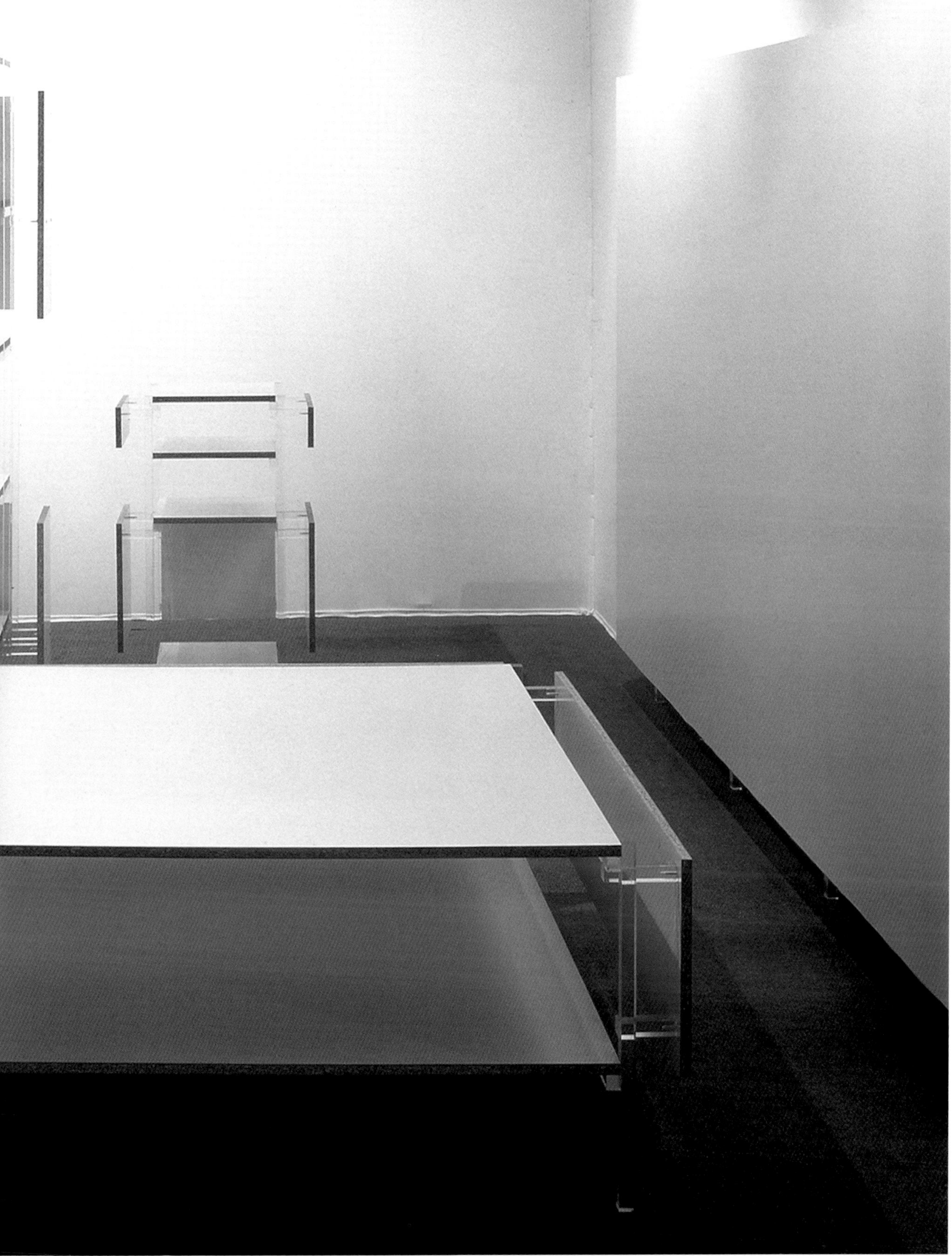

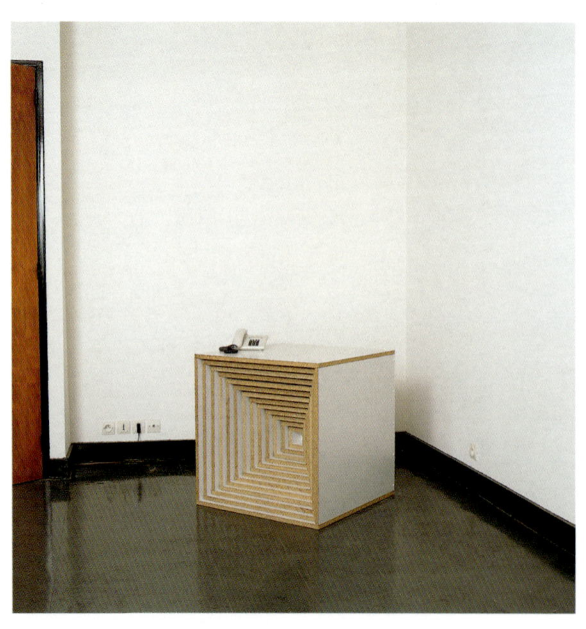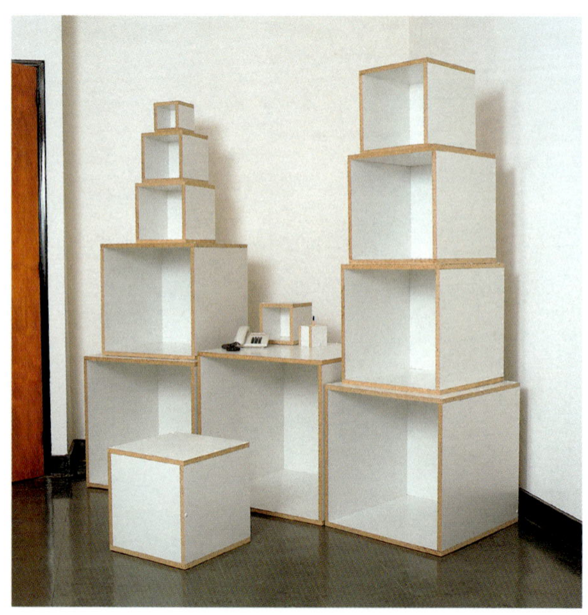

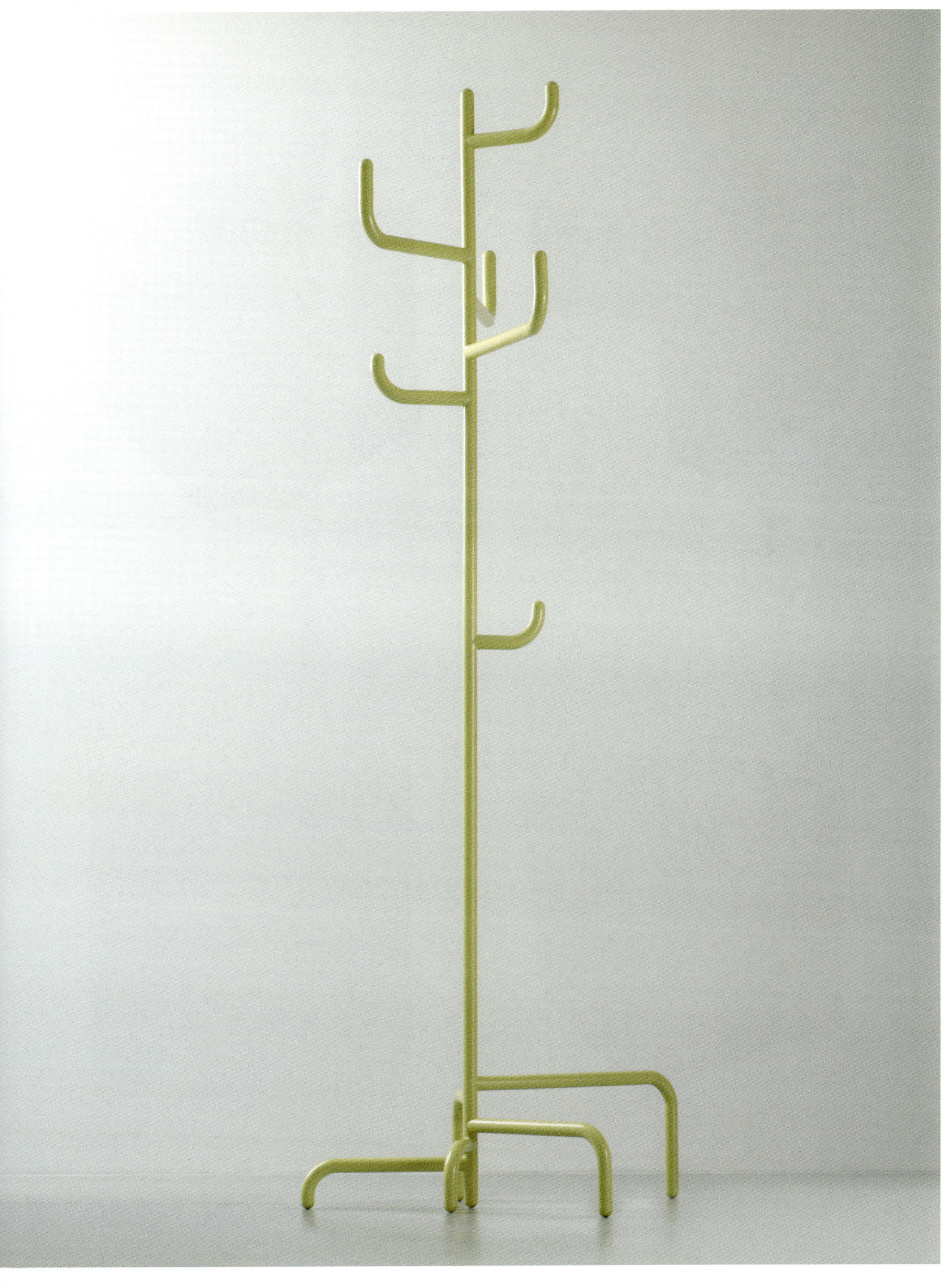

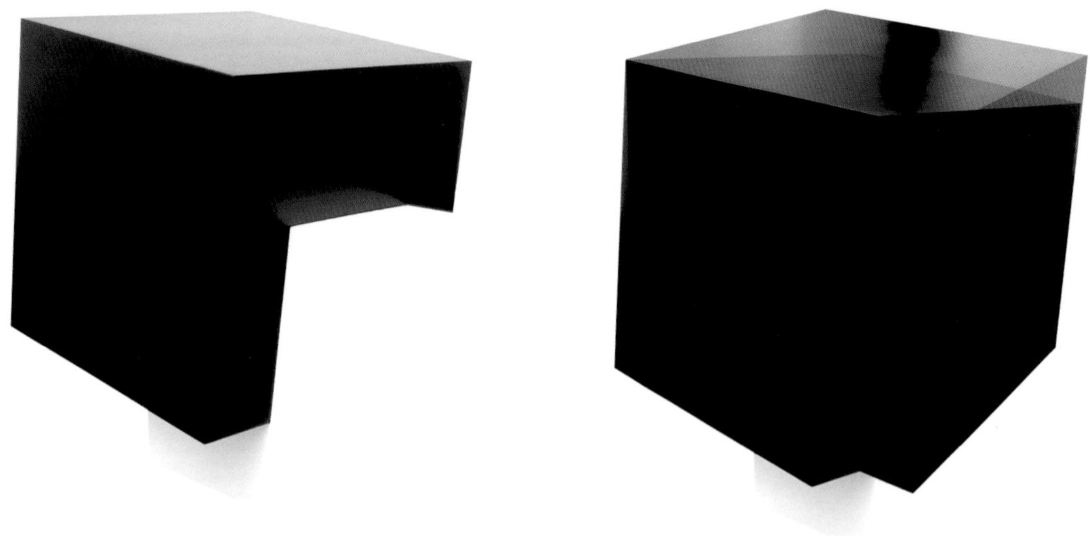

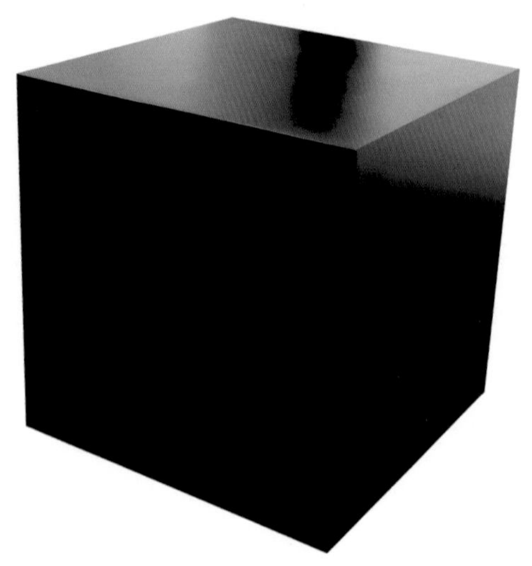

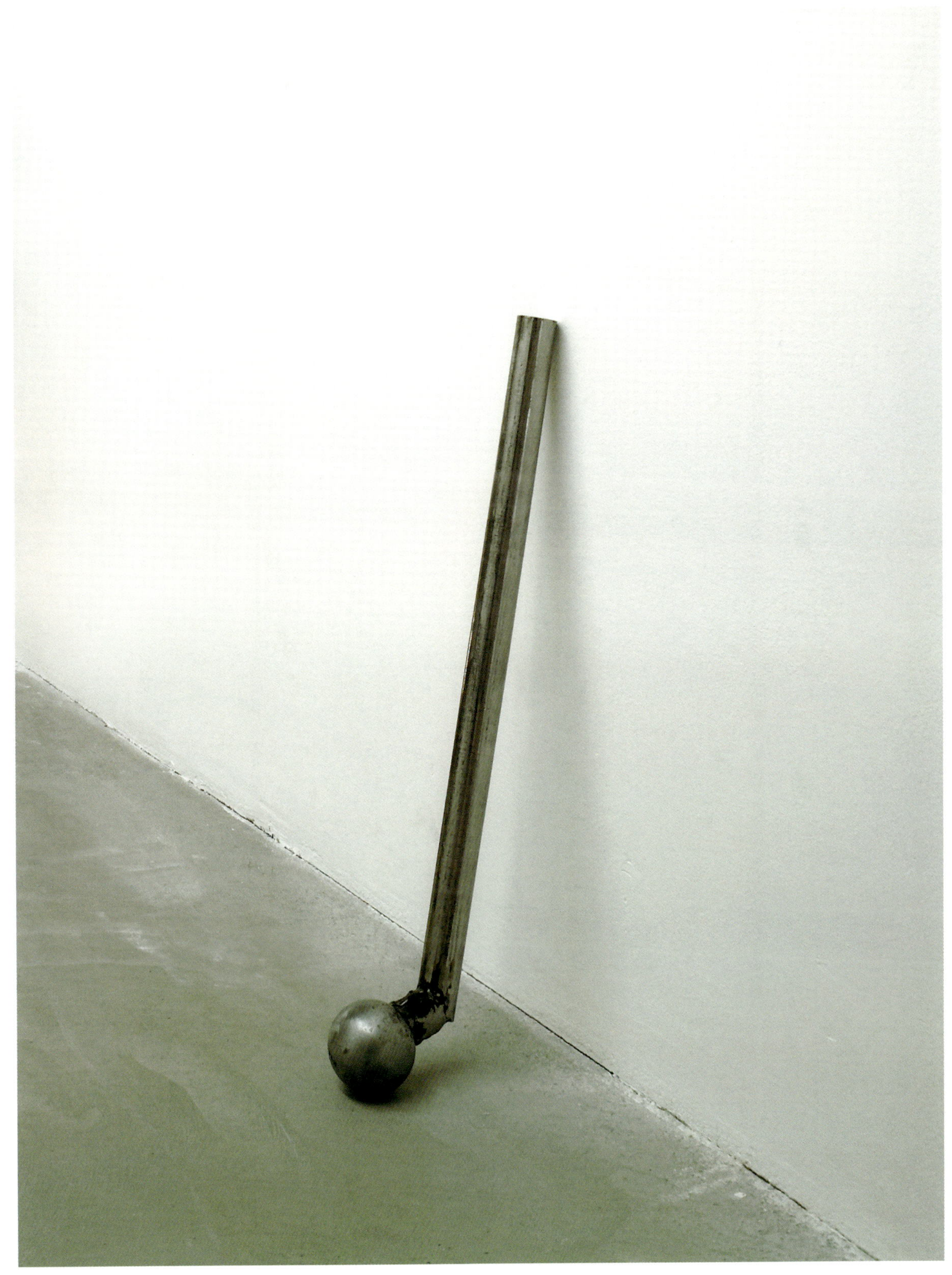

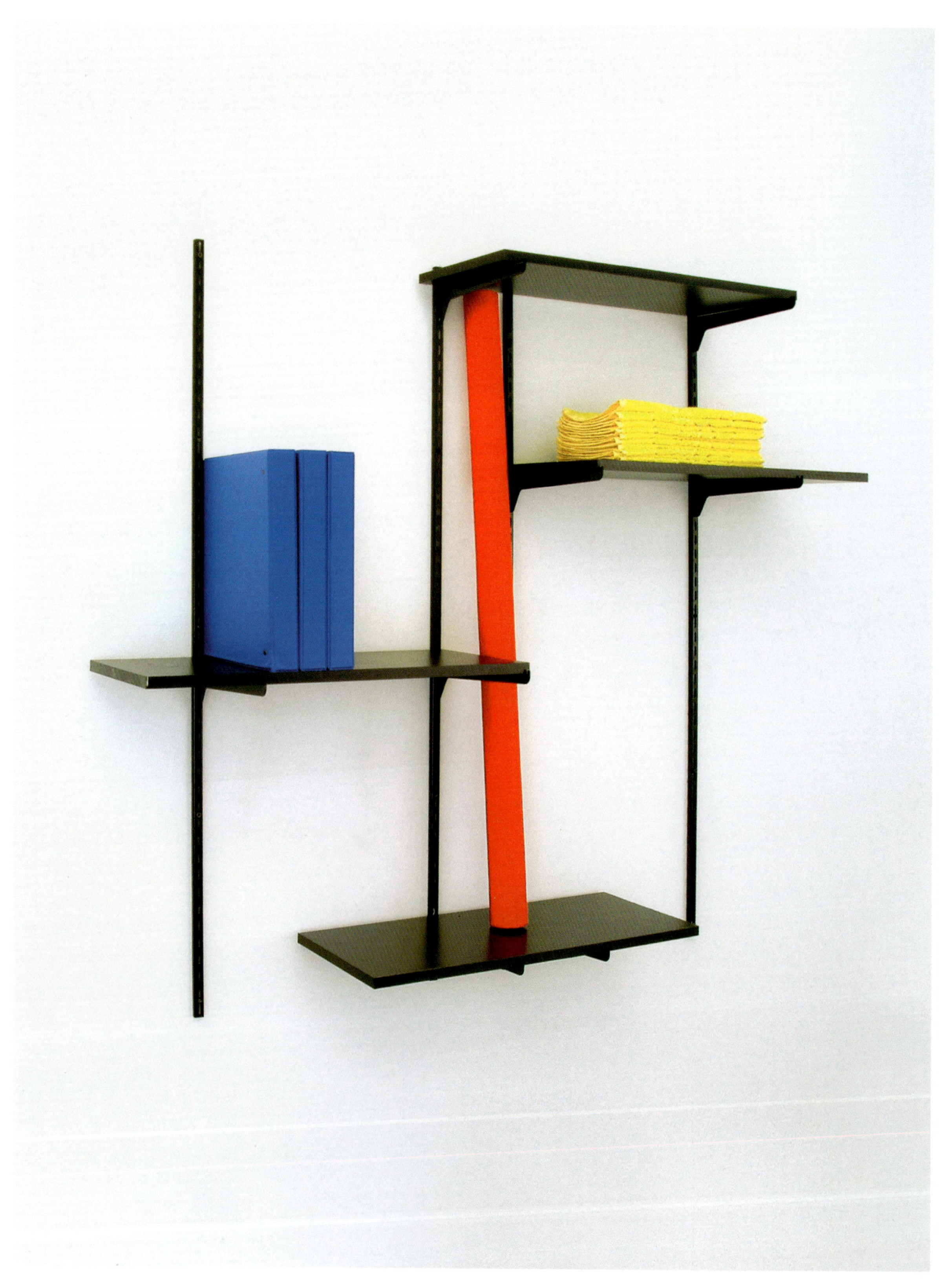

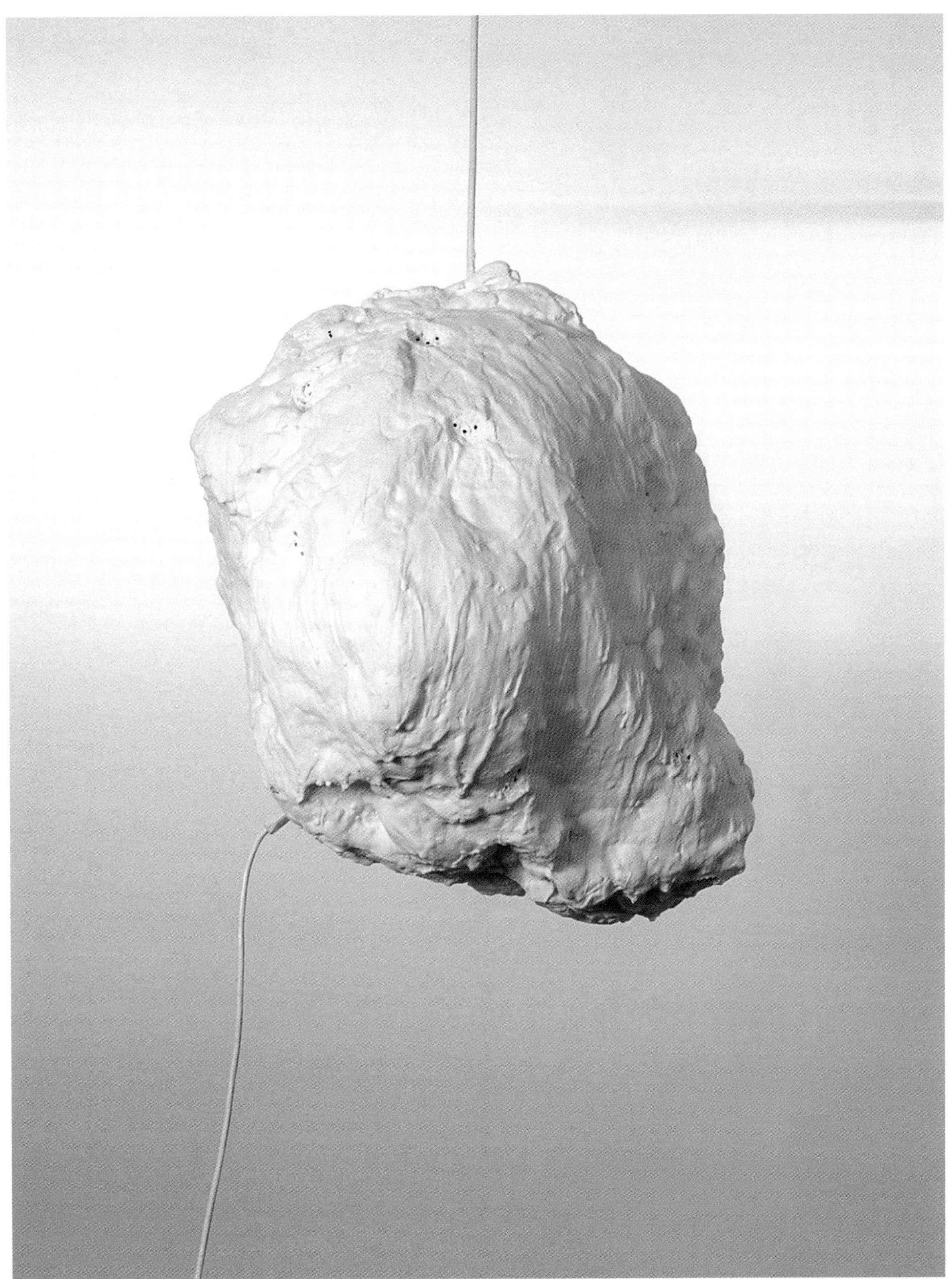

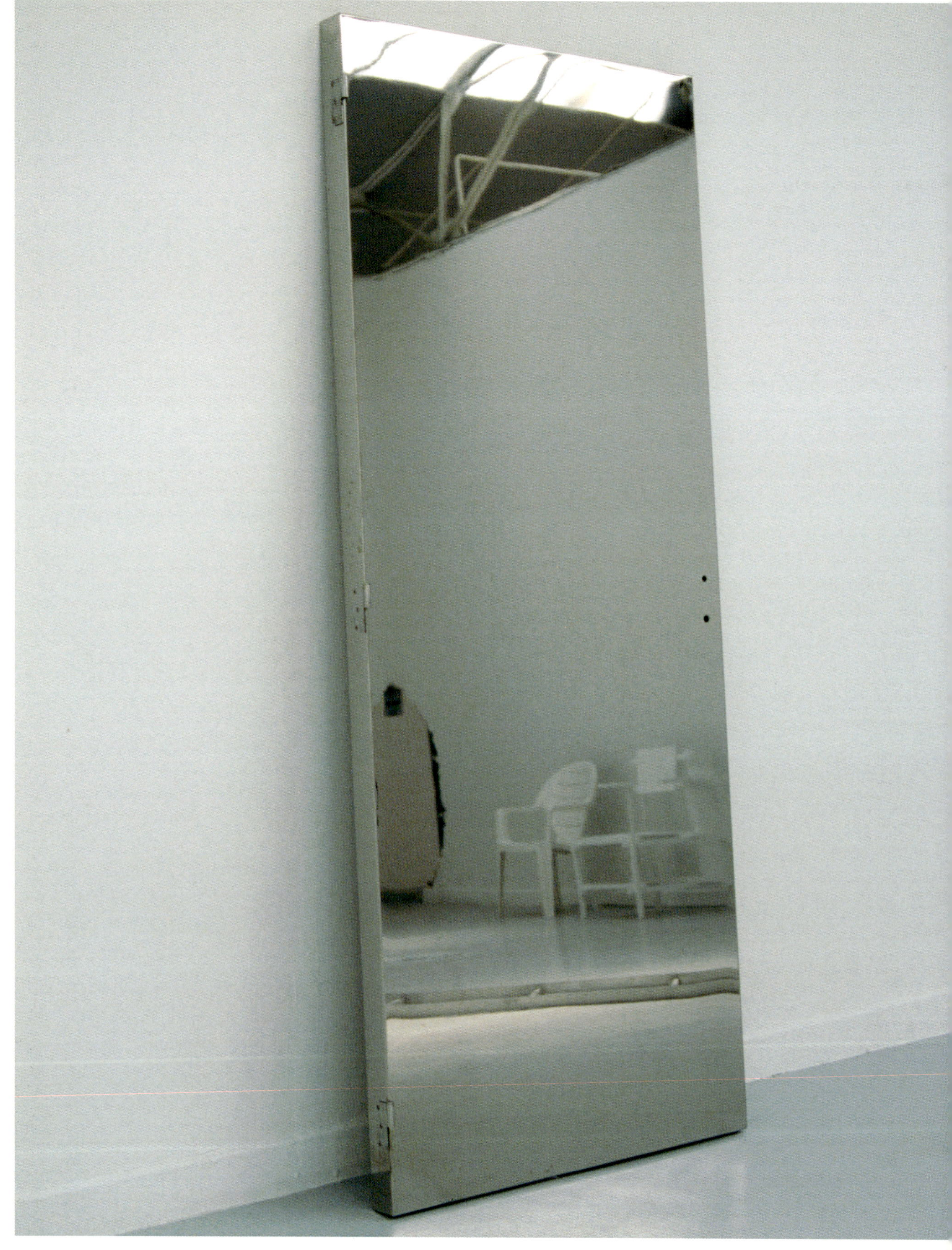

Tic'tac, deux sièges et un concombre des mers

Texte : Michel Gauthier

Tout d'abord, trouver une entrée, un passage. Et pourquoi pas une porte ? C'est encore la façon la plus simple pour s'introduire quelque part. De fait, la *Porte blindée*, 2001, dispose d'atouts certains pour servir de point d'accès à l'œuvre de Mathieu Mercier. De taille standard, dispensant grâce à son inox poli un reflet fidèle de l'espace alentour, à la différence de l'anamorphosant casque chromé de motocycliste que l'artiste accroche comme un miroir de surveillance (*Casque*, 1998 [fig. 1]) la porte n'occupe pas une embrasure ménagée pour elle, mais se tient en

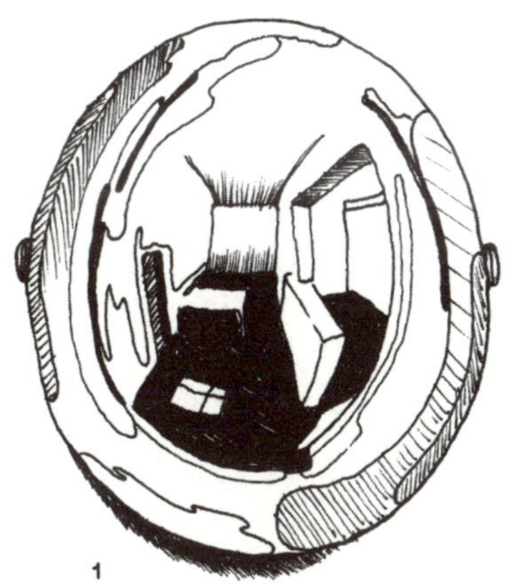

1

appui contre le mur. Si elle est bien pourvue des gonds nécessaires à son office, seuls des trous marquent l'emplacement d'une poignée et d'une serrure, pour l'heure, manquantes. Aussi ne trouvera-t-on pas sur cette porte la clef de l'art de Mercier, à supposer qu'il en ait une. En revanche, on y remarquera certains de ses tropismes — autres que le rêve d'ouverture et la paranoïa de la clôture.

Deux traditions pourraient revendiquer la *Porte blindée*. Par sa forme, sa position, son matériau et la qualité réfléchissante de sa surface qui donne

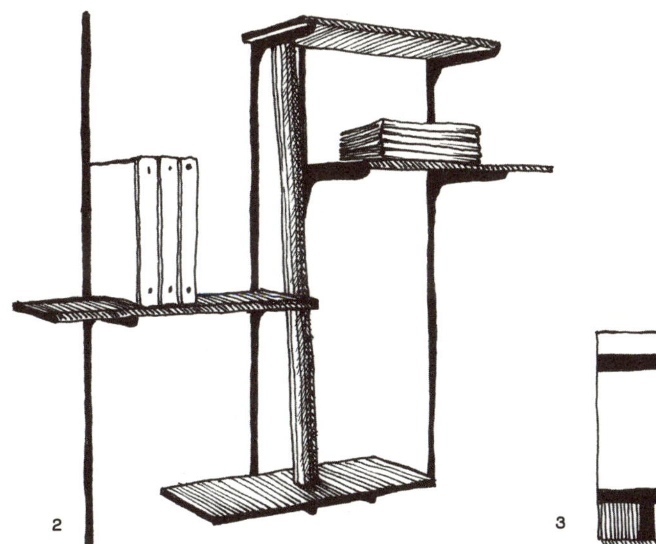

2

3

à son spectateur l'occasion, toujours prisée, de voir sa propre image, elle ressemble à un produit du minimalisme — un mélange des *Planches* de John McCracken et des *Mirrored Cubes* de Robert Morris, par exemple. Formellement, elle renvoie ainsi à l'esthétique qui est la dernière grande héritière des avant-gardes géométriques et constructivistes auxquelles nombre d'œuvres de Mercier font explicitement référence — de deux façons d'ailleurs : par le recours à un même vocabulaire et en se présentant comme des objets utilitaires (meubles, lampes, etc.). La *Black Box in a White Cube*, 2002, serait l'incarnation emblématique de cette motion, elle qui, par sa forme et ses deux couleurs, sature le code de la sculpture constructiviste et, en même temps, se décompose en deux éléments qui, séparés, pourraient fonctionner comme un bureau et son siège. Mais, en tant qu'elle résulte de la promotion au rang d'objet d'art d'un artefact non originellement voué à des fins artistiques, cette *Porte blindée* ressortit également au domaine du ready-made dans lequel Mercier fait de temps à autre de franches incursions, quand, notamment, il présente, telles quelles, des horloges dans leurs emballages [1] ou le casque réfléchissant. Voilà donc une porte

ouvrant sur au moins deux histoires, constructivisme et readymade, qui sont appelées à plusieurs fois se croiser dans l'œuvre de l'artiste.

Et notamment avec la série *Drum and Bass*, à partir de 2002 [fig. 2], qui a pour principe de disposer sur des étagères noires, dont la disposition reprend quelques-unes des variations de la grille moderniste, différents artefacts bon marché, bleus, jaunes et rouges : bidon, boîte à outils, bougie, chausse-pied, classeur, coussin, jerrycan, papier, seau, serviette éponge, thermos, tuyau d'arrosage, etc. Un fragment d'étalagisme à la Haim Steinbach pour une composition néo-plasticiste faite avec des ready-mades. Du Mondrian fait avec des Duchamp. Le titre de cette série, *Drum and Bass* est d'ailleurs un évident clin d'œil à la série *Boogie Woogie* de Mondrian. Le *boogie woogie* évoque le rythme architectural et la pulsation sociale de la métropole américaine. La *drum and bass* fait, elle, plutôt référence à l'effréné staccato, au *breakbeat* accéléré de l'économie consumériste, mais aussi aux techniques du sampling et du mixage. Des échantillons de Duchamp sont remixés sur une base Mondrian, à moins que ce ne soit l'inverse. De même avec la série *After Rodchenko*, à partir de

2003, qui consiste en petites structures faites, d'après certaines des *Constructions spatiales* de Rodchenko, avec des cartons d'emballage de divers produits: dentifrice, pièges à cafards (sans doute pour se débarrasser définitivement de l'insecte qui oblitère l'image dans la vidéo *Le cafard*, 1995), sacs poubelle, confiserie aux noms superbement évocateurs (*Aim, Combat* [fig.4] *Glad, Good and Plenty*), pour les premières d'entre elles. *Aim* reprend *mutatis mutandis* la *Construction spatiale* n° 23; *Combat*, la n° 30; *Glad*, la n° 21; *Good & Plenty*, la n° 22. L'optimiste principe de *Drum and Bass* est donc repris: des objets ready-

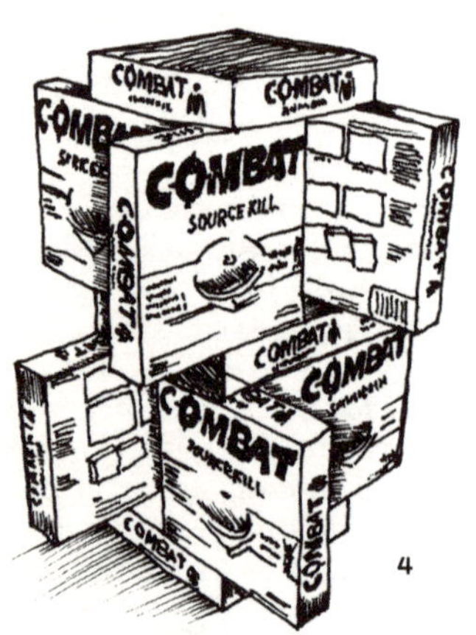

4

mades participent sans vergogne à une composition géométrique. Un peu comme si Warhol avait édifié, au moyen de véritables *Brillo Boxes*, un nouveau *Monument à la IIIe Internationale*.

Avec *Deux chaises*, 1998-2001 [fig.6], la double référence, duchampo-constructiviste, de l'art de Mercier trouve une formulation moins optimiste. Non parce que se rejouerait, avec ces sièges inoccupés, le «vide ontologique» de la « farce tragique » de Ionesco. Mais parce que ce n'est pas la confiance intégratrice de la syntaxe qui, comme dans *Drum and Bass* ou *After Rodchenko*, y règle les rapports de l'objet constructiviste et du ready-made, mais une froide et fataliste parataxe. Une fort triviale, *hard discount*, chaise de jardin en plastique thermoformé, en une seule pièce, est placée, sans autre

forme de procès, à côté d'une réplique en bois laqué, faite du montage de différents tasseaux et planches, d'un siège de Gerrit Rietveld. Les deux sont blanches. Dans la confrontation directe de De Stijl et, disons, de *Carrefour* [2], 1997 [fig.5], se perçoit une réflexion quelque peu désenchantée sur la déchéance des ambitions des avant-

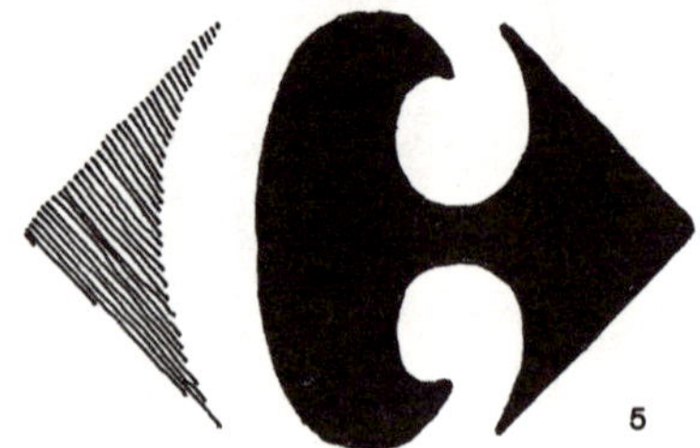

5

gardes historiques: voilà ce que sont devenues dans un univers consumériste les perspectives ouvertes par les avant-gardes; voilà ce qu'il reste du *high* d'hier dans le *low* d'aujourd'hui. Mais se joue également là un épisode longtemps différé de l'histoire de l'art: la rencontre du constructivisme et du ready-made, de Rietveld et de Duchamp. En effet, dans l'espace d'exposition, chacun de ces deux objets est l'ambassadeur d'une modalité d'assomption artistique symétrique-ment inverse à l'autre. L'une des utopies qu'incarnent des figures telles Rodchenko, Van Doesburg ou Gropius aura été la remise en cause de la frontière séparant l'art du non-art. Au prix de sa propre existence, l'art devait envahir la vie. Or, si Duchamp a, lui aussi, contesté cette frontière, c'est selon un mouvement inverse au rêve des constructivistes et autres productivistes. Avec le ready-made, le trajet ne va pas de l'art au non-art, mais du non-art à l'art. Dans un cas, c'est l'objet artistique qui aura voulu devenir utilitaire; dans l'autre, c'est l'objet utilitaire qui se sera fait objet d'art. L'idéal constructiviste était d'abolir la distinction entre artiste et artisan; le pari duchampien, de la rendre au contraire absolue. Regardant les *Deux chaises*, je vois, d'un côté, l'art qui a voulu devenir siège et, de l'autre, un siège qui a le pouvoir de se faire art. L'un doit sa valeur artistique à sa forme, l'autre à son exposition. Et, à voir ces deux chaises, je me lamente à vrai dire moins sur la dégradation contemporaine des idéaux modernistes que je ne me demande ce qu'il en est de la volonté de diffusion de l'art dans la vie alors que la vie est déjà si largement dans l'art. Quelle raison l'art

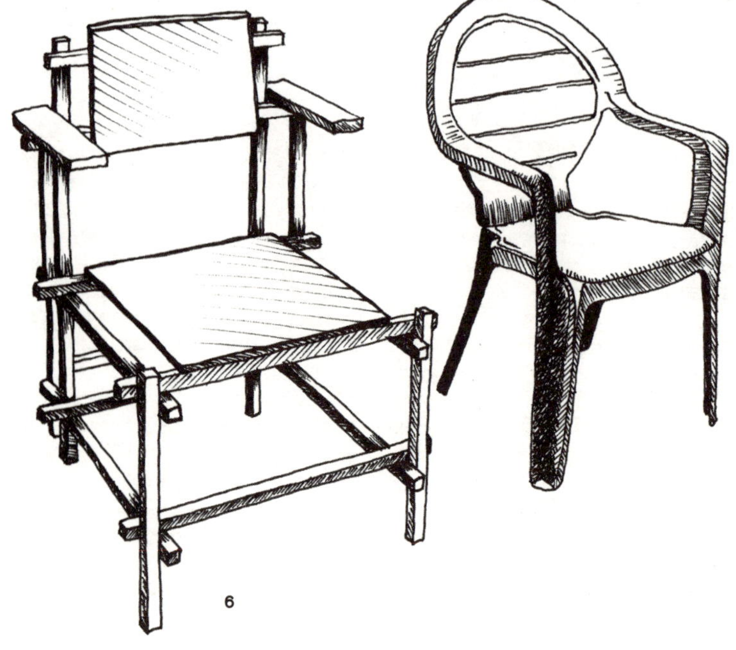

6

aurait-il de disparaître pour transmettre sa compétence artistique aux objets utilitaires alors que ceux-ci sont, sans effort, sous le simple effet de leur placement dans un contexte d'exposition, devenus des œuvres ? C'est donc au moins autant un court-circuit qu'une déchéance qu'il m'est donné de constater avec les *Deux chaises*. Le vœu moderniste d'une abolition de la frontière entre l'art et la vie était doublement utopique : non seulement le siège de jardin en plastique est présent dans les supermarchés et non celui de Rietveld, mais encore a-t-il acquis, grâce à la procédure du ready-made, la faculté de se métamorphoser en œuvre d'art de plein droit.

La mise en scène des deux chaises ne laisse guère de doute, malgré leur commune blancheur, sur un antagonisme qu'en revanche la modalité intégratrice du rapport du ready-made et de la forme constructiviste dans *After Rodchenko* et plus encore dans *Drum and Bass* rend très certainement moins apparent. Les étagères noires, en dépit de leur vertu décorative et d'une séduction plastique dont l'art de Mercier n'est pas coutumier, sont pourtant le théâtre d'une belligérance entre deux conceptions : ou bien le tableau de Mondrian a disparu au profit d'un dispositif de rangement dont il inspire forme et couleurs ; ou bien la boîte à outils rouge, les classeurs bleus et le tuyau d'arrosage jaune sont devenus des objets d'art parce qu'ils sont exposés, le décorum néo-plasticiste n'étant que l'indice de leur valeur d'exposition. Qui pourrait trancher ?

S'il est des pièces qui, dans la production de Mercier, paraissent justiciables d'une lecture voyant en elles une réflexion sur le pitoyable destin des aspirations modernistes dans l'environnement contemporain, ce sont bien les *Projets pour une architecture pavillonnaire*, 2000 [fig.7]. Sur une maquette de promotion immobilière, un anodin pavillon, néo-rustique, comme il en fleurit par milliers dans les fau-

bourgs des villes, voit s'adjoindre des appendices aux accents typiquement modernistes : une orthogonale pergola métallique, un transparent caisson de verre ou un immense vélum tendu au bout de mâts. Pourtant ce qui importe ici n'est peut-être pas tant l'humoristique geste de sauvetage d'une architecture

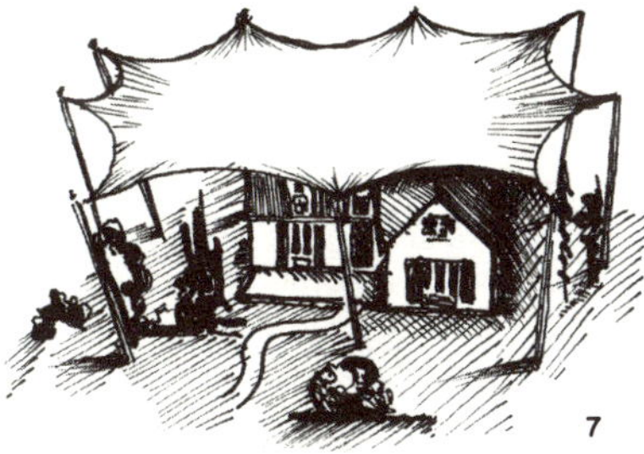

7

en perdition que l'affirmation d'une esthétique hybride. Nous éprouvons du mal à trouver beau, satisfaisant, convaincant le pavillon de banlieue. Soit — quoique les stratégies d'enchantement du désenchantement soient désormais sophistiquées ; quoique la révolution pop conjuguée à la fortune du ready-made nous ait rendu capables d'empathie esthétique à l'égard d'à peu près n'importe quoi [3]. Warhol n'a-t-il pas déclaré que le Pop, « c'est aimer les choses » ? Entendez n'importe lesquelles. Et par exemple, le réfrigérateur que Bertrand Lavier a posé sur un coffre-fort pour entériner la destinée sculpturale du ready-made et la fin de l'utopie d'un objet d'art protégé de la chute générique ; ou les deux sièges appariés par John M Armleder à une peinture abstraite générique, expressionniste ou géométrique. Bref, supposons, malgré tout, que nous ne parvenions pas à raffoler du petit pavillon au toit de tuile. Pour autant serions-nous encore en mesure d'aimer, si elles étaient seules, des formes comme le caisson de verre ou la pergola métallique ? Se pourrait-il que nous ne puissions plus goûter que le mixte des deux ? Voilà l'interrogation que suscite l'art de Mercier. L'exposition du Centre Pompidou, en 2003, a de nouveau donné au spectateur l'occasion de vérifier ce parti pris d'hybridation : la réplique d'un pavillon de banlieue, frère de ceux des maquettes (et dont

la porte est, elle aussi, sans poignée) *Pavillon*, 2003 [fig.8], y côtoyait une sculpture d'angle néo-minimaliste de granit noir *Sans titre*, 2003, que ne désavouerait pas un émule de Tony Smith. Qui pourrait affirmer que l'artiste nous demandait d'être navrés face au pavillon et réjouis devant la pièce d'angle ? Ne convient-il pas plutôt de voir l'art de Mercier comme le symptôme de l'impossibilité contemporaine d'une esthétique pure ? L'analyse des principaux modes de consommation contemporains montre que ceux-ci semblent répondre à un principe général d'impureté. Le goût de l'époque combine sans peine, et même avec délectation, le *cheap* et le chic, le *hard discount* et le luxe, le standard et la qualité, le toc et l'élégance. D'ailleurs, pour qui voit à quelque distance et de côté les trois plaques de granit noir, la sculpture figure une flèche et semble ainsi désigner la mise au coin, sinon au tombeau, de l'idiome pur qui est le sien. Loin donc d'être structurante, la contradiction entre l'idéal moderniste et sa descendance abâtardie dans les

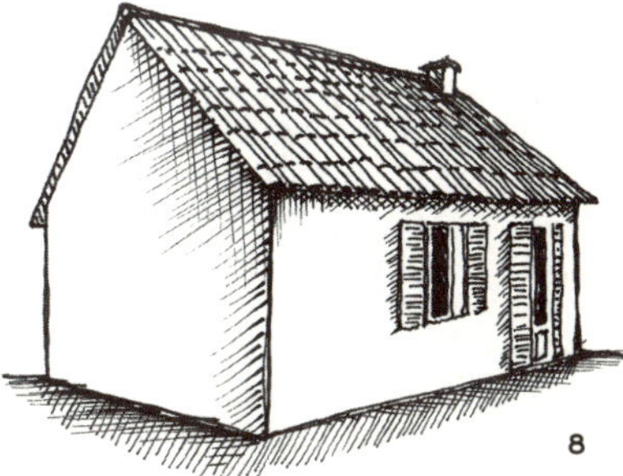

8

rayons du supermarché, qui parfois peut aussi s'entendre comme celle du ready-made et de la forme constructiviste, ne serait que l'un des biais, parmi les plus efficaces, pour justifier le développement d'une esthétique fondée sur l'hybridation, l'impureté. Quand les *Deux chaises* font la paire, hybride, elles sont admissibles, mais chacune d'elles est trop pure pour exister telle quelle, seule. Et le siège thermoformé de voir la découpe de ses vides, sous les accoudoirs et dans le dossier, modifiés par l'artiste dans une nouvelle version en résine de l'objet *Premier prototype pour une chaise*

de jardin, 2003 [fig.9]. Et le siège de Rietveld d'exploser, de cinq façons contrastées, dans un court film d'animation, *Red and Blue Blast*, 2002, tout comme vole en éclats la chaise de Arne Jacobsen dont on retrouve

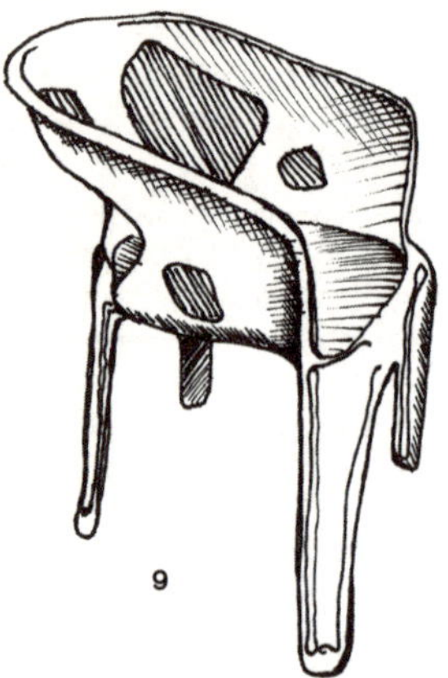

9

les morceaux suspendus à la manière d'un mobile de Calder dans une pièce pareillement iconoclaste de Martin Boyce [4]. Comment les sièges pourraient-ils être purs, chez Mercier, quand même les diamants ne le sont pas et ne brillent pas vraiment ? À partir de l'analyse faite par un ordinateur de l'image d'un diamant, l'artiste a peint des tondos « abstraits » (*Sans titre*, à partir de 2003 [fig.10]) où de multiples polygones de différentes couleurs, mates, viennent, en un jeu très complexe, se combiner les uns aux autres. De la sorte le regard du spectateur hésite-t-il entre la saisie d'une figuration très stylisée des éclatantes facettes adamantines et la vue d'une abstraction dont le dessin et l'organi-

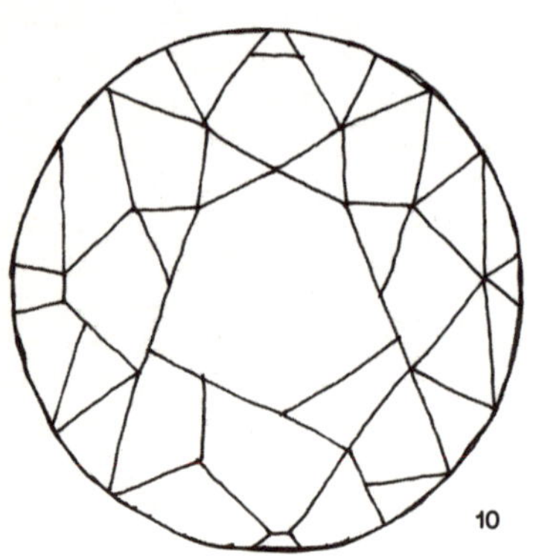

10

sation ne lui paraissent relever d'aucun des possibles d'une peinture authentiquement abstraite. Sous cet angle, de telles toiles participent de cette profonde tendance de l'abstraction contemporaine à procéder de la figuration et non à l'ignorer, tendance dont les peintures architecturales de Sarah Morris constituent un autre et magistral exemple.

Avec les *Structures de bois et de mélaminé 1,3,2,* 1999 [fig.11], ou les *Cubes,* 1999, se présentent pourtant des pièces qui pourraient être dites « pures », en l'espèce purement constructivistes, car géométriques et fonctionnelles. On remarquera qu'il s'agit de meubles de rangement. Il n'y a pas lieu de s'en étonner. La pureté a pour corollaire une capacité sans faille à ranger, à classer. Les choses pures se classent sans peine. Or, sauf très occasionnellement, ces structures sont présentées vides, comme si le réel était foncière-

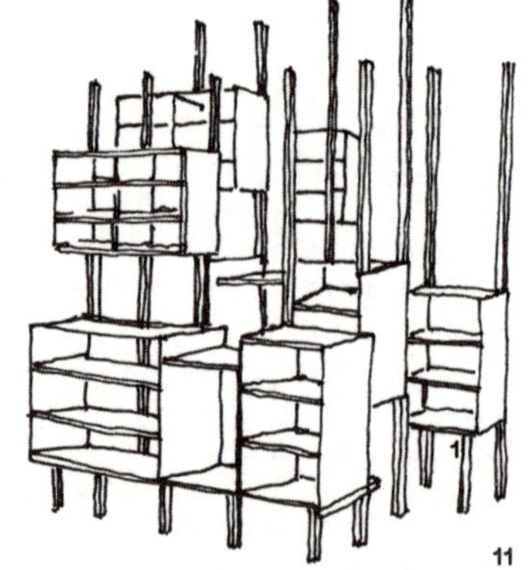

11

ment rétif à ce rangement, comme si leur purisme ne pouvait qu'être mis à mal par l'arrivée d'objets. C'est sans doute la raison pour laquelle les *Cubes* servent avant tout à leur propre rangement, en s'emboîtant du plus grand au plus petit pour donner quelque chose comme la version Ikea des peintures à bandes concentriques de Frank Stella. Quand la structure constructiviste se met irrémédiablement au service du réel, l'affaire prend un tour résolument humoristique comme avec la *Structure de mélaminé blanc pour plante,* 1996 : une invraisemblable construction vient fournir un appoint, à vrai dire absurde,

à une plante verte de grande dimension — *un schefflera*, cette populaire plante d'intérieur en forme de parapluie, dotée de superbes feuilles brillantes. Le bas du tronc émerge d'une manière de podium où sont fichées des baguettes verticales se terminant par de petites plates-formes sur lesquelles viennent se poser quelques-unes des feuilles. « *Jungle* Rietveld » : le vert et les courbes de l'exubérante plante contrastent avec le blanc et l'orthogonalité d'une structure à l'incertaine, à la vaine mission de tuteur. On voit à une pièce comme celle-là que le fonctionnalisme n'a pas toujours chez Mercier le sérieux qu'il avait au Bauhaus. Ses remarquables étais *Sans titre,* 2003, distinctement et joliment colorés, avec leurs élégantes collerettes à ailettes, dents ou rayons, le confirment. D'une part, ils ne servent à rien dans les lieux d'exposition où ils sont installés. D'autre part, l'investissement esthétique d'un objet servant d'ordinaire à consolider un édifice qui menace de s'effondrer ou dont la construction n'est pas achevée, d'un objet lié à la ruine ou au chantier, constitue un évident paradoxe. Certaine nostalgie des utopies modernistes n'empêche pas le sourire.

L'une des pièces de l'artiste s'intitule *01,* 2000, fort justement d'ailleurs puisqu'elle est constituée d'un panneau qui selon l'angle sous lequel il est regardé fait ludiquement apparaître soit un 0, soit un 1 — mais qui, de face, peut également montrer un trouble 1 dans l'0. Parfait emblème de l'âge du tout électronique, pareille pièce pourrait encore se lire comme un art poétique où se formulerait le principe dual semblant régir une bonne part de la production de l'artiste. Le musée et le supermarché. *High and low.* Le Bauhaus et Duchamp. Abstrait et figuratif. Van Doesburg et Ed Benguiat : des lettres ou des chiffres combinant, et brouillant, deux typographies avant-gardistes qu'un demi-siècle sépare (*Caractères,* 2001 ; *AAA,* 2002 [fig.12] ; *ABC-123,* 2002). Géométrique et organique, ou informe — comme ce petit tas de terre, réalisé à partir d'un pain de terre standard

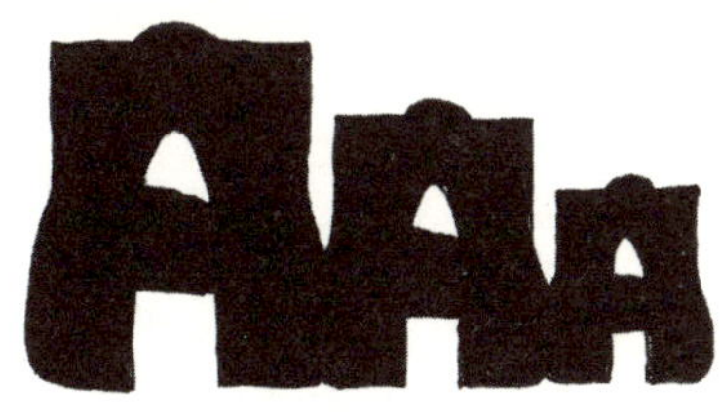

12

pour céramique, que coupe en son milieu une parfaite ligne droite et dont les deux parties ainsi créées, chacune sur un socle muséal blanc, ont été éloignées l'une de l'autre de quelques centimètres (*Sans titre*, 2004); ou comme cette sculpture, à l'apparence tombale, qui place un déliquescent tas de plâtre contre un rigide et vertical muret (*Sans titre*, 2004). Autrement dit, pour reprendre la formule du Président Mao, et à l'image des douilles de la *Lampe double douille*, 1999, « un se divise en deux » — ou plutôt : un se divise en *0* et *1*. Le courant passe, le courant ne passe pas.

Pour que, quand il le faut, le courant

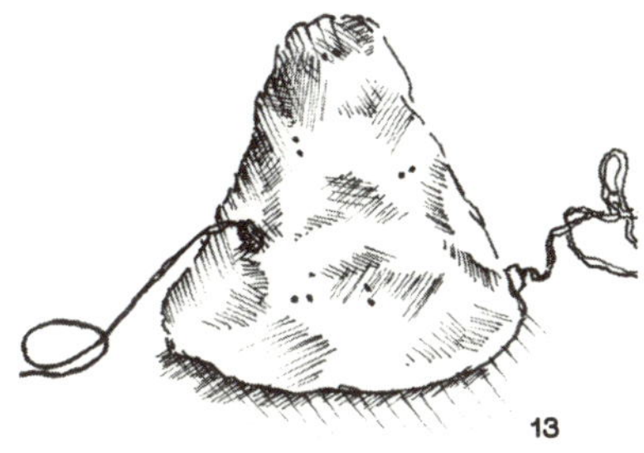

13

puisse passer, l'artiste va jusqu'à fabriquer des prises, en les démultipliant même (*Multiprises*, 1998, [fig.13]). Il y a la version au sol : primitiviste monticule de plâtre, grossièrement enduit, abritant vingt prises — dont le tas de terre schizé sur socle s'est souvenu. Il y a la version suspendue, dite *suisse* : comme un imparfait et presque obscène ballot. Avec les *Multiprises*, c'est l'autre du produit industriel, standardisé qui semble prendre sa revanche. L'artiste se fait, sans illusion, bricoleur. Tout autant que l'un des loisirs typiques d'une société vouée aux valeurs domestiques qu'incarne le pavillon

beige à tuiles rouges, tout autant qu'une activité de résistance à la logique du ready-made qui serait, en même temps, la coutumière manifestation d'un degré zéro de la pensée esthétique, le bricolage est également le plus sûr moyen d'obtenir un produit, sinon raté, du moins ne parvenant pas à maîtriser l'ensemble des paramètres mobilisés pour son élaboration. C'est aussi pour cela qu'il intéresse Mercier. Et si le bricoleur fabrique d'ordinaire des objets utilitaires, il peut, à l'occasion, se faire artiste. Ainsi peut-il expédier des compositions néo-plasticistes, à la Mondrian : un coup de peinture blanche, quelques bouts d'adhésif de couleur et une couche de vernis sur des planches en piteux état récupérées dans la rue (*Still untitled*, à partir de 2001 [fig.31]). Cette fois, le vocabulaire géométrique des avant-gardes historiques n'est pas confronté au produit standardisé du supermarché mais à ce qui lui est tout autant contraire, un rebut : « *Trash de Stijl* ». Avec ces pièces il est clair qu'il ne saurait s'agir d'une quelconque lamentation sur la mauvaise fortune présente des canons modernistes mais de l'exercice d'un principe de tension, d'incongruité, d'une manœuvre oxymorique qui trouve dans un Mondrian bricolé l'une de ses plus grinçantes manifestations.

Le bricolage n'est toutefois pas uniquement le synonyme de l'à-peu-près, du bâclé ou de l'hétérodoxe. À travers l'outillage, celui que véhicule la *Bricomobile*, 1998 [fig.14], petite boîte à outils sur un plateau à roulettes, il renvoie au processus plutôt qu'au produit, et par là même à ce qui n'a pas pris définitivement forme. Ainsi des *Murs de chevilles*, 1994-1997. C'est avec l'ins-

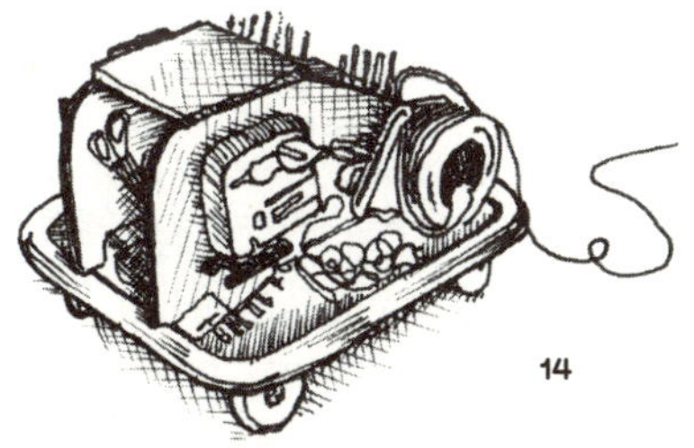

14

trument emblématique du bricoleur, la cheville, et grâce au jeu des couleurs de ses différents formats, que de vastes compositions se déploient sur les murs. Cette cheville, toujours vouée à l'invisibilité, connaît de la sorte ici une promotion picturale des plus méritoires. Pourtant, comme les fils sortant du mur sont en attente d'un branchement (*Fils électriques*[5], 1995 [fig.15]) elle demeure en appel de la vis qui permettrait à un artefact de venir s'accrocher. La réussite de cette pièce tient donc non seulement à l'anoblissement du vil accessoire

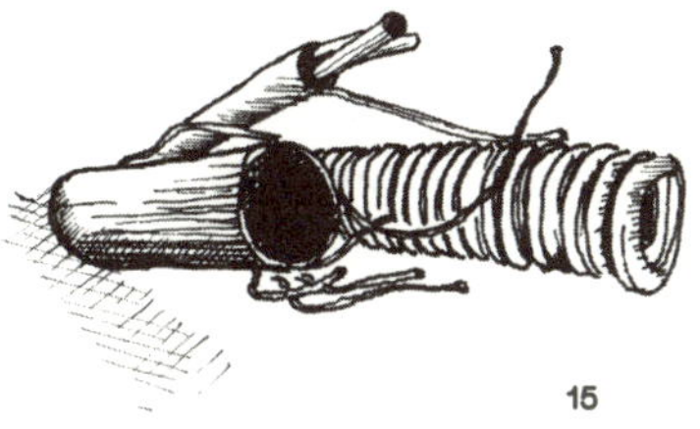

15

(poursuivant en cela jusqu'à l'extrême le geste accompli par un Robert Ryman décidant d'attirer l'œil sur les fixations de ses tableaux), mais encore à la tension qui s'installe entre la perception du motif réalisé et le sentiment d'inachèvement donné par des chevilles en défaut de vis. Cette subtile dialectique de l'achevé et de l'inachevé trouva encore à se renforcer quand, à l'occasion d'une exposition[6], le *Pot de peinture*, 1999, fut placé au bas d'un *Mur de chevilles*. Ce pot ouvert est tout ce qu'il y a de plus commun si ce n'est qu'un moteur remue la peinture pour en prévenir le séchage et la décantation. On se rappelle la fameuse remarque de Stella : la peinture doit être aussi bonne sur la toile que dans le pot. Mercier semble nous dire que la peinture n'est pas forcément très bonne dans le pot et que c'est, dès ce stade, qu'il convient d'intervenir — pour, par exemple, interdire que quelque chose comme la *Suite Segond* de Bernard Frize puisse advenir : une fine pellicule de peinture séchée se formant en surface de pots de peinture mal rebouchés que le peintre transférera, telle quelle, sur la toile. Toujours est-il que, de même que les *Fils électriques*, le mur constellé de

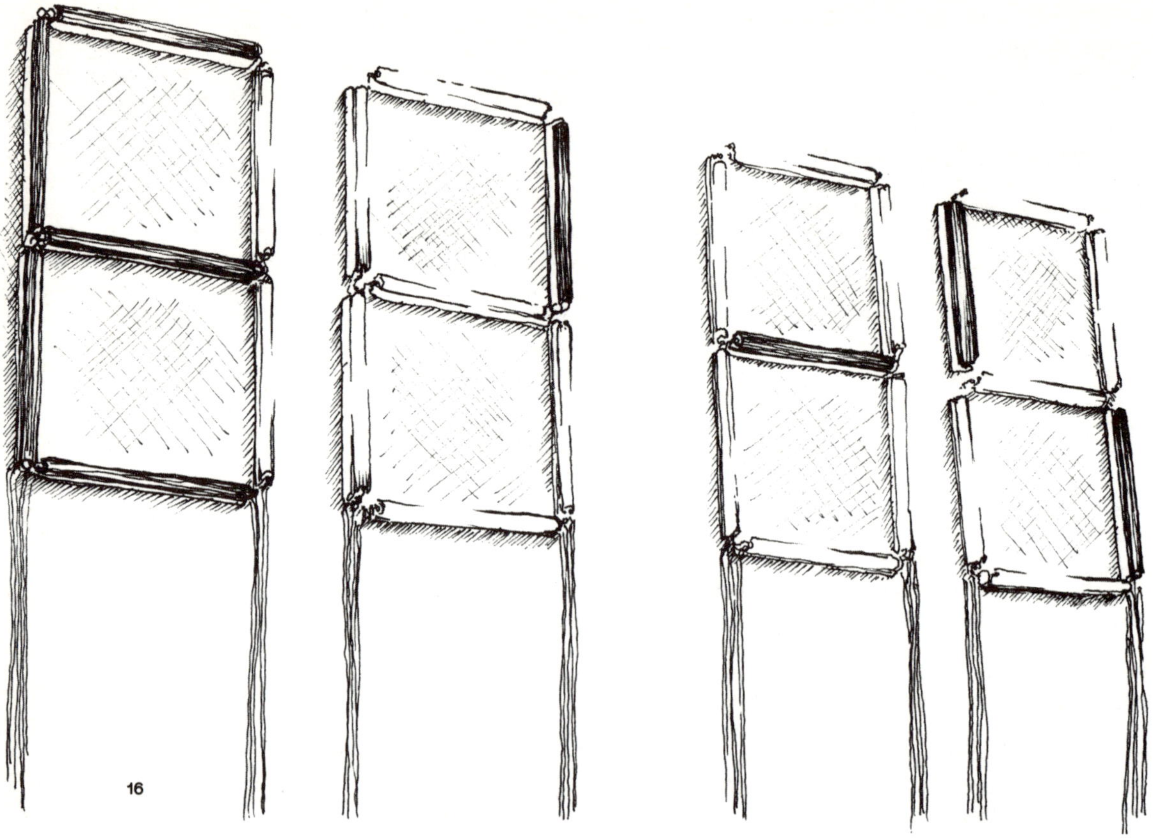

16

chevilles et le pot de peinture ouvert mais encore rempli d'une peinture constamment maintenue en état d'immédiate utilisation donnaient l'image d'un chantier, comme l'artiste en vit tant dans le Berlin en construction des dernières années du XXᵉ siècle et avec tant d'intérêt qu'il en fit le sujet d'une photographie (*Berlin*, 1997). De même, les *Structures de plexi et de mélaminé*, 2000, renvoient à la pratique du bricolage, du meuble à monter soi-même pour mettre l'accent sur le thème, non de l'imperfection, mais de l'inachèvement. En effet, elles reproduisent, grâce à un plexiglas transparent et invisible à distance, ces schémas de montage où tous les éléments du meuble ne sont pas encore assujettis les uns aux autres. Là, nulle ambivalence esthétique, l'orthogonalité et le minimalisme règnent sans partage. Toutefois, dans la mesure où les structures ne sont pas encore véritablement montées — à moins qu'elles

soient déjà démontées ou en train d'exploser comme le siège de Rietveld — un sentiment d'incomplétude vient miner ce règne.

Dans l'exposition où fut montrée pour la première fois l'industrielle, géométrique, minimaliste et incomplète *Porte blindée*[7], deux autres œuvres occupaient les parages. La *Demi-palette*[8], 2001[fig.17], dont la porte, en attente de la place où fonctionner, où s'ouvrir et se fermer, pourrait avoir besoin. Et l'*Horloge de fluos*, 2001[fig.16], faite de néons blancs marquant, avec l'hésitation tremblotante de leur allumage, les chiffres des heures et des minutes ainsi que de deux ampoules, comme deux points, clignotant pour scander le rythme des secondes[9]. L'amateur d'art s'amusera de voir le néon, que Dan Flavin avait détourné de son trivial usage pour redonner d'électriques couleurs à la peinture et à la sculpture, désormais rendu à une fonctionnalité

des plus structurantes : la digitale mesure du temps qui passe. Le néon qui avait été, pour l'objet d'art, l'instrument d'une conquête de l'espace — la lumière se répandant sur le mur et dans le lieu — est maintenant l'outil d'affichage du temps. Étaient de la sorte rassemblées trois pièces évoquant le passage. Passage d'un espace à un autre avec la porte et la palette de transport. Passage du temps pour l'horloge. Images du transitoire, de la précarité et de l'incertitude. Pour peu que l'on se souvienne que, dans

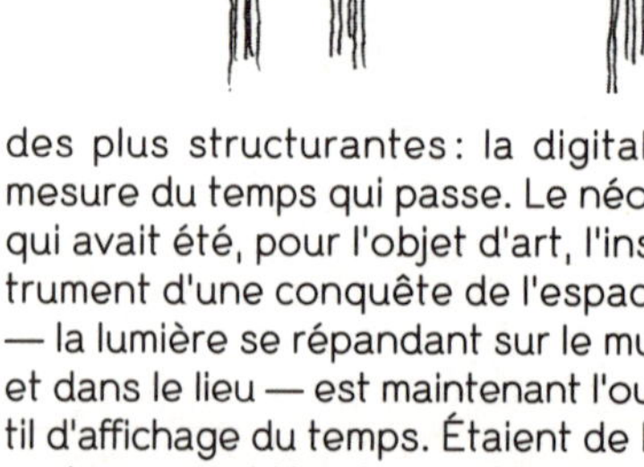

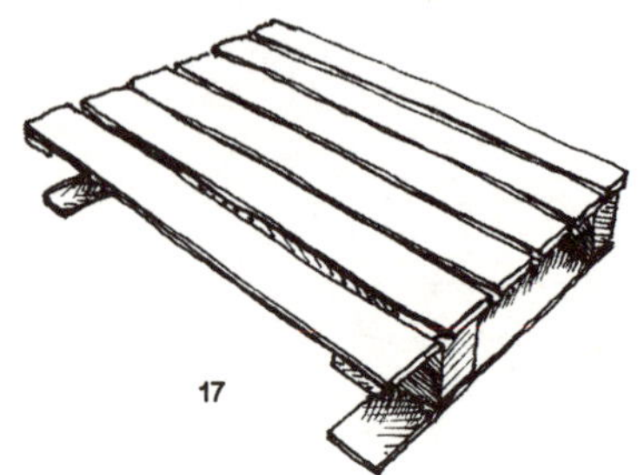

17

cette même exposition, la première pièce rencontrée avait été un aquarium dans lequel se trouvait, ready-made naturel, un informe concombre des mers (*Holothurie*, 2000 [fig.18]) c'est alors comme une *Vanitas* d'ensemble qui semble prendre corps. Porte, palette, horloge et primitif petit être aquatique rappelleraient certes le spectateur à la fragile, pauvre et transitoire réalité de sa situation en ce bas monde, mais surtout, à côté des *Deux chaises* également présentes, à la vanité des utopies et des esthétiques pures. Il faut comprendre que la dégradation des idéaux modernistes, le mélange de l'idiome constructiviste et de l'esthétique Pop, l'absence de finition des objets bricolés,

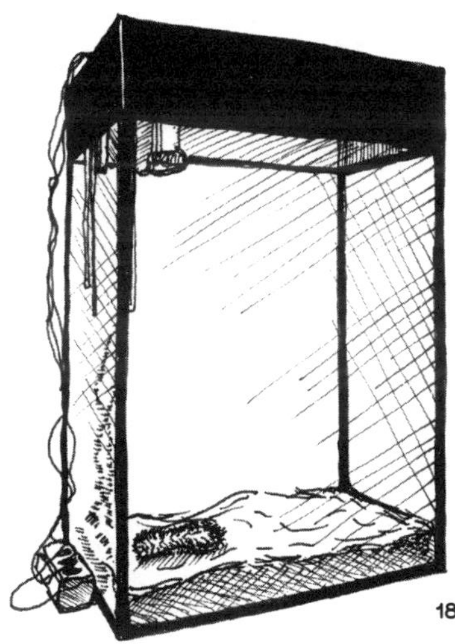

18

le goût des chantiers ou la sensibilité au facteur temporel participent d'un même propos : l'art ne saurait plus qu'être comme à distance de lui-même ; l'âge d'une œuvre totalement présente à elle-même serait révolu. C'est pourquoi il s'avérerait réducteur de voir « l'artiste en ambassadeur de Black et Decker, victime d'une passion Bauhaus inconsolable », pour reprendre la belle formule d'un commentateur [10]. L'œuvre de Mathieu Mercier témoigne bien d'un sentiment de perte, elle est bien l'aveu qu'une manière de bricolage, c'est-à-dire de réponse au coup par coup à des situations données, n'est plus que la seule attitude possible. Mais la perte, davantage que celle d'une esthétique que nous avons tant

aimée, affecte, plus fondamentalement, une certaine idée de l'art, de sa capacité à être sûr de lui-même, de son identité, de ses moyens et de ses fins. Sur leur plateau métallique, les deux cylindres, dont l'un entraîne l'autre grâce à une rudimentaire courroie de caoutchouc, tournent à vide, pour le seul plaisir, ou la seule peur, de tourner (*Sans titre*, 2004).

L'art a voulu se faire non-art mais le non-art s'est fait art. Les étais ne consolident nul édifice et les étagères restent vides — à moins que des ready-mades ne viennent les occuper. Les diamants ne sont pas purs et le petit tas de terre n'a pas même droit à sa misérable intégrité. Par-dessus le marché, le temps s'écoule et l'holothurie persévère dans l'immanence blindée, inimaginable, de sa vie végétative.

Notes :

1 - *Horloge dans son emballage thermoformé*, 1998 ; *Horloge dans son emballage*, 1998.
2 - Une peinture murale de Mercier a pour motif le logo de la célèbre chaîne de supermarchés et l'une de ses photographies en montre l'un des établissements (*Carrefour*, 1997).
3 - A. Warhol, « What is Pop ? Interview with Gene Swenson », in *Art News, New York*, novembre 1963.
4 - Mobile (*For 276 Silent Falls*), 2002.
5 - Une pièce qui semble plaisamment faire sienne la thèse de Jeremy Rifkin selon laquelle le capitalisme ne s'identifie plus à la propriété mais à l'accès, à la connexion (voir J. Rifkin, *L'âge de l'accès. La révolution de la nouvelle économie*, La Découverte, Paris, 2000).
6 - Le SPOT, Le Havre, 1999.
7 - Galerie chez Valentin, Paris, automne 2001.

8 - Mercier a marqué son intérêt pour cet appareil de transport en réalisant une autre palette (*Palette standard euro*, 2000), présentée, elle, non au sol, mais en appui contre le mur. L'instrument qui permet le transit semble alors lui-même en transit.
9 - Cette horloge lumino-électronique avait eu des antécédents dans la production de l'artiste avec celles, sélectives, ne marquant pas toutes les heures 1995-2000, et celles, parfaits ready-mades, laissées dans leurs emballages transparents.
10 - Paul Ardenne, « Mathieu Mercier, bricoleur métaphysique », in *Artpress* n°280, juin 2002, p.14. La formule est d'ailleurs énoncée comme une interrogation. Le critique sent bien qu'elle ne saurait totalement circonscrire la posture de Mercier.

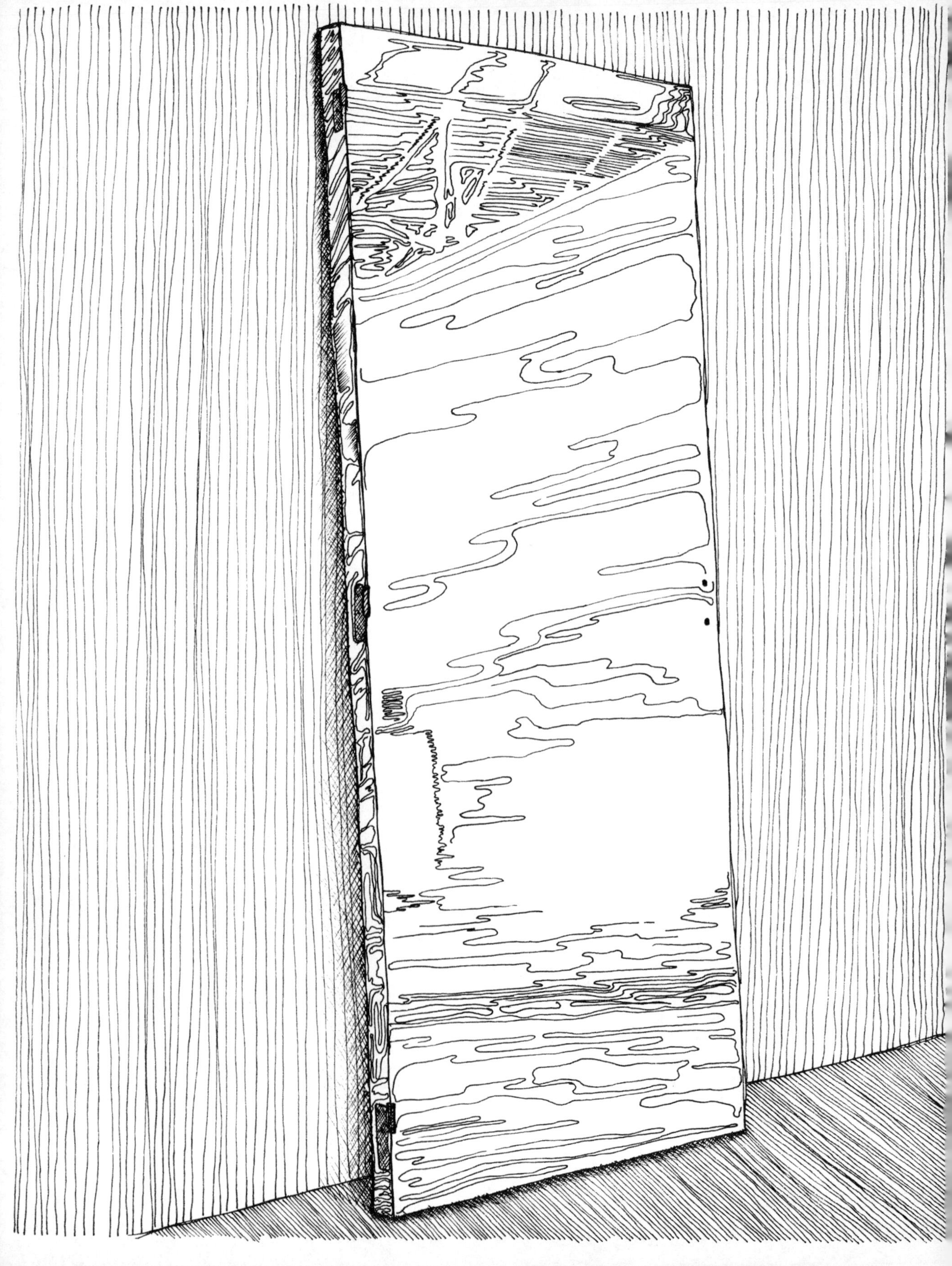

Tick tock, two seats and a sea cucumber

Text: Michel Gauthier

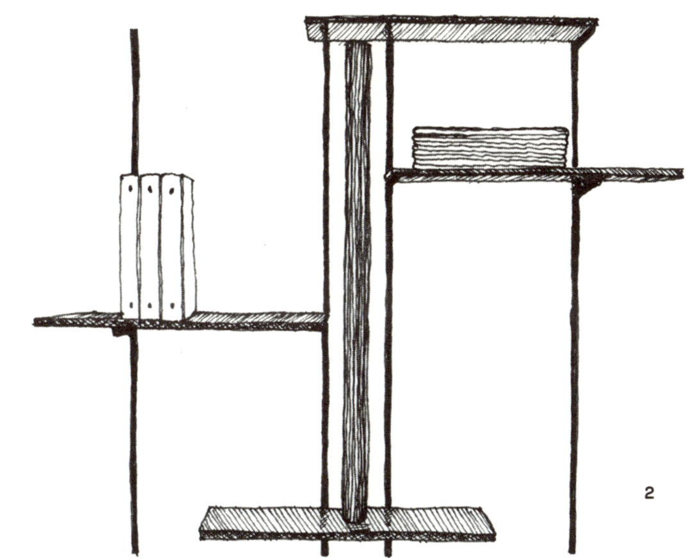

2

First of all, find a way in, a passage. And why not a door? This is still the easiest way into somewhere. And indeed, *Armour-Plated Door*, 2001, is heavily equipped to serve as an access point to the work of Mathieu Mercier. Of standard size, its shiny stainless steel providing a faithful reflection of the surrounding space, unlike the anamorphosing chrome motorcyclist's crash helmet which the artist hangs up like a surveillance mirror *Helmet*, 1998, [fig.1] the door does not occupy a doorway opened up for it, but is leaning up against the wall. While it does have the hinges on which to serve its purpose, there is to date

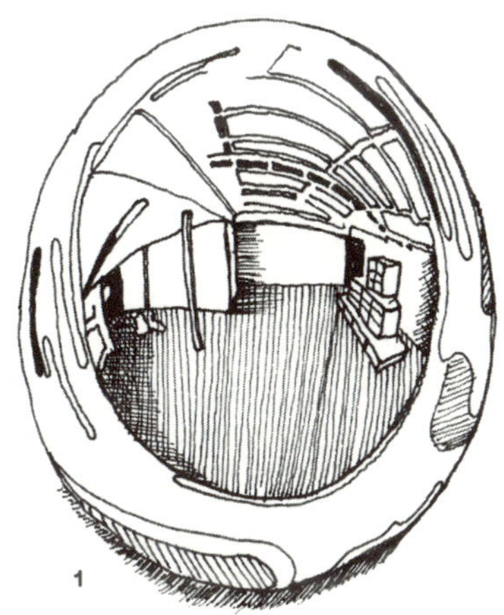

1

no lock or handle, just holes marking where these should be. So, always supposing there is such a thing as a key to Mercier's art, this door is not the place to find it. What we do note here, however, is some of his stock-in-trade, other than the dream of opening up and the paranoia of closure.

Two traditions might lay claim to this *Armour-Plated Door*. Judging by its form, position, material, and the reflecting quality of the surface, giving the

viewer an always welcome opportunity to see himself, it looks like a product of minimalism — a mixture of John Mc Cracken's *Planks* and Robert Morris's *Mirrored Cubes*, for instance. Formally, it thus refers back to the aesthetics which is the last great heir to the geometrical and constructivist avant-gardes to which many of Mercier's works make explicit reference — in two ways, in fact: through recourse to the same vocabulary, and by presenting themselves as utility items (furniture, lamps, etc.). The *Black Box in a White Cube*, 2002, would be the emblematic embodiment of this motion, with its form and two colors saturating the code of constructivist sculpture, and at the same time, coming apart into two elements which, when thus separated, might be usable as a desk and chair. But, resulting as it does from the promotion to art object status of an artifact not originally designed for an artistic purpose, this *Armour-Plated Door* also belongs to the domain of the ready-made into which Mercier now and again makes blatant incursions, notably when he presents clocks as they come, in their packaging [1] or the reflecting crash helmet. So we have a door that opens onto at least two histories brought together in the artist's work on a number of occasions: constructivism and the ready-made.

And notably with the *Drum and Bass* series, from 2002, [fig.2] the principle whereof is to arrange on black shelving, in a layout rehearsing one variation on the modernist grid, various cheap blue, yellow and red artifacts: tin, toolbox, candle, shoe horn, binder, cushion, jerrycan, paper, bucket, bath towel, thermos flask, hosepipe, etc. A fragment of a Haim Steinbachian display for a neo-plasticist composition made with ready-mades. Mondrians made out of Duchamps. The title of this series, *Drum and Bass*, is moreover an obvious nod in the direction of Mondrian's *Boogie Woogie* series. The *boogie woogie* evokes the architectural rhythm and the social pulse of the American metropolis. The *drum and bass*, on the other hand, refers rather to the frenzied staccato, the accelerated *breakbeat* of the consumerist economy, as well as sampling and mixing techniques. Samples of Duchamp are remixed over a Mondrian base — or maybe it is the other way round. Similarly, with the *After Rodchenko* series, from 2003, which involves small structures done after certain of Rodchenko's *Spatial Constructions*, with packets of various products such as toothpaste, cockroach poison (doubtless to get rid once and for all of the insect obliterating the picture in the video *The Cockroach*, 1995, bin liners, confectionery

with superbly evocative names (*Aim*,[fig.3] *Combat*, *Glad*, *Good & Plenty*), for the early ones. *Aim* is a remake, *mutatis mutandis*, of *Spatial Construction n° 23*; *Combat* of n° 30; *Glad* of n° 21; *Good & Plenty* of n° 22. So there is a return to the optimistic principle

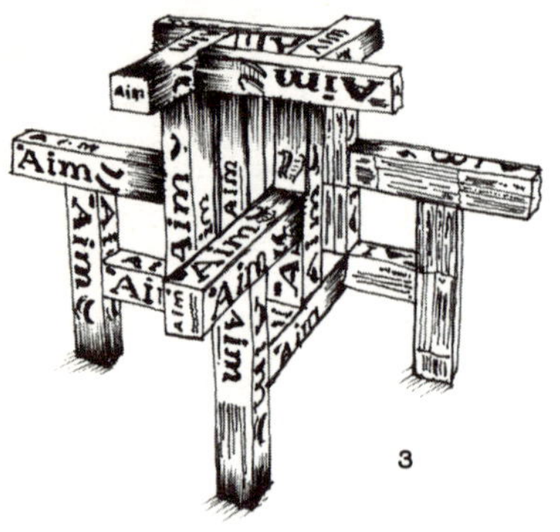

3

behind *Drum and Bass*, with ready-made objects unashamedly taking part in a geometrical composition. Rather as if Warhol had used real *Brillo Boxes* to erect a new *Monument to the 3rd Internationale*.

With *Two Chairs*, 1998-2001,[fig.4] the dual reference to Duchamp and constructivism in Mercier's art gets a less optimistic formulation. Not because, with these empty chairs, this is a rerun of the "ontological void" of Ionesco's "tragic farce." But because it is not the integrating confidence of syntax that here settles the relationship of the constructivist object and the ready-made, as in *Drum and Bass* or *After Rodchenko*, but a cold, fatalistic parataxis. One very basic, hard discount, one-piece thermoformed plastic garden chair is placed, without further ceremony, alongside a replica in lacquered wood, made by assembling various spars and planks, of a Gerrit Rietveld seat. Both are white. Perceptible in this direct confrontation of De Stijl and, say, *Carrefour*,[2] 1997 is a somewhat disenchanted reflection on the declining ambitions of the historic avant-gardes: this is what has become of the prospects opened up by the avant-gardes in a consumerist world; this is what is left of yesterday's high-brow in today's lowbrow. But one long overdue episode of art history is also being played out here: the meeting of constructivism and the ready-made, of Rietveld and Duchamp. Indeed, in the exhibition space, each of these two objects is the ambassador of a mode of artistic assumption that is symmetrically the reverse of the other. One of the utopias embodied by figures like Rodchenko, Van Doesburg and Gropius will have been the calling into question of the boundary between art and non-art. Art had to invade life, at the cost of its own existence. However, while Duchamp also contested that boundary, he did so coming from the opposite direction to the constructivists' and other productivists' dream, for with the ready-made, the path is not from art to non-art, but from non-art to art. In the one case, the art object was seeking to take on a utilitarian role; in the other, the utility item to become an art object. The constructivist ideal was to do away with the distinction between artist and artisan; the Duchampian wager, on the contrary, to make it absolute. Looking at *Two Chairs*, I see, on the one hand, art seeking to become a seat, and on the other, a seat capable of becoming art. The one owes its artistic value to its form, the other to its display. And, seeing those two chairs, if truth be told, I not so much lament the contemporary degradation of the modernist ideals as wonder what to make of this determination to disseminate art in life when life is already so much in art. What reason could art possibly have to disappear in order to pass on its artistic competence to utility items which have in any case been turned effortlessly into artworks simply by being placed in the context of an exhibition? So, what I get to see with the *Two Chairs* is at least as much a short-circuit as a decline. The modernist wish for an abolition of the boundary between art and life was doubly utopic: not only is the plastic garden chair present in supermarkets and not Rietveld's, but also, through the ready-made procedure, it has taken on the ability to metamorphose into an artwork in its own right.

The mise en scène of the two chairs leaves little doubt, despite their shared whiteness, as to an antagonism very certainly downplayed, however, by the integrating mode of the relation between the ready-made and the constructivist form in *After Rodchenko*,

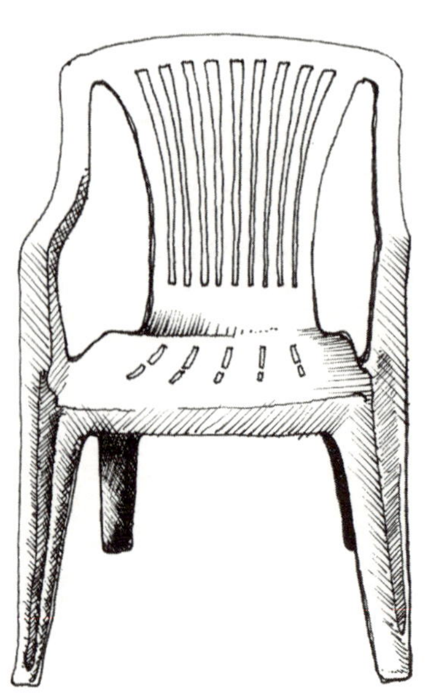 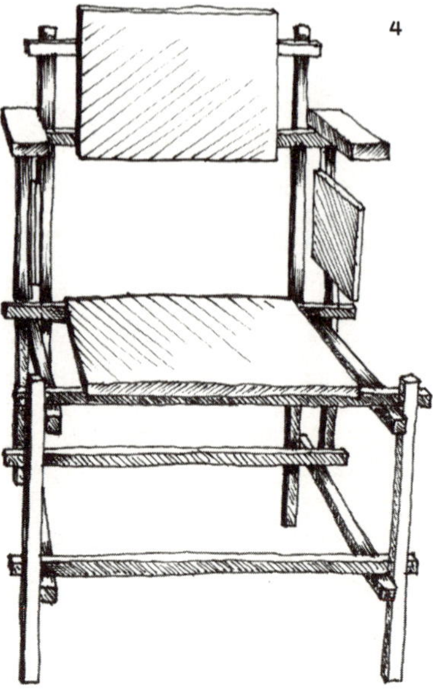

4

and even more so in *Drum and Bass*. Despite their decorative quality and a plastic attractiveness not usual in Mercier's art, the black shelves are still the theatre of a degree of belligerence between two conceptions: either Mondrian's painting has disappeared, making way for a storage arrangement whose form and colours it inspires; or the red toolbox, the blue binders and the yellow hosepipe have become art objects for being displayed, neo-plasticist decorum merely being the indicator of their display value. Who could decide the issue?

If there is a set of pieces in Mercier's output that appear amenable to a reading of them as a reflection on the pitiful fate of modernist aspirations in the contemporary environment, it has to be the *Model for Private Housing Estate Architecture*, 2000. On a property promotion scale model, a harmless neo-rustic bungalow of the type sprouting up by the thousand in suburban France has, added onto it, various appendices with typically modernist overtones: an orthogonal metal pergola, a transparent glass casing or a huge awning held taut on masts. The important thing here, however, is perhaps not so much the humorous gesture of saving architecture in difficulty as the assertion of a hybrid aesthetics. We are hard put to find the suburban bungalow beautiful, satisfactory or convincing. Indeed—although the strategies of enchantment of disenchantment are now sophisticated; although the pop revolution, combined with the fortune of

the ready-made, has made us capable of aesthetic empathy with just about anything.[3] Did not Warhol say that Pop was about liking things? Meaning any old things. Such as the refrigerator that Bertrand Lavier placed on a safe to ratify the sculptural destiny of the readymade and the end of the utopia of an art object being protected from the generic fall; or the two seats John M Armleder matched with a generic abstract, expressionist or geometric painting. In a word, let's just suppose for the sake of argument that we are unable to work up a liking for the little tile-roofed bungalow. For

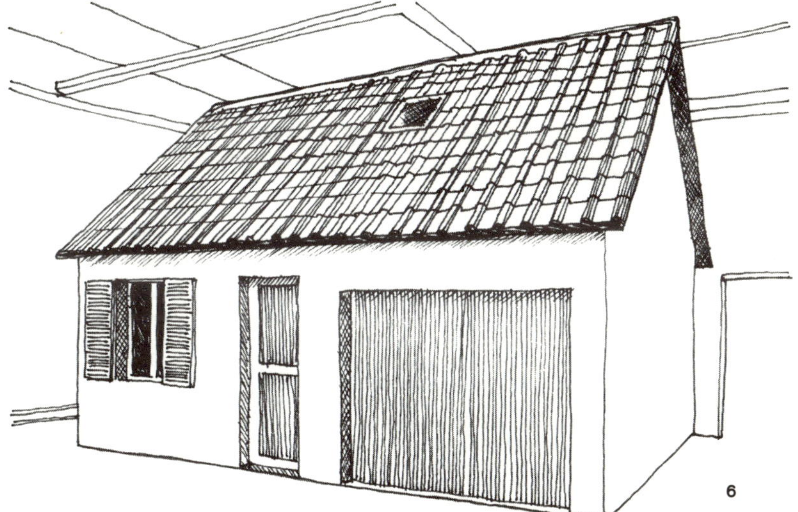

6

all that, would we still be able to appreciate forms like the glass casing or the metal pergola, even were they on their own? Might we no longer be able to appreciate anything but a combination of the two? That is the question raised by Mercier's art. The exhibition at the Pompidou Centre in 2003 gave the viewer another chance to check out this bias towards hybridization: on that occasion, the replica of a suburban bungalow, the brother of these models (here again with a handleless door) *Pavillon*, 2003,[fig.6] was set alongside a neo-minimalist black granite corner sculpture *Untitled*, 2003,[fig.5] worthy of someone in the Tony Smith mould. Who could claim that the artist was asking us to feel let down faced with

the bungalow and thrilled with the corner piece? Shouldn't we rather be seeing Mercier's art as the symptom of the contemporary impossibility of a pure aesthetics? An analysis of common contemporary consumer habits shows that they appear to respond to a general principle of impurity. The current taste has no trouble—and even delights in—combining the cheap and the chic, hard discount and luxury, bog standard and quality items, the tawdry and the elegant. Also, for anyone viewing the three black granite plaques obliquely and from a distance, the sculpture depicts an arrow and thus

seems to designate a placing in the corner, if not in the grave, of its own pure idiom. So, far from structuring, the contradiction between the modernist ideal and its degenerate descendants on supermarket shelves—which can sometimes also be taken as the contradiction between the ready-made and the constructivist form—may be just one of the more effective ways of justifying the development of an aesthetics based on hybridization and impurity. The two chairs are acceptable when they form a hybrid pair, but each of them is too pure to exist as such on its own. And the thermoformed seat has the cut-out parts under the armrests and in the back reshaped by the artist in a new resin version of the object

First Prototype for a Garden Chair, 2003.[fig.7] And Rietveld's chair explodes in five contrasting ways, in a short animated film, *Red and Blue Blast*, 2002 [fig.8] — just as Arne Jacobsen's chair bursts into pieces which we find suspended like a Calder-type mobile in a similarly iconoclastic piece by Martin Boyce.[4] How could seats be pure with Mercier, when even his dia-

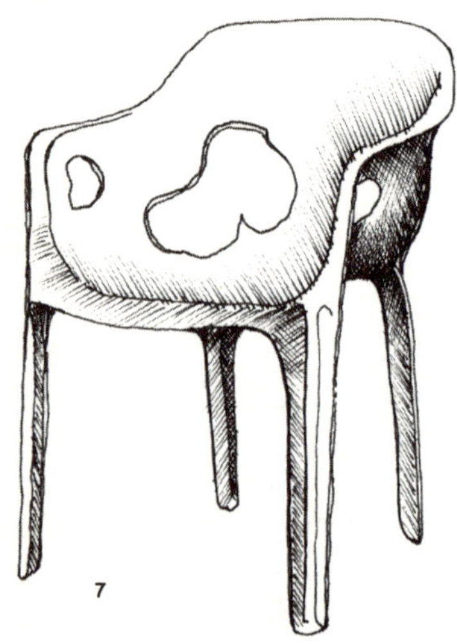

7

monds are not and fail really to sparkle? On the basis of the computer analysis of an image of a diamond, the artist has painted some "abstract" tondos (*Untitled*, from 2003), in which multiple polygons in different matt colours are brought together in a very complex interplay. In this way, the viewer's gaze wavers between picturing a highly stylized figuration of the brilliant adamantine facets and seeing an abstraction where the design and organization

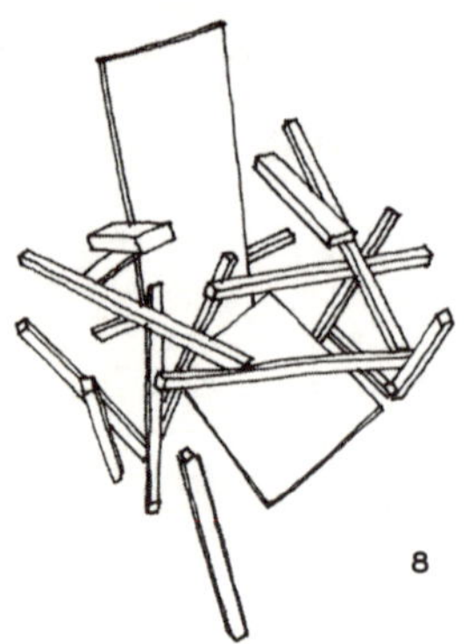

8

do not seem to match up with any of the possibilities available to genuinely abstract painting. From this standpoint, such canvases are part of this deep-rooted trend of contemporary abstract art to draw upon figuration rather than ignore it, a trend of which the architectural paintings of Sarah Morris are another masterly example.

With the *Wood and Melamine Structures,* 1999, [fig.9] or the *Cubes*, 1999, we do nevertheless find pieces that might be described as "pure": purely constructivist, that is, being geometrical and functional. Notice how this is storage furniture. This comes as no surprise. Purity has as its corollary a flawless ability to tidy up and file away. Pure things are easily stored. But, with very few exceptions, these structures are shown empty, as if reality were thoroughly allergic to any such tidiness, as if their purism could only be damaged by anything actually turning up. This is probably why the *Cubes* are used primarily for their own storage, nesting into each other from the largest to the smallest to produce something like an Ikea version of Frank Stella's

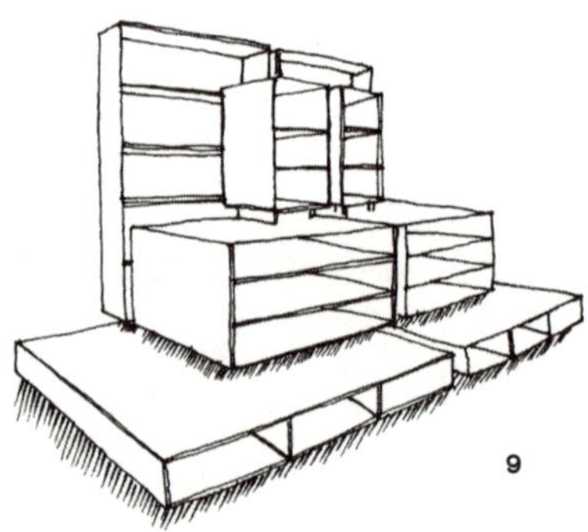

9

concentric square paintings. When the constructivist structure is placed irremediably in the service of reality, things take a definitely humorous turn, as with *White Melamine Structure for a Plant*, 1996, where a totally unlikely construction forms what quite frankly is an absurd add-on to a large house plant—a *schefflera*, a popular umbrella-shaped indoor plant with beautiful shiny leaves. The base of the trunks

emerges from a sort of podium into which vertical poles have been placed, with small platforms on the top, upon which some of the leaves are resting. "*Jungle* Rietveld": the green and the curves of the exuberant plant contrast with the straight white lines of this structure playing a doubtful, unnecessary supporting role. We see from a piece like this how Mercier's brand of functionalism is not always as serious as at the Bauhaus. This is borne out by his remarkable distinctively and prettily coloured props *Untitled*, 2003, with their elegant fined flanges, teeth or spokes. For one thing, they serve no purpose in the exhibition spaces where they are installed. For another, there is an obvious paradox in the aesthetic takeover of an object normally used to hold up a building in danger of collapse or during construction, of an object connected with a ruin or a building site. Nostalgia for modernist utopias with a smile, why not?

One of the artist's pieces is called *01*, 2000, and aptly enough, as it is made up of a panel which depending on the viewing angle playfully reveals either a 0 or a 1, but which, when seen from the front, can also show a fuzzy 1 in the 0. As a perfect symbol of the all-electronic age, such a piece might also be read as a poetics setting out the principle of duality that seems to govern a fair portion of the artist's output. The museum and the supermarket. High-and lowbrow. The Bauhaus and Duchamp. Abstract and figurative. Van Doesburg and Ed Benguiat: letters or numbers combining, and mixing up, two avant-gardist typefaces a half a century apart *Caractères*, 2001; *AAA*, 2002; *ABC-123*, 2002. Geometrical and organic, or shapeless—like that small heap of earth, made from a standard cake of clay for ceramics, cut through the middle in a perfectly straight line and with the two sections thus created placed a few inches apart on separate white museum stands (*Untitled*, 2004); or like that sculpture, rather resembling a grave, in which a deliquescent heap of plaster is placed

up against a low, rigid, vertical wall (*Untitled*, 2004 [fig.10]). In other words, to quote Chairman Mao, and in the image of the sockets of *Y-Socket Lamp*, 1999,"one divides into two"— or rather one divides into 0 and 1. The current is switched on or off.

For the current to flow when needed, the artist goes as far as manufacturing power points, multiple ones even (*Multiplugs*, 1998). There is the floor version, a primitivist mound of roughly rendered plaster, housing twenty sockets—which the schizzed heap of earth on a base remembers. There is the hanging, so-called *Swiss* version [fig.11]: like an imperfect, almost obscene bundle. With the *Multiplugs*, it is the "other" of the standardized industrial product which seems to be getting its own back. The artist becomes a DIY artist, with no illusions. Just as much as it is one of the typical leisure activities of a society subscribing to the domestic values embodied in the beige red-tiled bungalow, just as much as it is an act of resistance to the logic of the ready-made and at the same time the customary manifestation of a degree zero of aesthetic thought, DIY is also the surest way of achieving an end result that is, if not botched, at

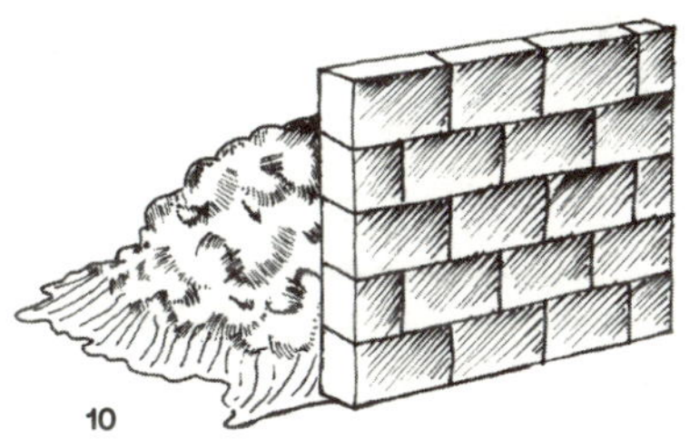

10

least unable to control all the parameters brought into play in producing it. This is another reason for Mercier's interest in it. And while the handyman will usually make utility items, he can on occasion produce art. He can knock up neo-plasticist compositions à la Mondrian: a lick of white paint, a few strips of colored adhesive tape and a coat of varnish on some planks brought in rather the worse for wear off the street (*Still Untitled*, from 2001).

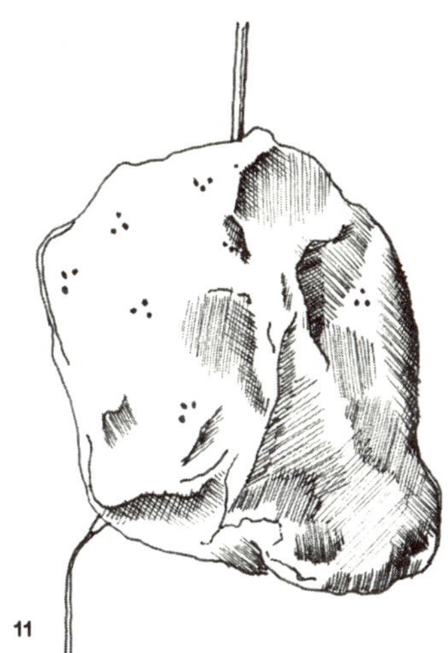

11

This time, the vocabulary of geometry used by the historic avant-gardes is not contrasted with the standardized supermarket product but with something no less its opposite: "De Stijl Trash." These pieces are clearly not lamenting over the current ill fortunes of modernist canons, but exercising a principle of tension, of incongruity, an oxymoronic ploy that has one of its more caustic manifestations in a homemade Mondrian.

Do-it-yourself is however not just a synonym for slapdash, shoddy workmanship or heterodoxy. Its toolkit— such as that carried in the *Bricomobile* (*Mobile Toolbox*), 1998, a small box of tools on a bogie—points to the process rather than to the end product, and hence to something that has not yet taken on its final shape. *Plastic Anchors Walls*, 1994-1997, are an example of this. These huge compositions are deployed on a wall using the handyman's typical gadget, the wall plug, and playing with the different color-coded sizes. This anchor, ever supposed to remain out of sight, is thus given here a thoroughly commendable pictorial promotion. However, like the wires coming out of the wall awaiting a connection (*Electric Wires*,[5] 1995), it is crying out for the screw needed to enable an artifact to be hung up on it. So the success of this piece lies not just in the nobility conferred on the lowly accessory (there-

by carrying to extremes the gesture accomplished by Robert Ryman in deciding to draw our attention to his picture mountings), but also in the tension that builds up between the perception of the pattern produced and the feeling of incompletion we get from these screwless wall plugs. The subtle dialectics here of the finished and the unfinished was further reinforced at one exhibition [6] where the *Paint pot*, 1998,[fig.12] was placed at the foot of a *Plastic Anchors Wall*. This open pot would be about as ordinary as you can get were it not for the motor stirring the paint to prevent it from drying or settling. We remember the well-known Stella comment: the paint must be as good on the canvas as in the pot. Mercier seems to be telling us that the paint is perhaps not all that good in the pot, and this is the stage

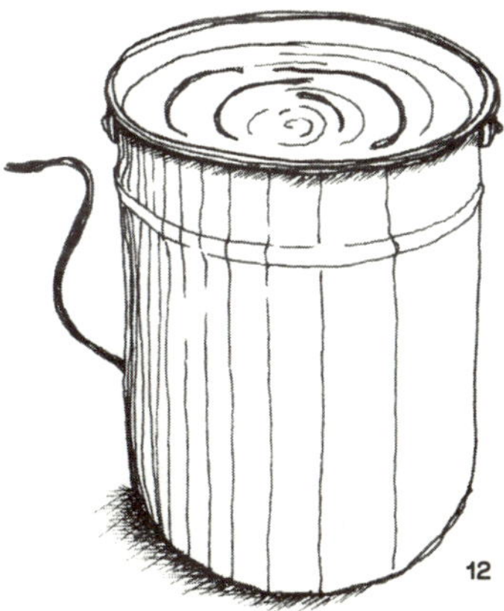

12

at which action needs to be taken— in order, for example, to prevent something like Bernard Frize's *Suite Segond* from happening: a thin skin of dry paint forming on the surface of tins of paint with the lid not properly closed and which the painter then transfers directly onto the canvas. Be that as it may, as with the *Electric Wires*, the wall studded with plugs and the tin of paint, open but still full of paint kept constantly ready for use, immediately brought to mind pictures of a building site, a common sight for the artist in Berlin under construction in the final years of the 20th century, one which he found interesting

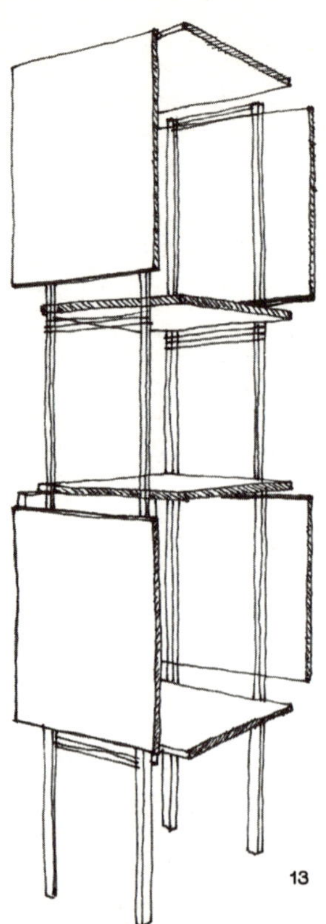

13

door, awaiting a place in which to operate, open and close. And *Fluorescent Lamp Clock*, 2001, made of white neon lights, their hesitant flickering marking the figures counting the hours and minutes, with two lamps for a colon flashing out the passing seconds.[9] The art lover will enjoy seeing the neon which Dan Flavin earlier diverted from its everyday use to give electric colours to painting and sculpture now given over to a highly structuring function, the digital measurement of passing time. After being the instrument for conquering space for the art object —light spreading across the wall and into the place—the neon is now a tool for displaying time. Three pieces were brought together in this way to evoke passing: passing from one space to another with the door and the transport pallet; the passing of time for the clock. Images of tran-sience, precarity and uncertainty. If we just recall how at that same exhibition the first piece encountered was a fish tank in which there was a natural ready-made, a shapeless sea cucumber (*Holothurie*, 2000),[fig.15] then the overall picture seems to be one of a *Vanitas*. A door, pallet, clock and small primitive aquat-ic creature of course remind the viewer of the poor, frail, transient reality of his situation here on earth, but most of all, alongside the *Two Chairs*, also present, of the vanity of pure utopias and aesthetics. It should be understood that the degradation of modernist ideals, the mixing of the constructivist idiom with pop aesthetics, the unfinished quality of the DIY objects, the taste for work sites and the sensitivity to the time factor are all part of the same message: art can now only be as it were at a distance from itself; the age of the work totally present to itself is over. This is why it would be reductionist to see the artist as an ambassador for Black and Decker, the inconsolable victim of a Bauhaus passion, to quote one commentator's neat formula.[10] Mathieu Mercier's work does show signs of a feeling of loss, it is indeed the admission that a kind of do-it-yourself, i.e. one-off responses to given situations, is now the only possible attitude to have. But the loss, more than that of one's beloved aesthetics, affects on a more fundamental level a certain idea of art, of its ability to be sure of itself, of its identity, of its means and its ends. On their metal

enough to make it the subject of a photograph (*Berlin*, 1997). Similarly, the *Plexiglas and Melamine Structures*, 2000,[fig.13] refer back to do-it-yourself and furniture kits, to place the emphasis on the theme, not of imperfection, but of incompletion. Indeed, using transparent Plexiglas that is invisible from a distance, they reproduce those assembly diagrams where all the parts of a piece of furniture have not yet been fitted together. Here there is no aesthetic ambivalence; orthogonality and minimalism rule the roost. However, inasmuch as the structures have not yet been properly assembled—or maybe they have already been dismantled or are bursting apart, like the Rietveld chair—their reign is undermined by a feeling of incompleteness.

At the exhibition where the industrial, geometrical, minimalist and unfinished *Armour-Plated Door*[7] was shown for the first time, there were two other works standing nearby. *Half-Pallet*,[8] 2001, was possibly needed for the

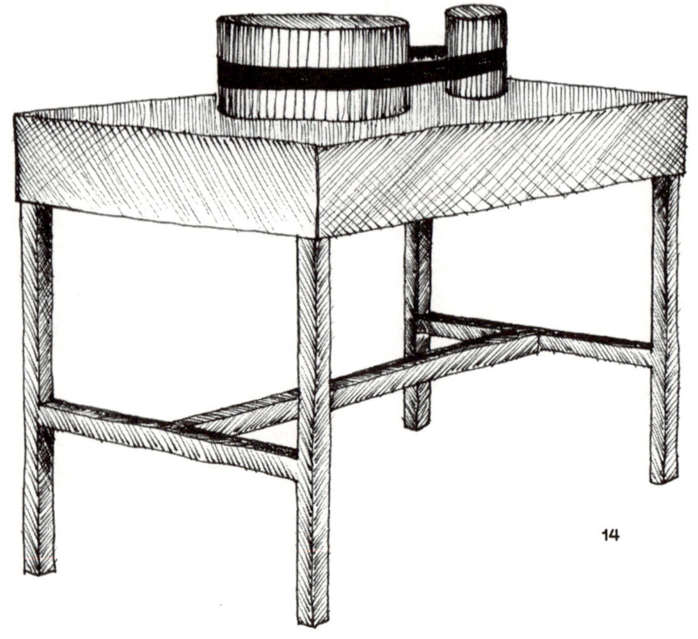

14

stand, the two cylinders, one of which drives the other via a rudimentary rubber belt, are turning idly, just for the kick, or just for the fear, of rotating (*Untitled*, 2004, [fig.14]).

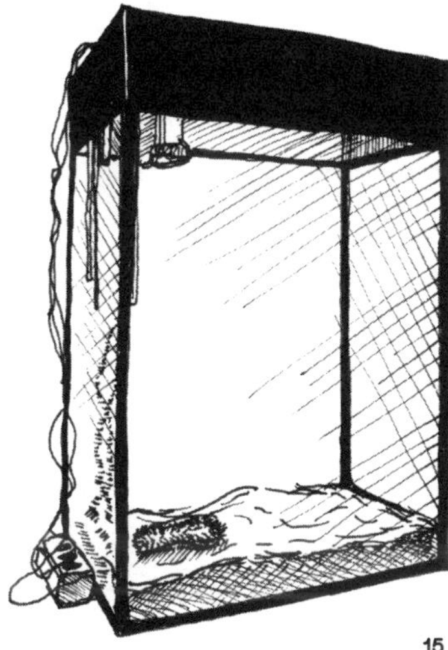

15

Art has tried to turn into non-art, but it is non-art that has been turned into art. Those props are not holding up any building, and the shelves remain bare—unless occupied by ready-mades. The diamonds are not pure and the small heap of earth is not even allowed to have its wretched integrity. And on top of all that, time passes and the holothuria perseveres in the armour-plated immanence of its vegetable like existence.

Notes:

1 - *Clock in its thermoformed packaging*, 1998; *Clock in its packaging*, 1998.
2 - The motif of a wall painting by Mercier is the logo of the well-known supermarket chain and one of the photographs depicts one of the supermarkets (*Carrefour*, 1997).
3 - A. Warhol, "What is Pop? Interview with Gene Swenson," in *Art News, New York*, November 1963
4 - Mobile (*For 276 Silent Falls*), 2002.
5 - One piece that seems amusingly to adopt Jeremy Rifkin's thesis whereby capitalism is no longer identifiable with ownership but with access, with connection (see J. Rifkin, *The Age of Access*, Penguin Books).
6 - Le SPOT, Le Havre, 1999.
7 - Galerie chez Valentin, Paris, autumn 2001.
8 - Mercier has shown his interest in this haulier's appliance by producing a further pallet (*Europallet*, 2000), this time displayed, not on the floor, but leaning up against the wall. The instrument enabling transit now seems itself to be in transit.
9 - There have been earlier versions of this luminous electronic clock in the artist's output, with the selective ones not marking all the hours 1995-2000, and the perfect ready-mades, left in their transparent packaging.
10 - Paul Ardenne, "Mathieu Mercier, bricoleur métaphysique/handyman can," in *Artpress* n°280, June 2002, p.14. The phrase is in fact used as a question. The critic is aware that it cannot fully account for Mercier's position.

Légendes / Captions ›

Page 41
Motif du rideau *Sans titre* / Curtain
motif *Untitled*, 2003
Impression sérigraphique sur velours /
Screen print on velvet
Dimensions variables / Variable dimen-
sions
Courtesy Galerie chez Valentin, Paris
& Galerie Mehdi Chouakri, Berlin

Pages 42/43/45/46
100 Cars on Karl-Marx-Allee, 2004
Photographie couleur / C-print
100 exemplaires datés, signés et
numérotés / 100 copies, dated, signed
and numbered
Edition En/of n°23

Page 44
Pavillon, 2003
Matériaux de synthèse / Synthetic
materials
5 x 6,75 x 5,17 m
Collection du musée d'Art moderne et
contemporain de la ville de Strasbourg
P : Mathieu Mercier

Page 47
Sans titre / Untitled, 2004
Plâtre / Plaster
130 x 89 x 62,5 cm
Courtesy Galerie chez Valentin, Paris
P : Marc Domage

Page 48
Casque / Helmet, 1998
Casque de moto chromé / Chrome-
plated crash helmet
30 x 40 x 30 cm
10 ex. / Edition of 10
Collections privées / Private collections
P : Mathieu Mercier

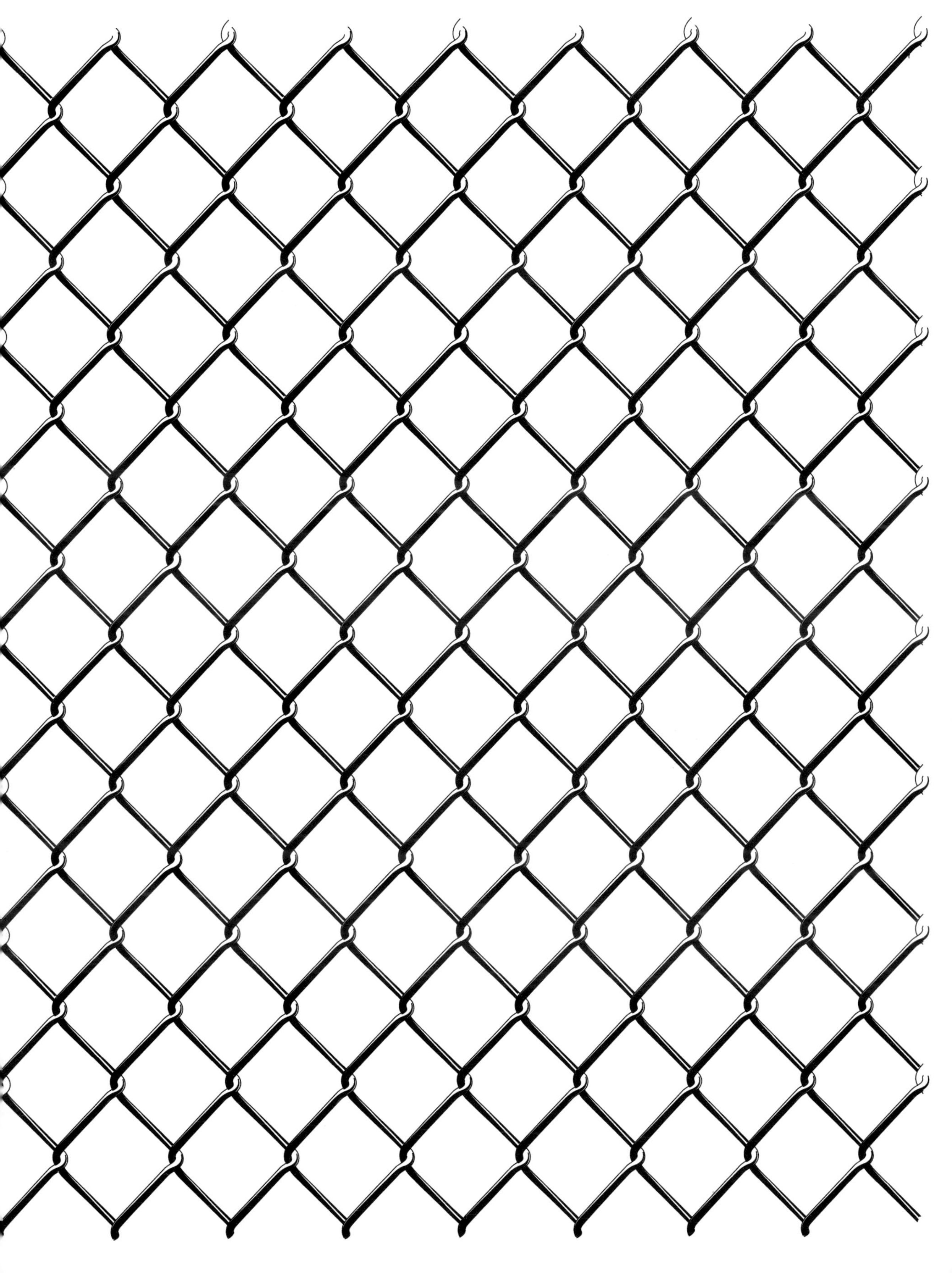

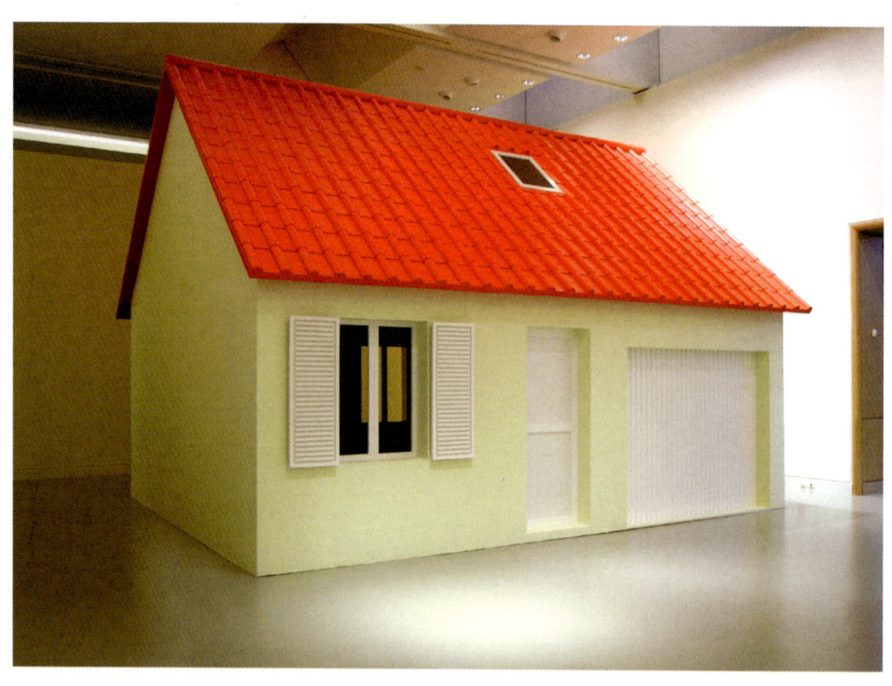

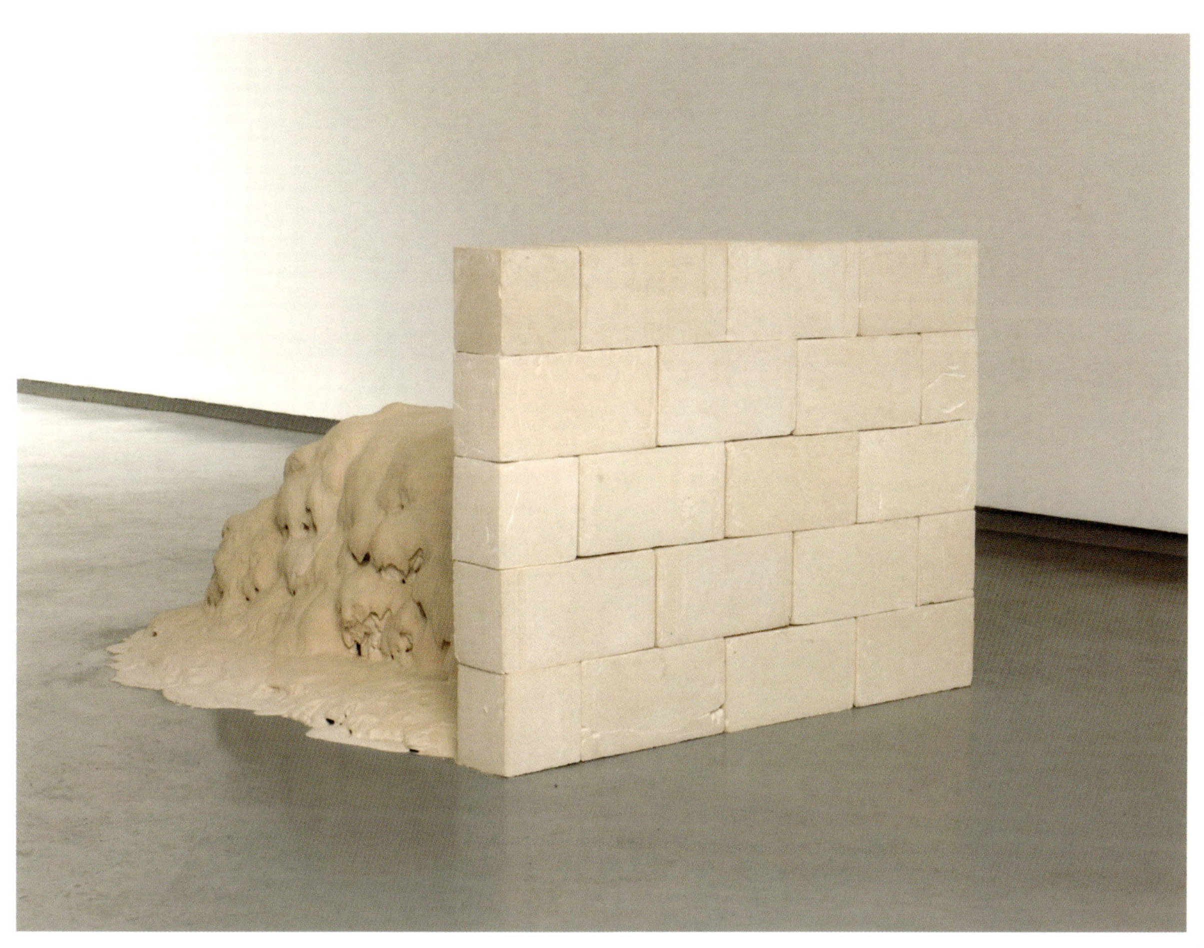

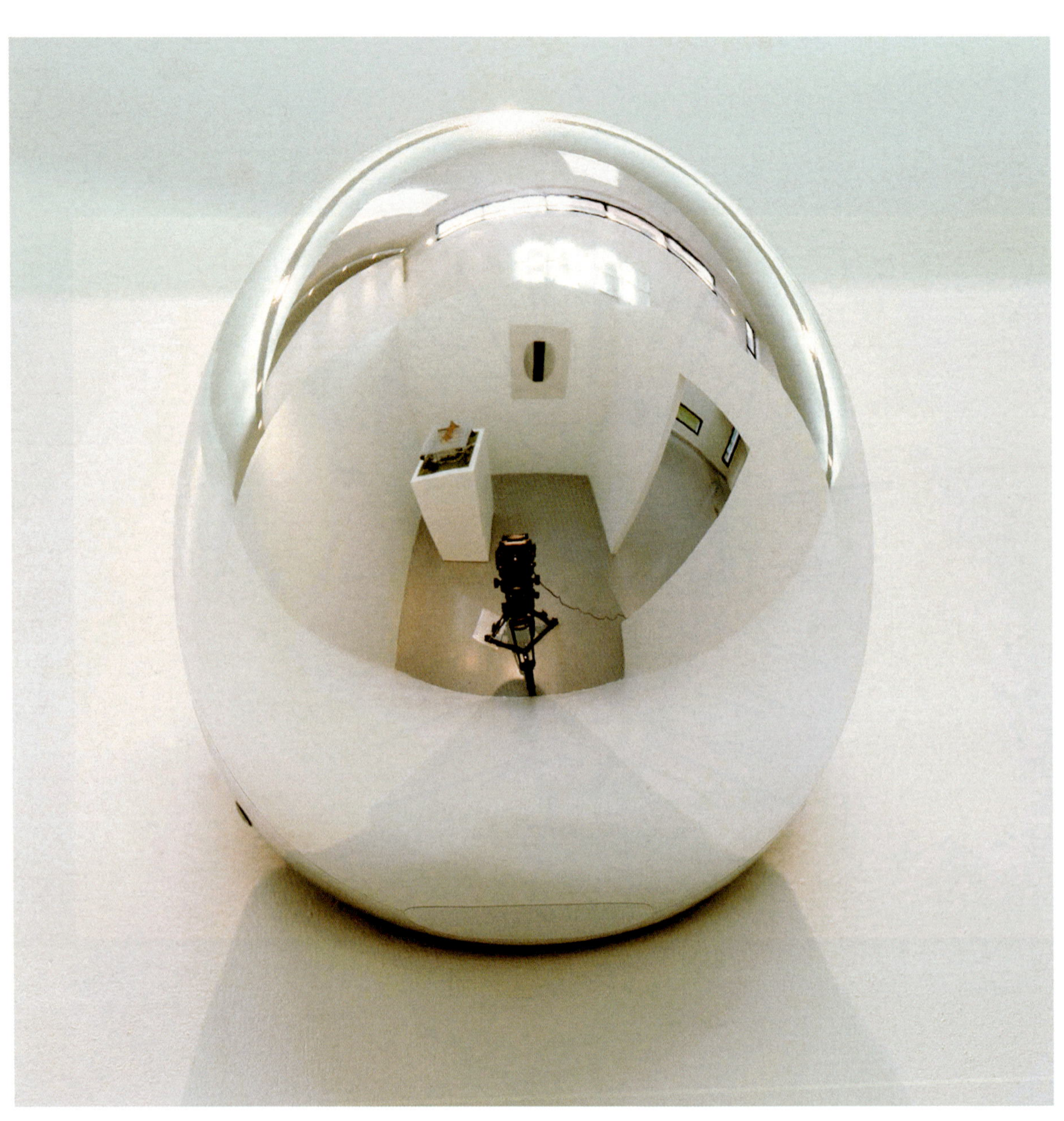

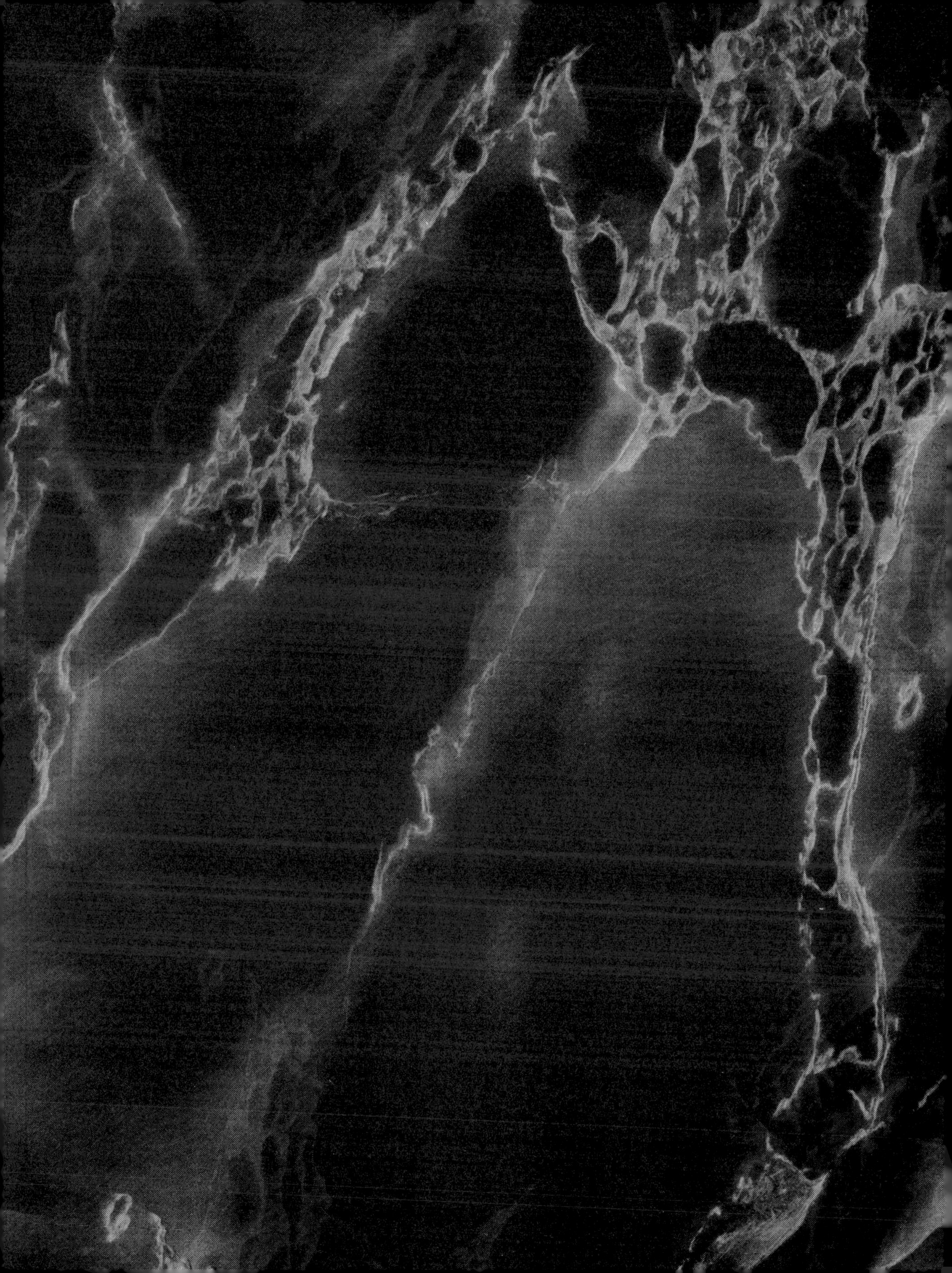

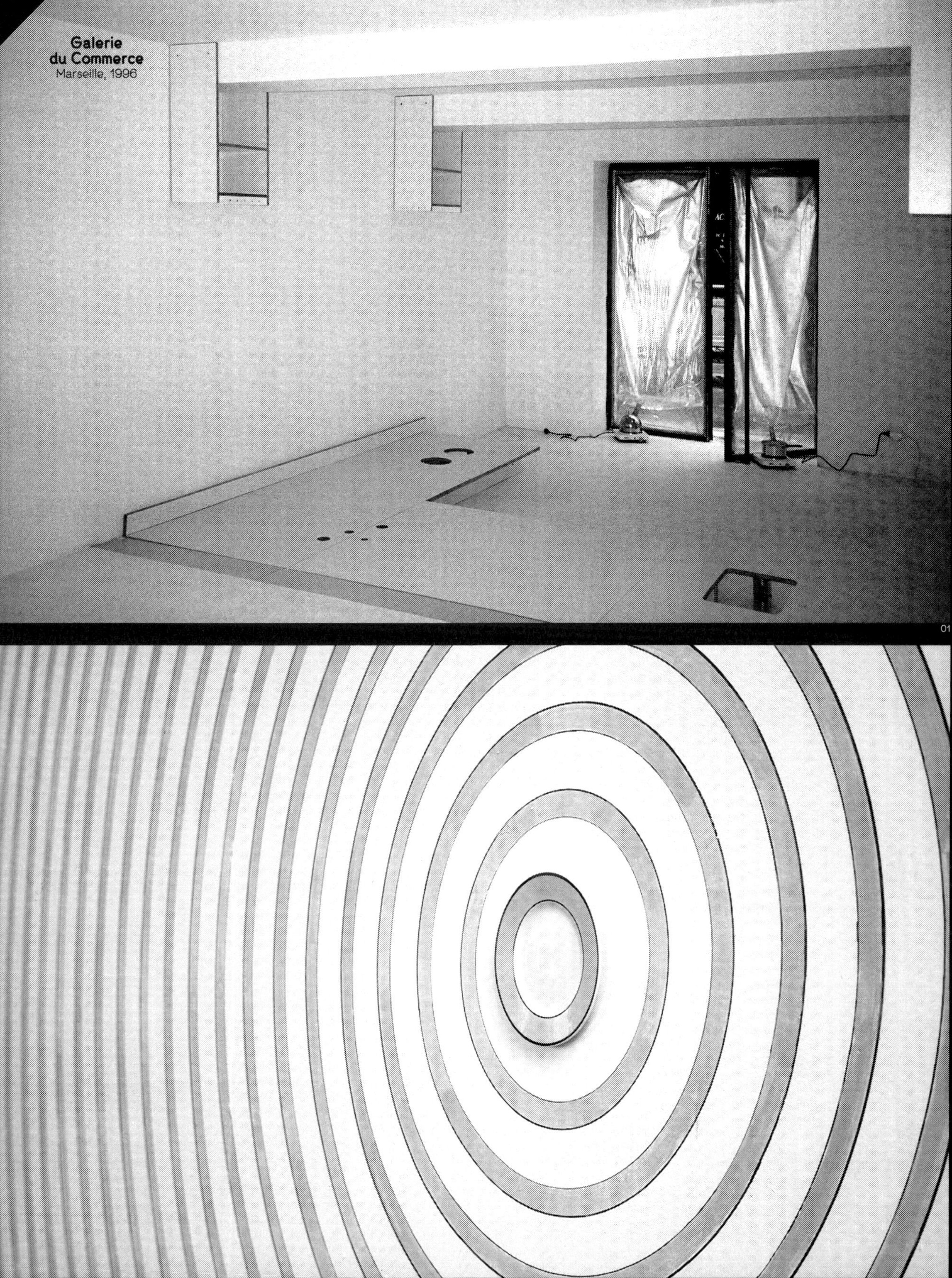
Galerie
du Commerce
Marseille, 1996

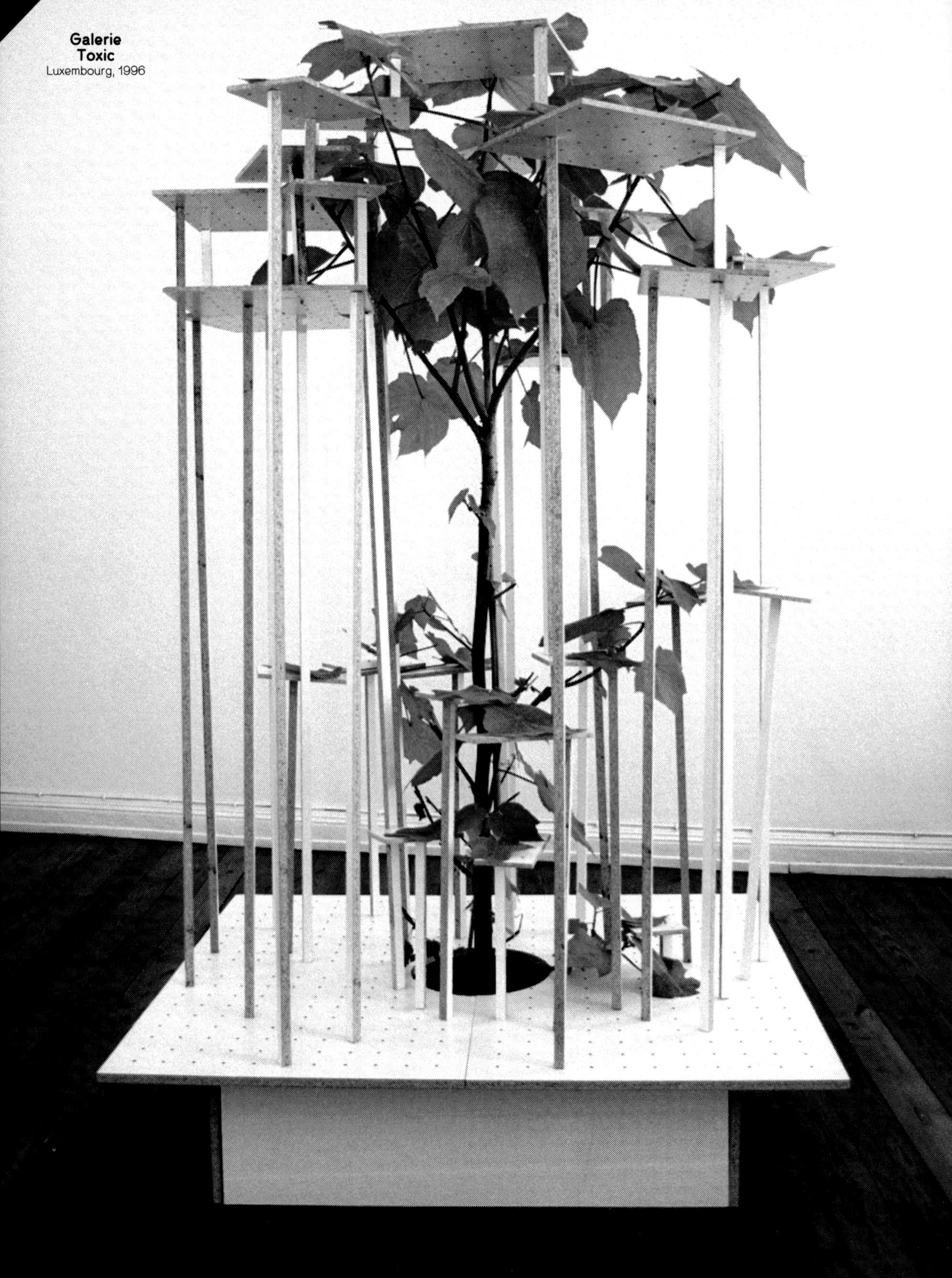
Galerie
Toxic
Luxembourg, 1996

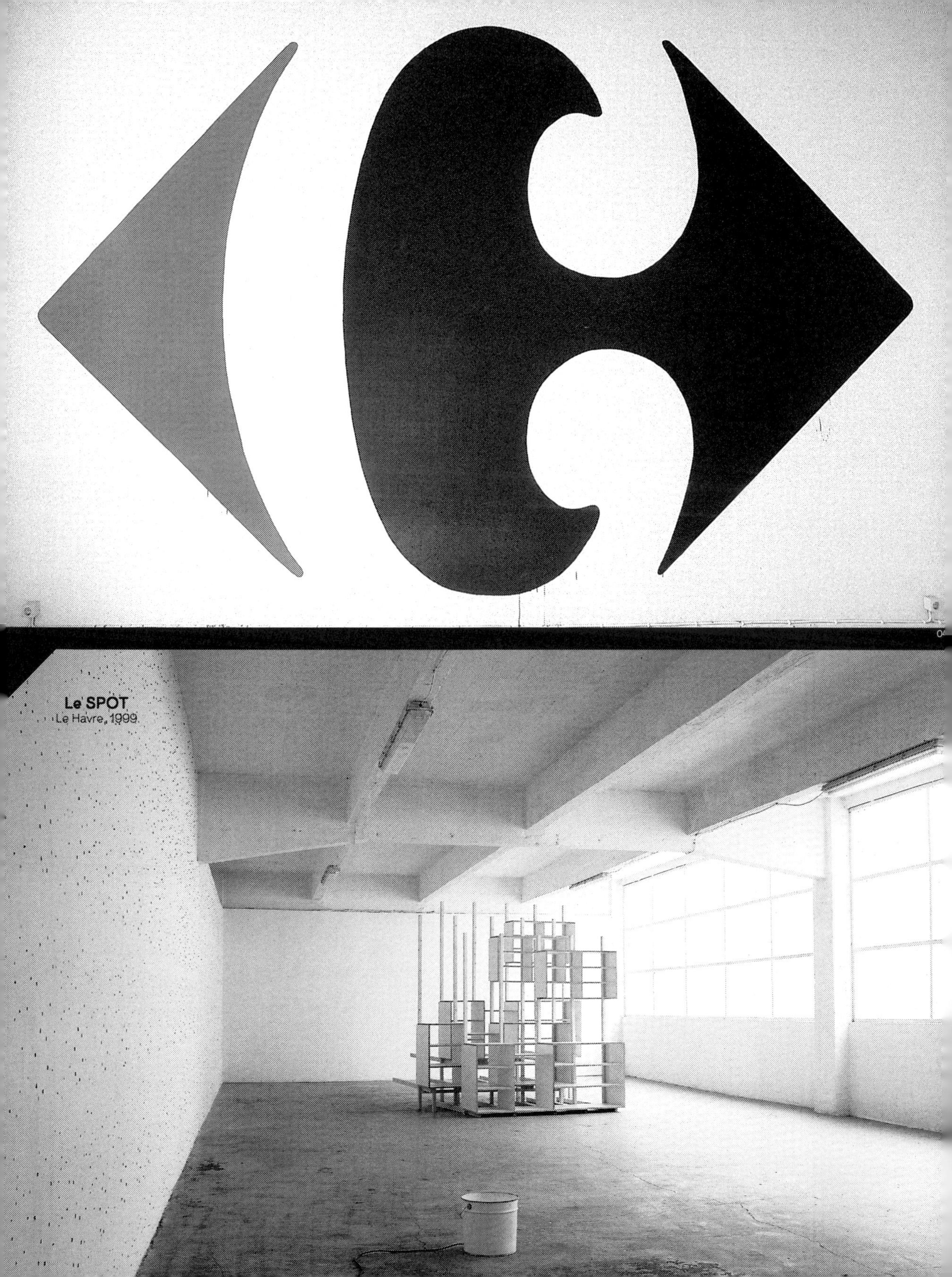

Le SPOT
Le Havre, 1999

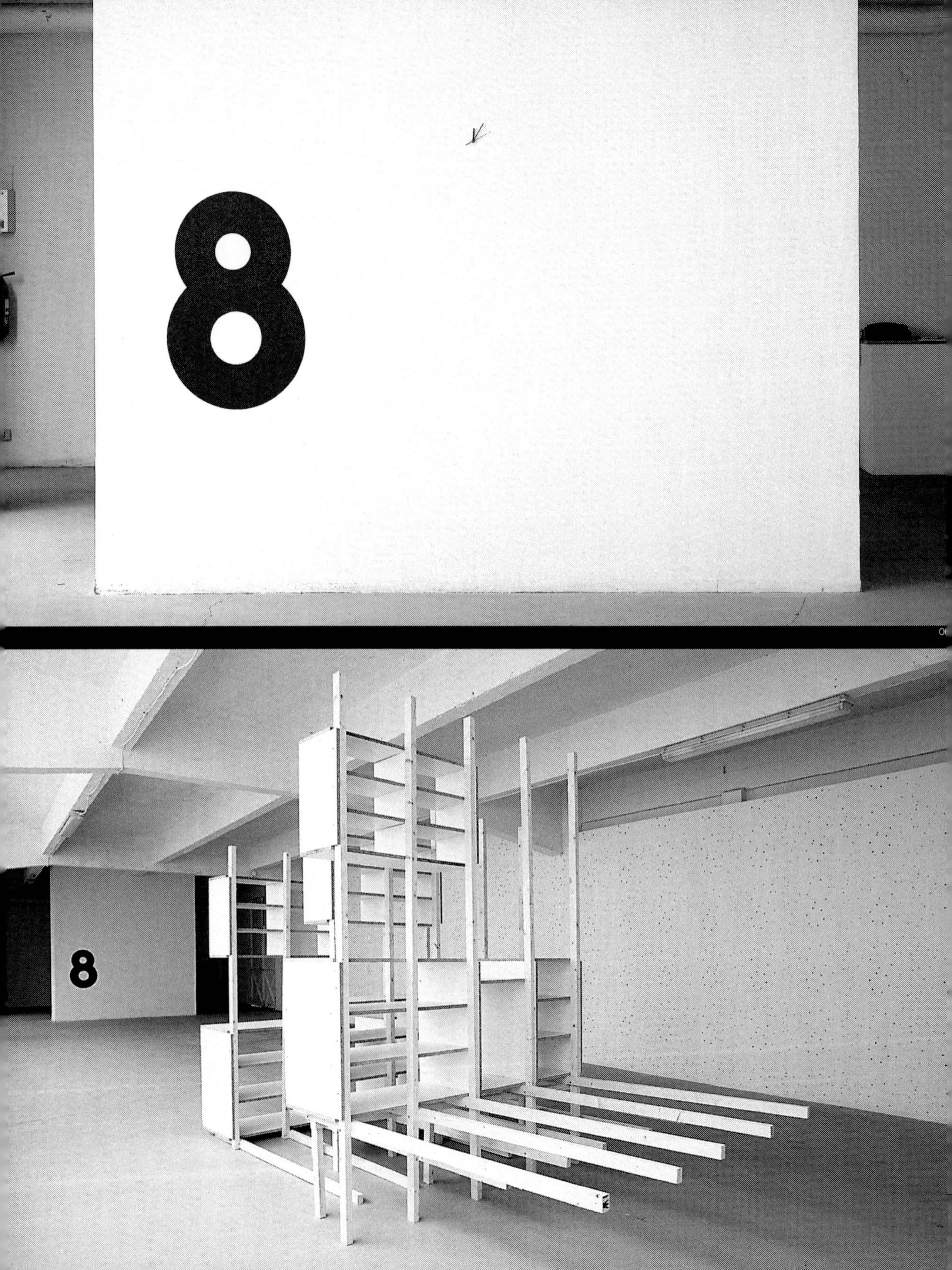

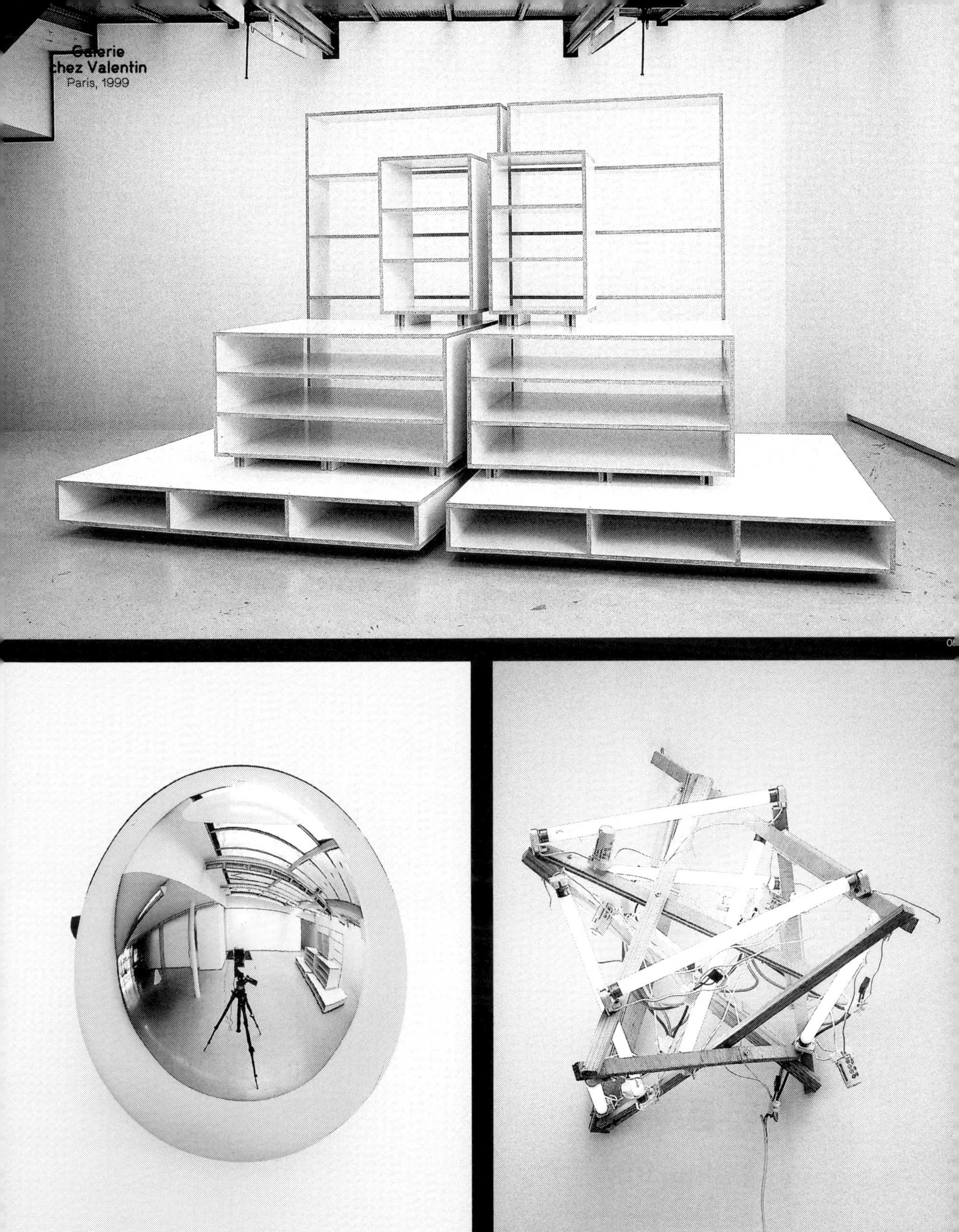
Galerie
chez Valentin
Paris, 1999

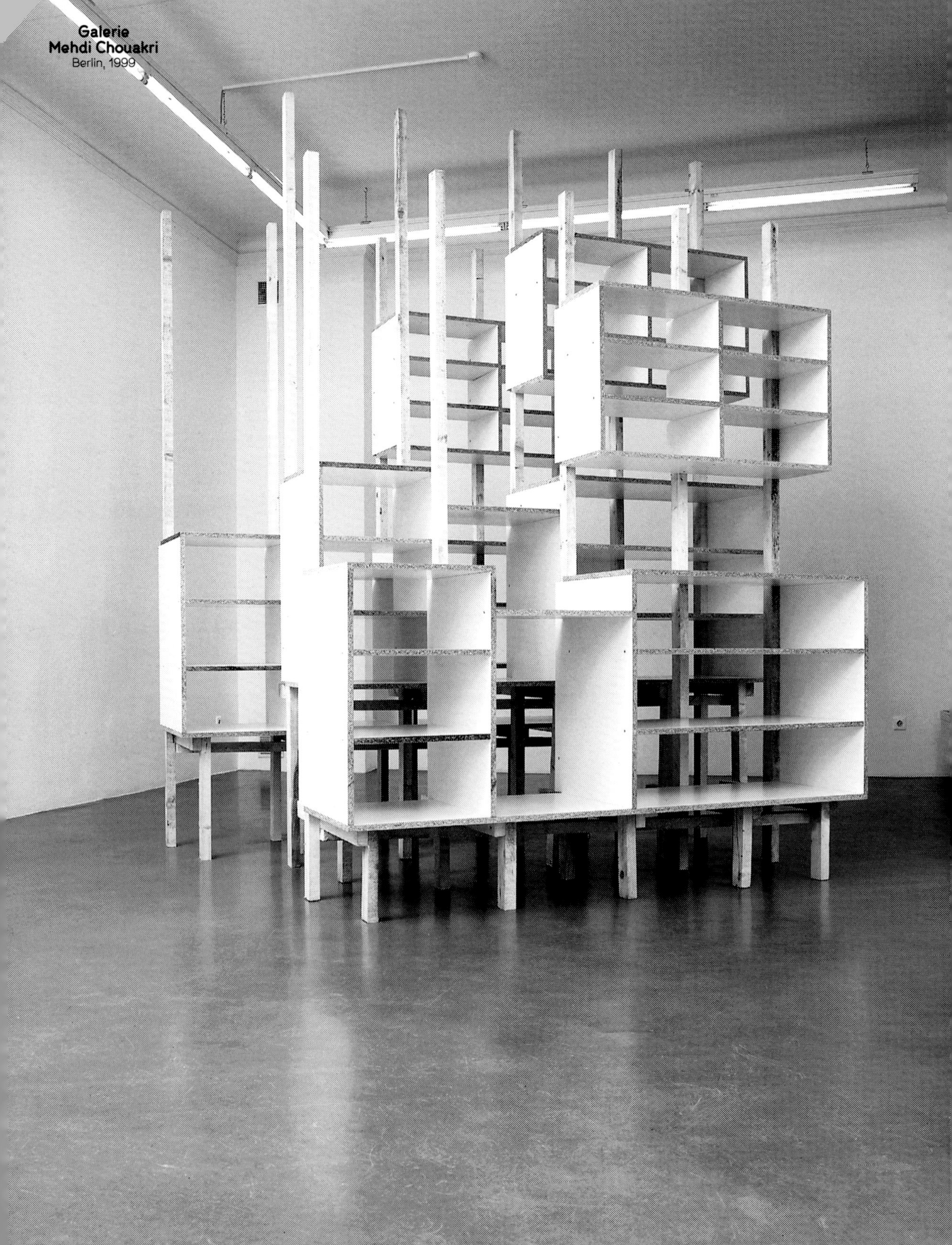
Galerie
Mehdi Chouakri
Berlin, 1999

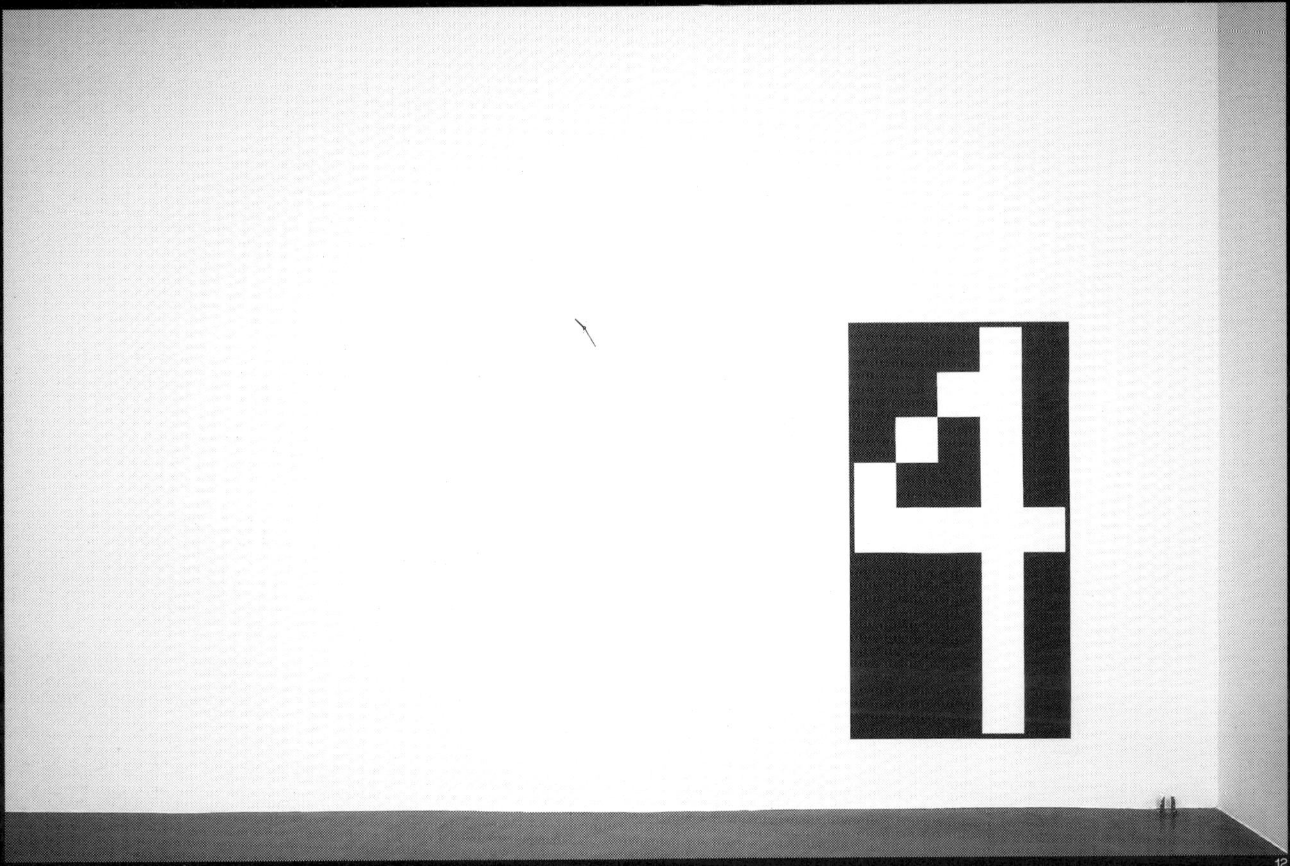

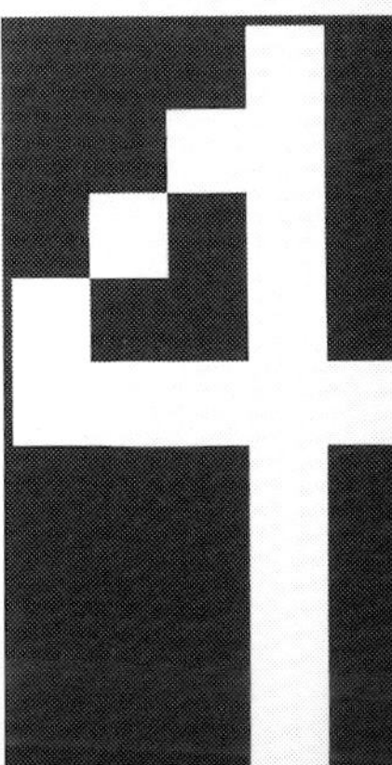

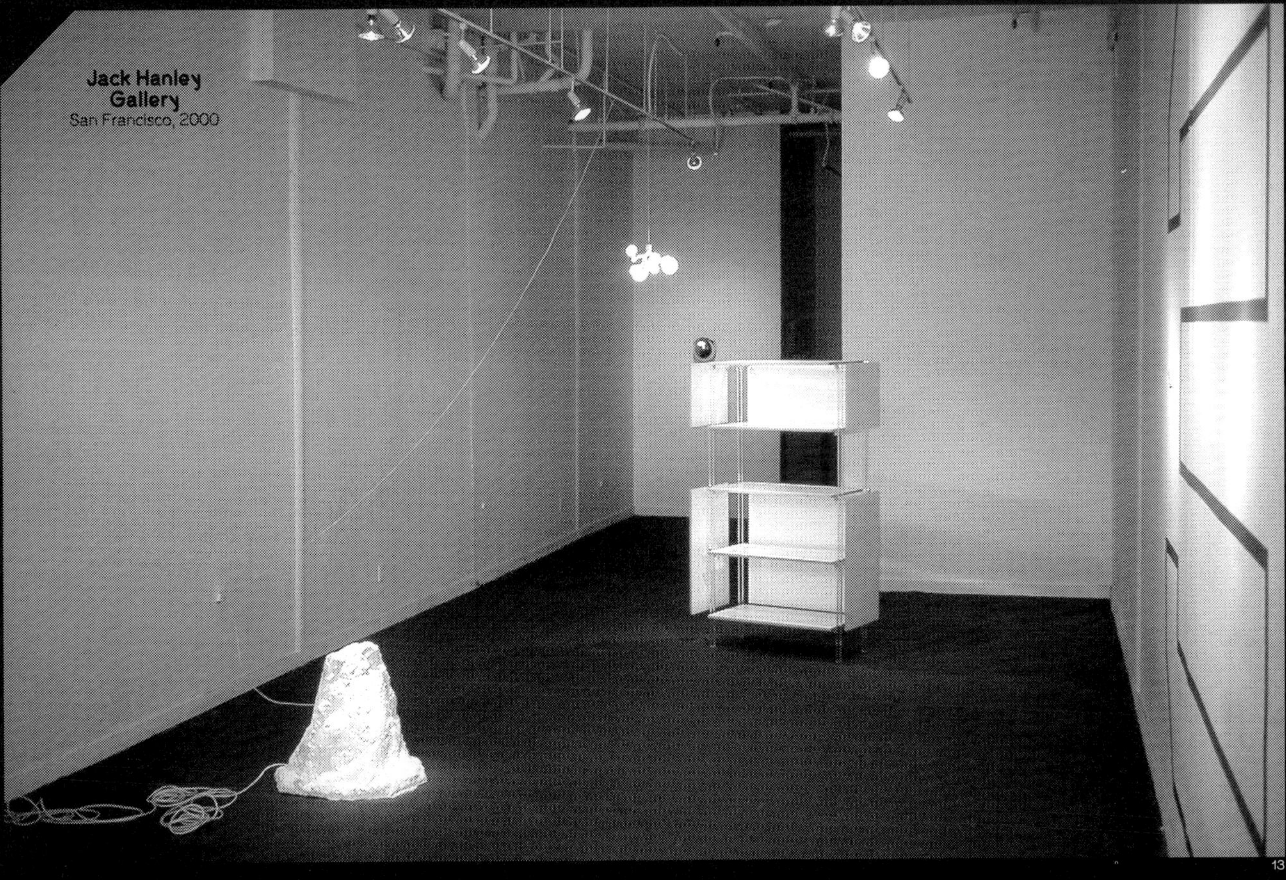

**Jack Hanley
Gallery**
San Francisco, 2000

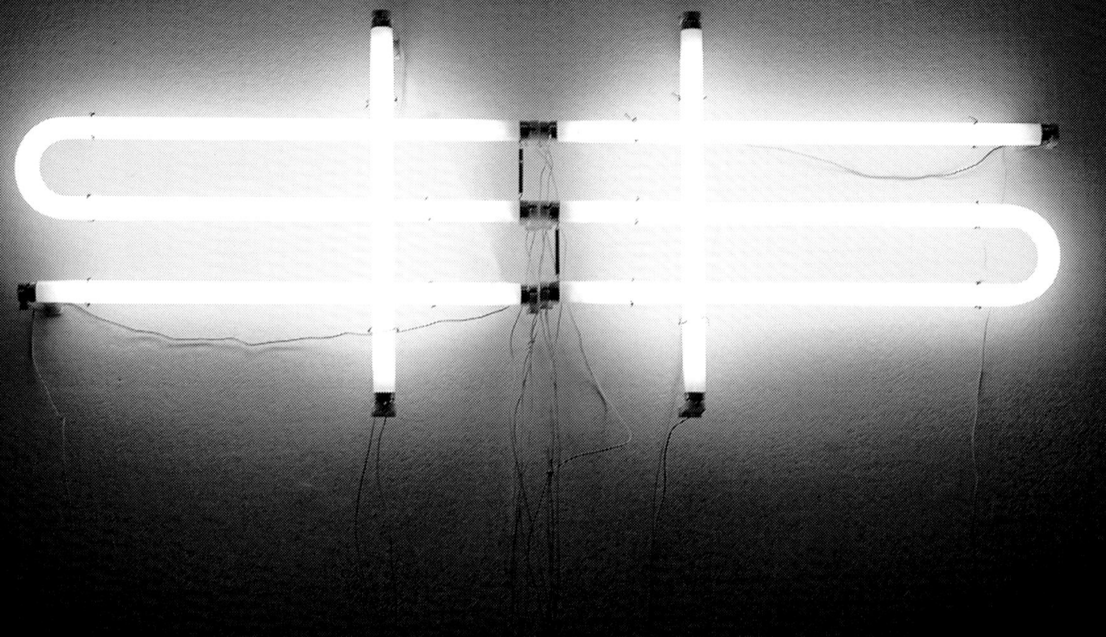

"0-1"
Galerie
Mehdi Chouakri
Berlin, 2000

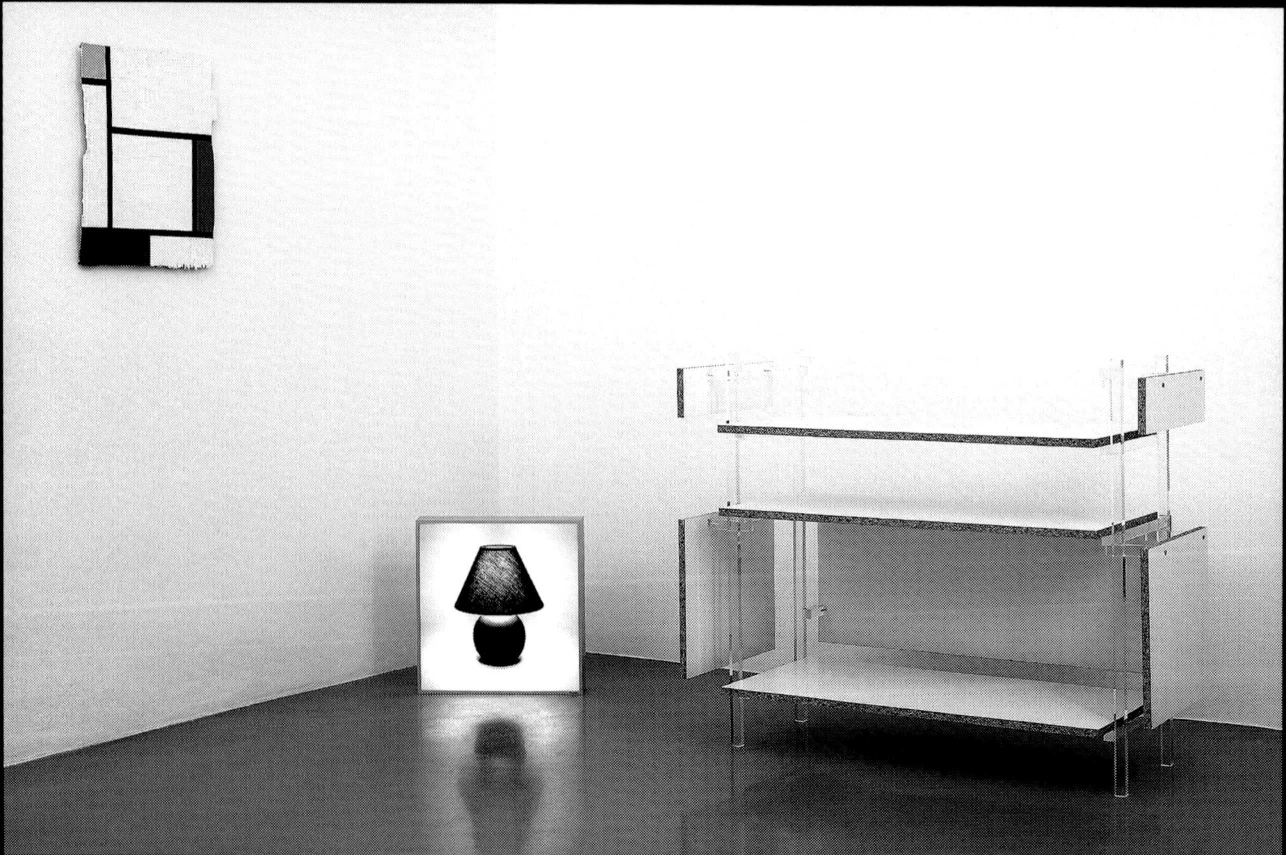

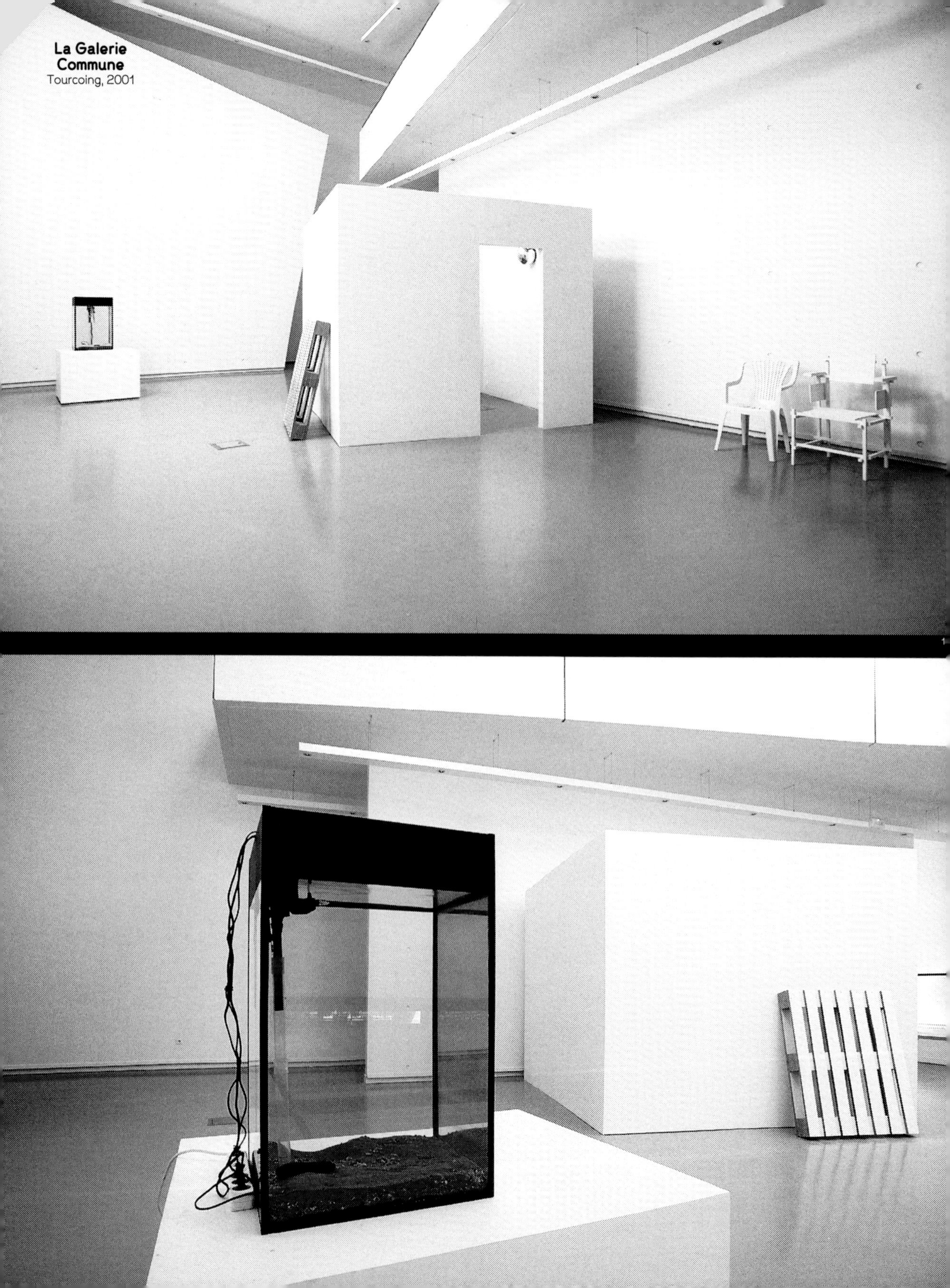

La Galerie
Commune
Tourcoing, 2001

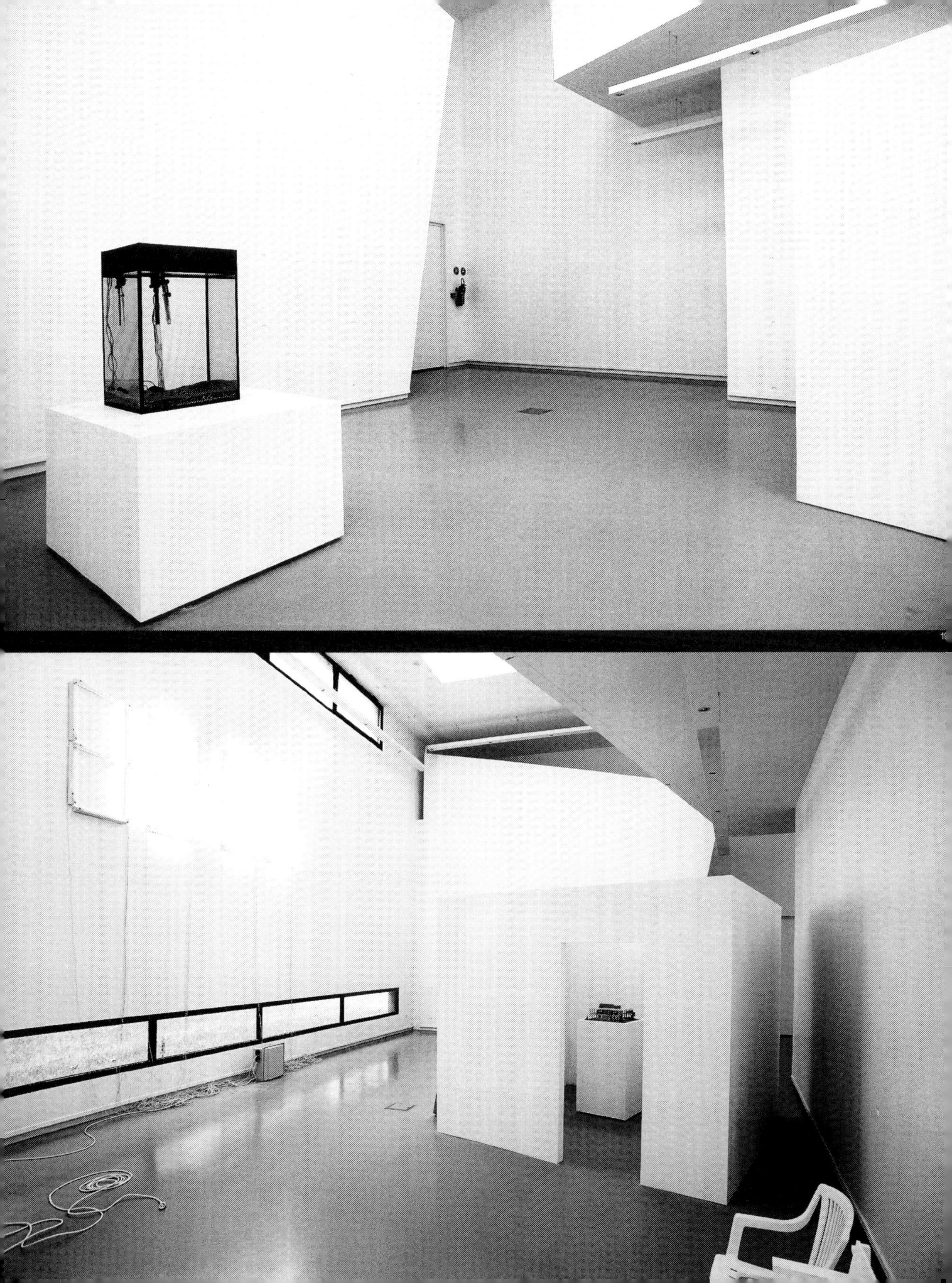

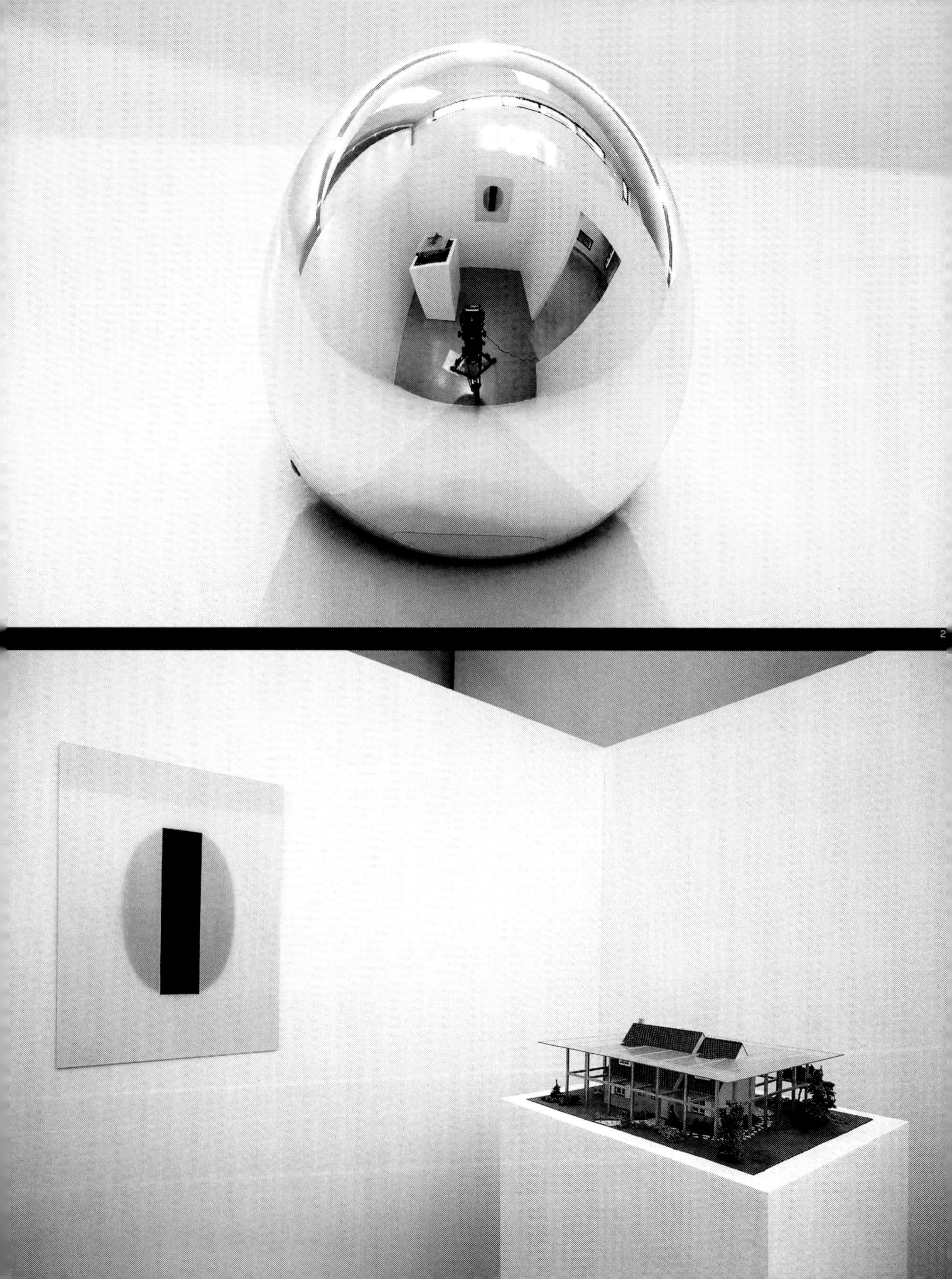

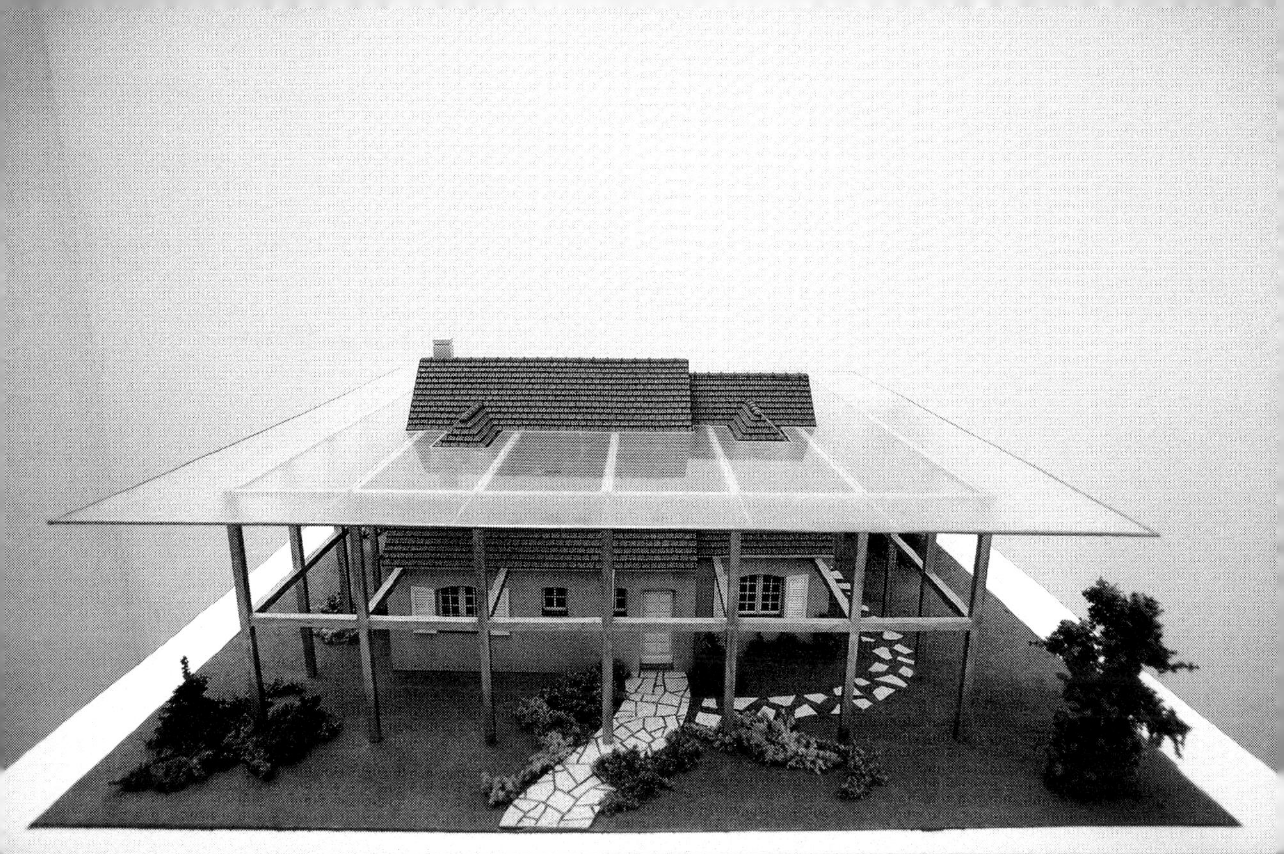

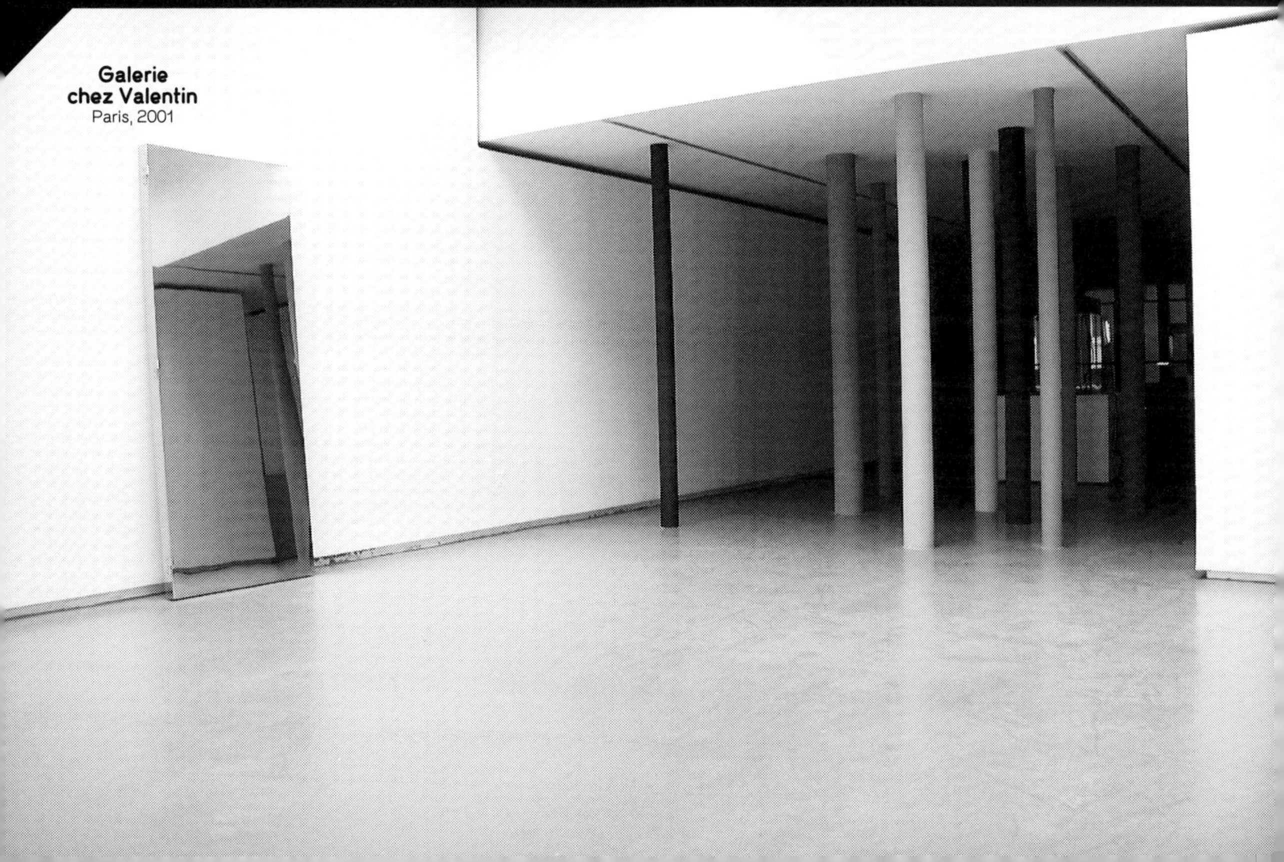

Galerie
chez Valentin
Paris, 2001

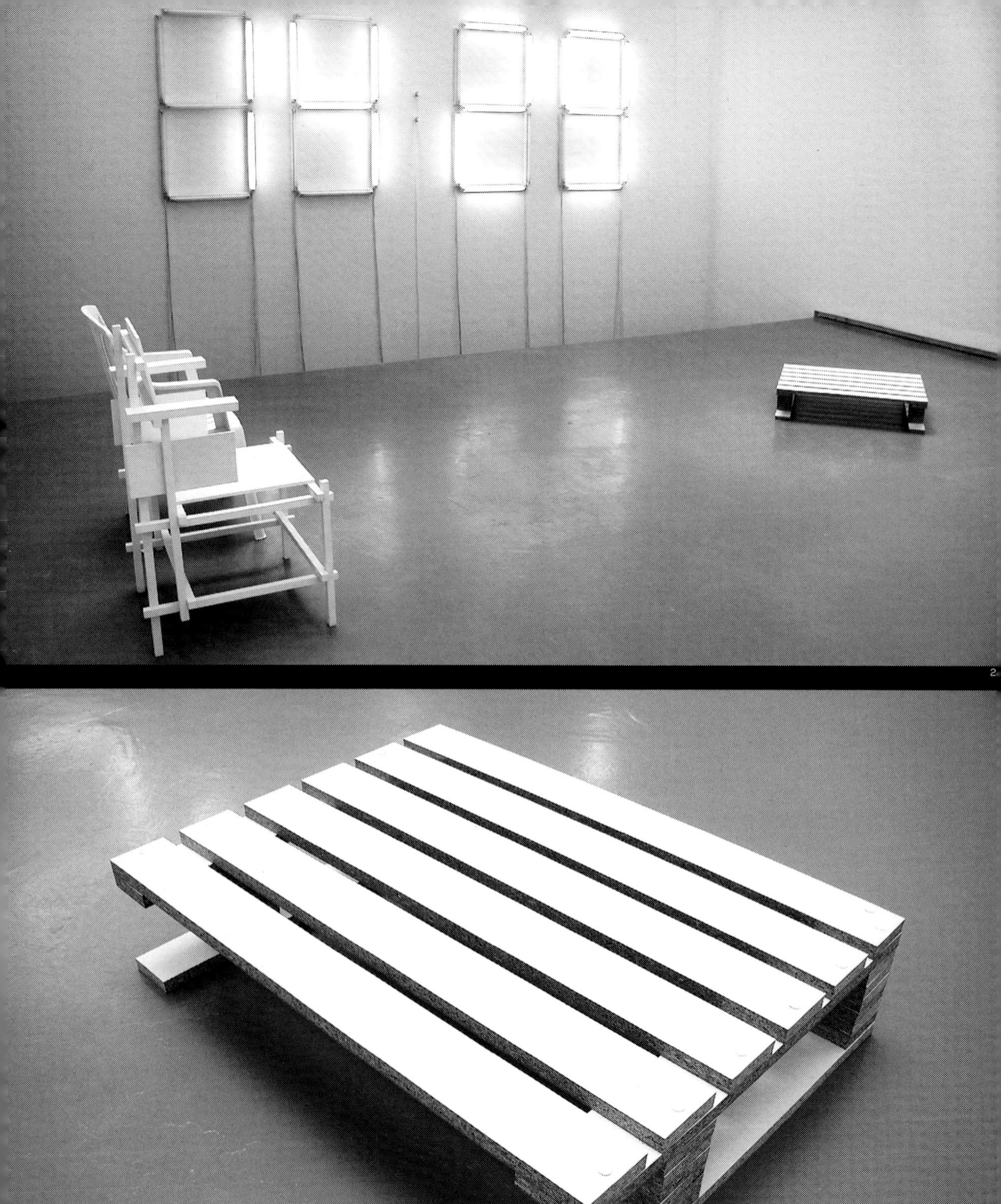

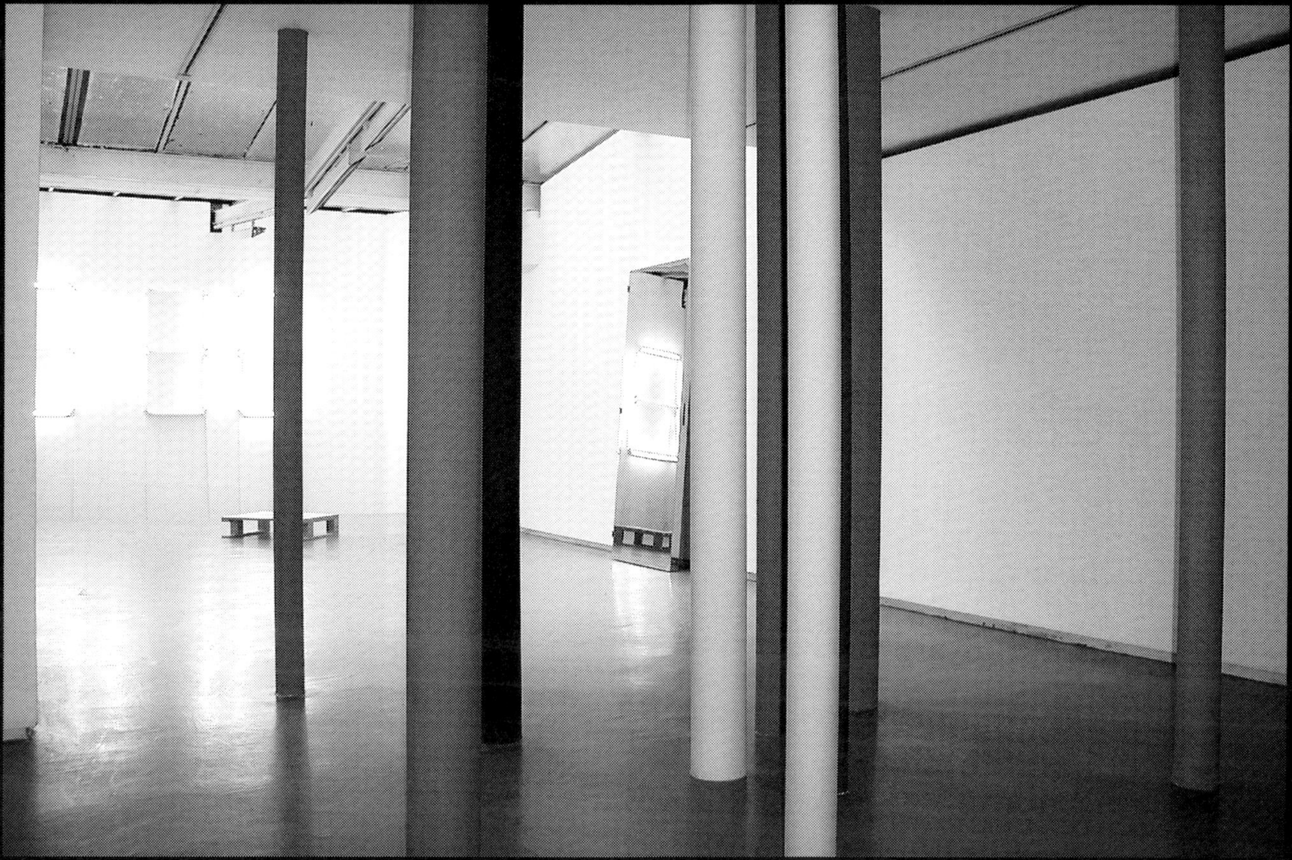

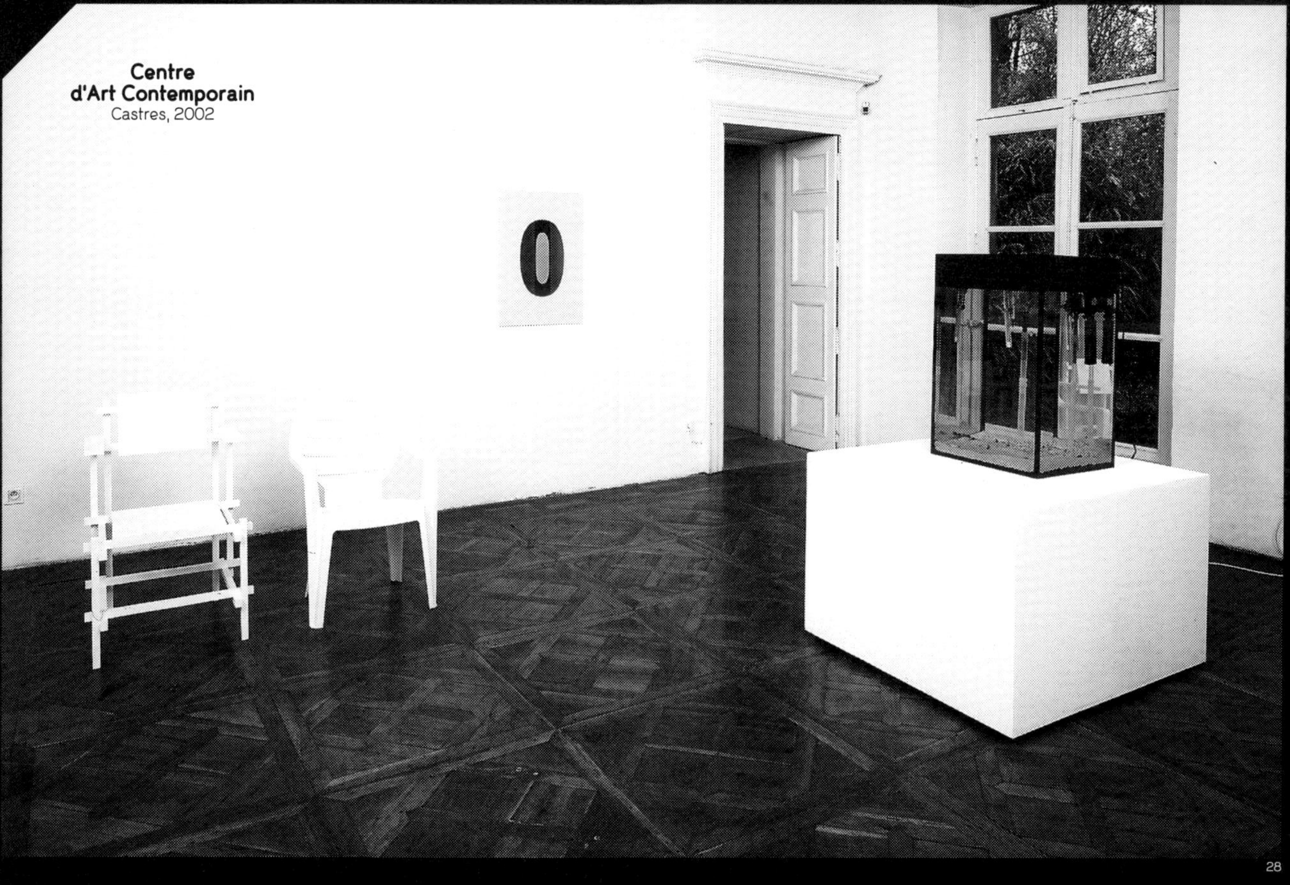

Centre
d'Art Contemporain
Castres, 2002

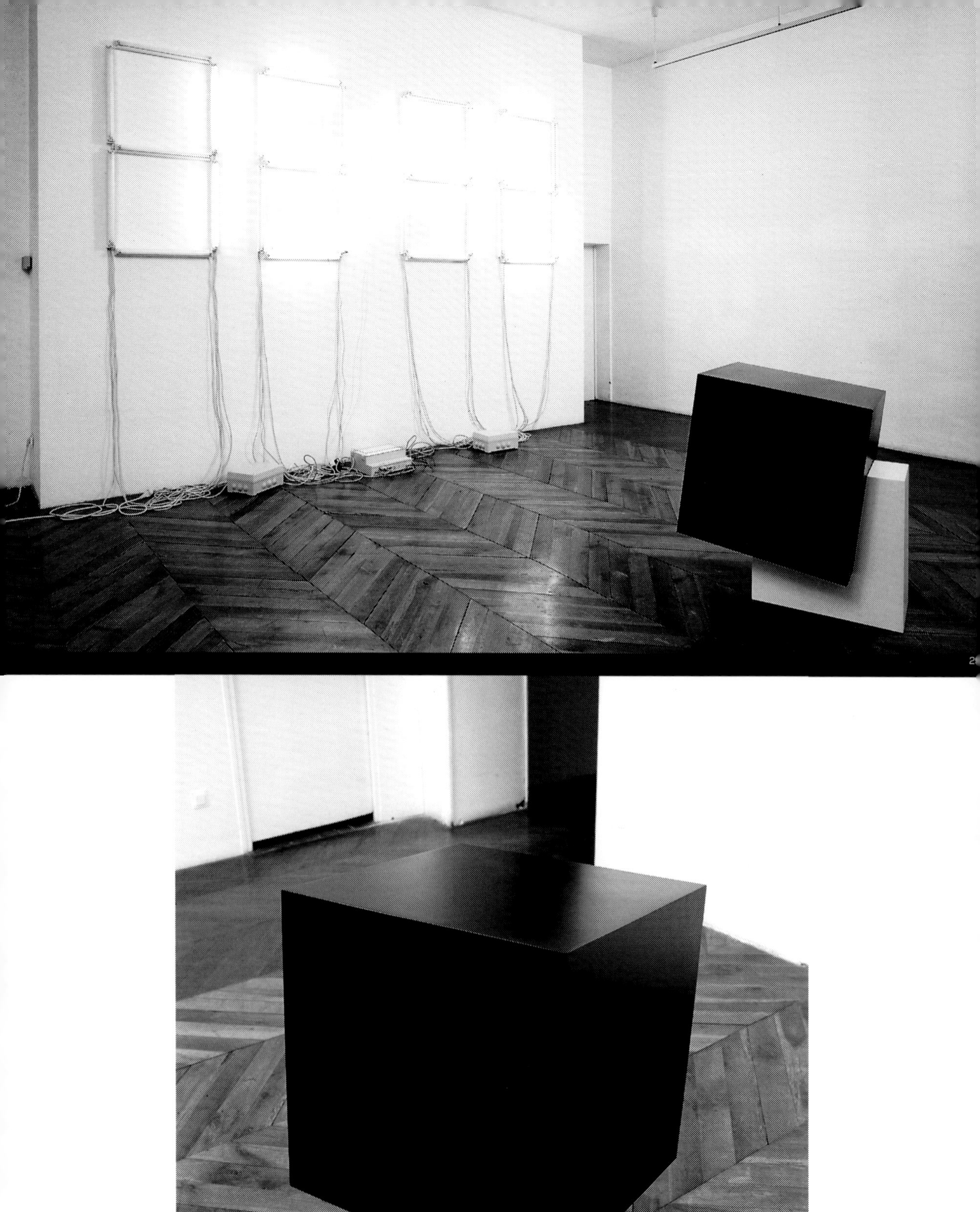

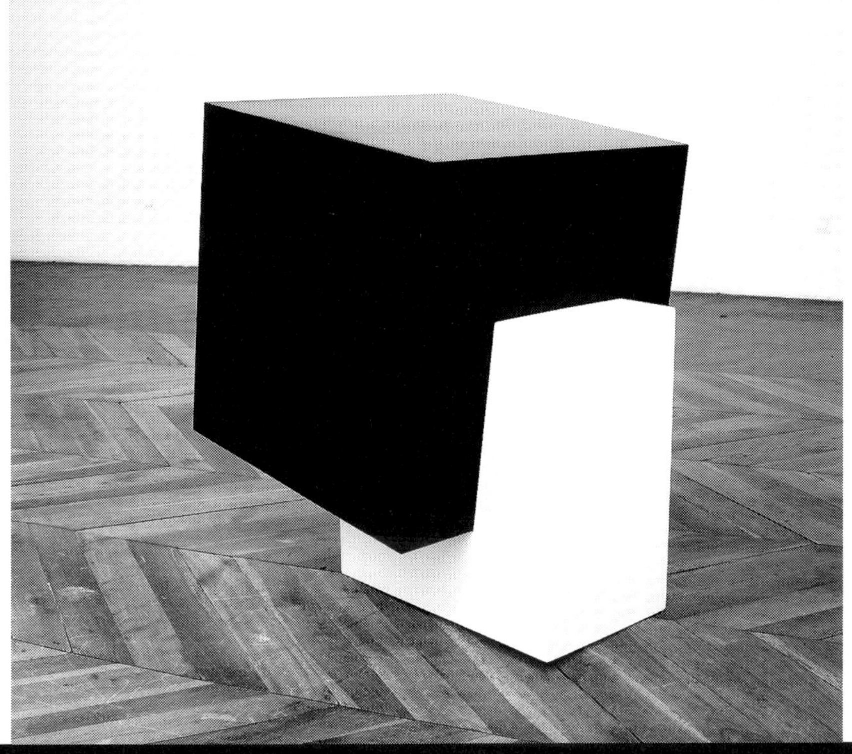

Spencer Brownstone
Gallery
New York, 2002

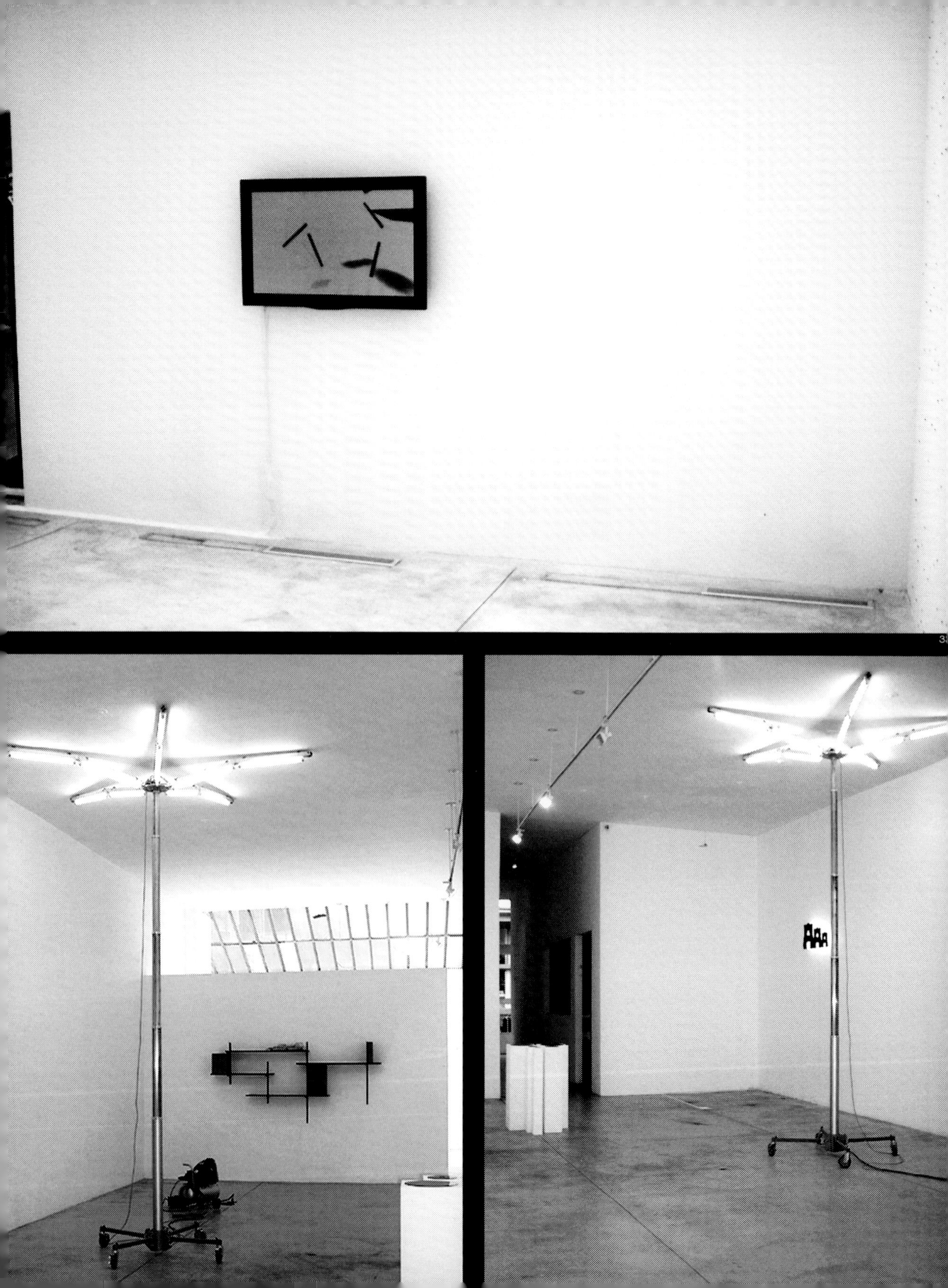

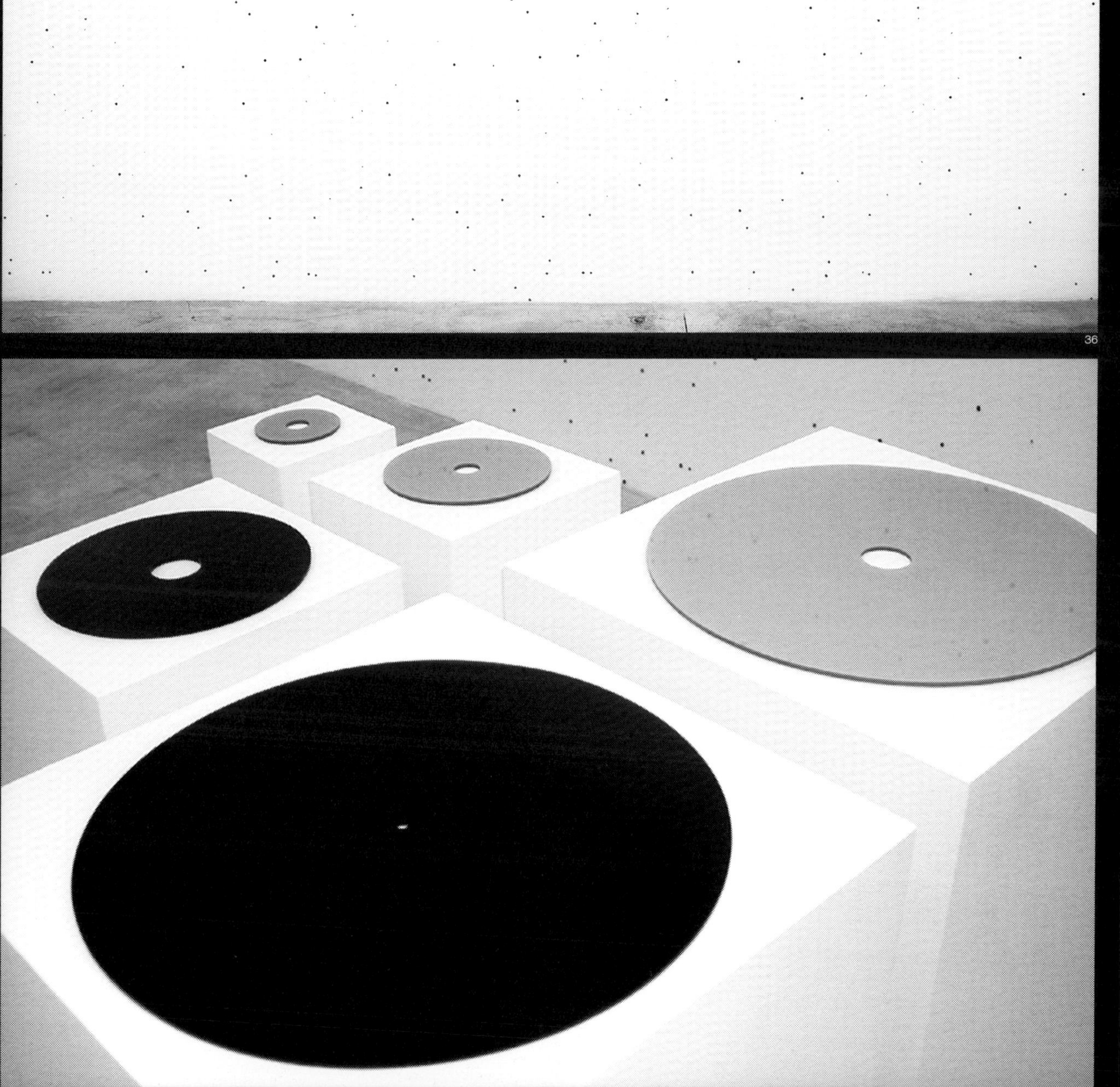

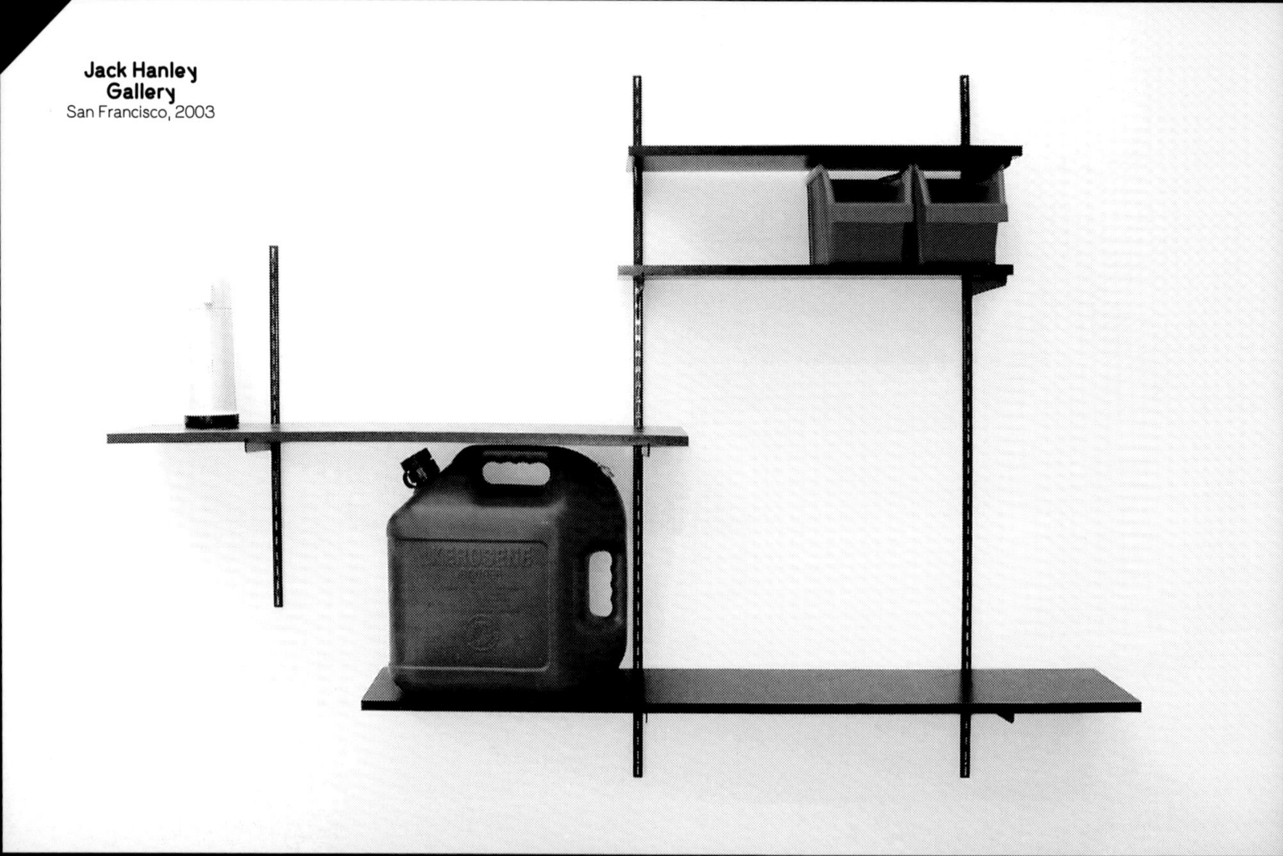

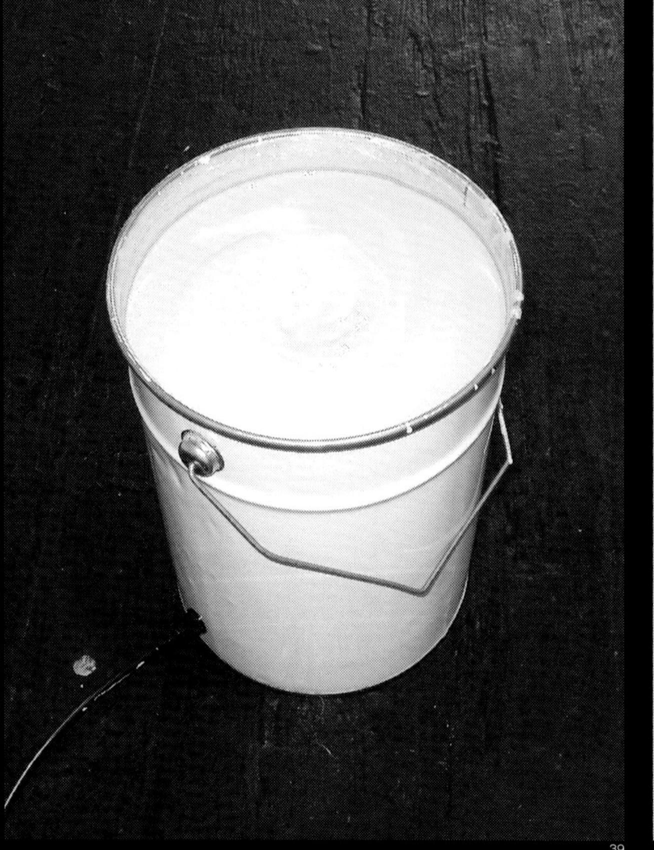

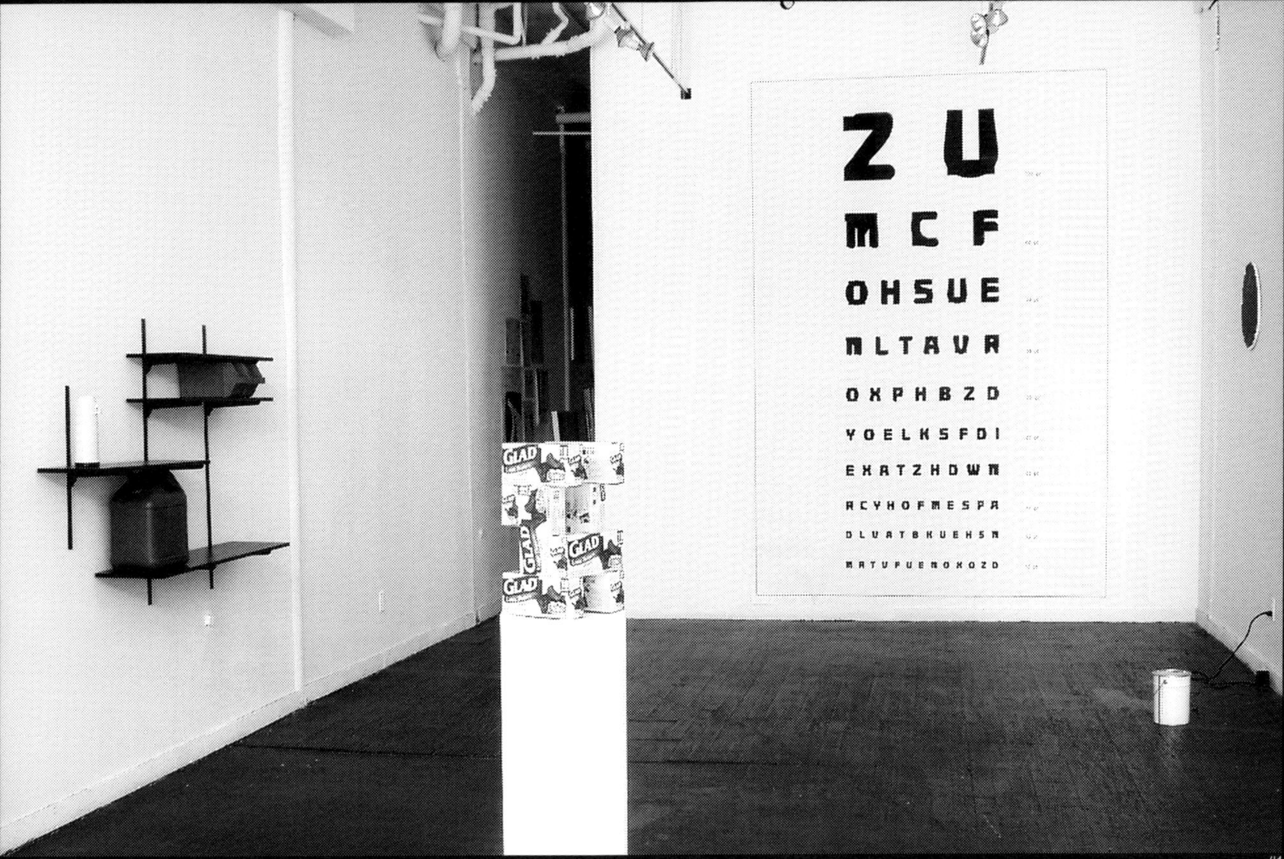

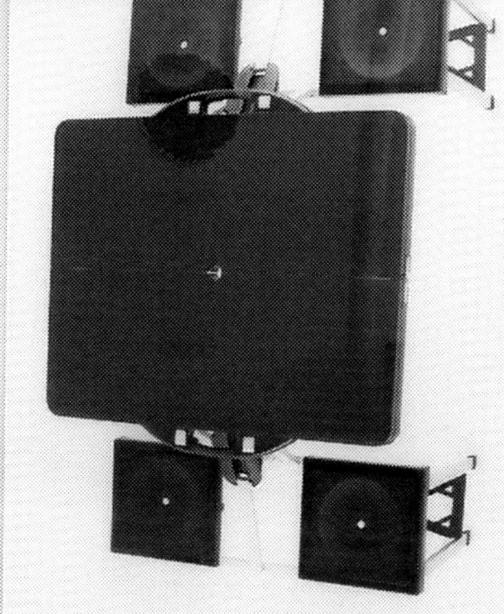

ZU
MCF
OHSUE
MLTAVR
OXPHBZD
YOELKSFDI
EXATZHDWM
ACYHOFMESPR
DLVATBKUEHSM
MRTUFUEMOKOZD

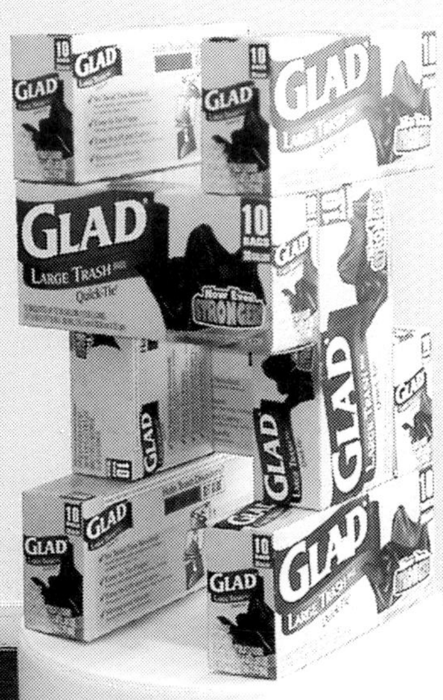

GLAD
GLAD 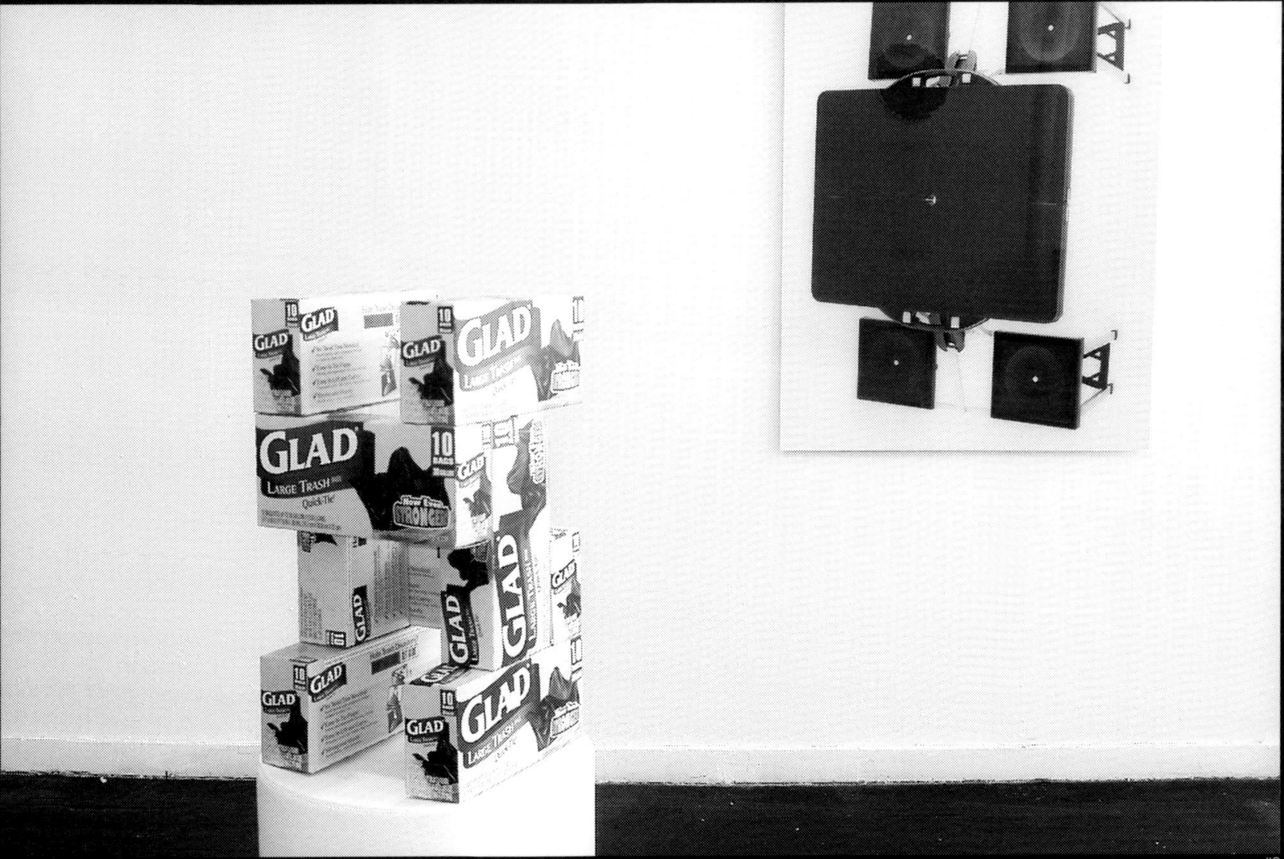
LARGE TRASH
Quick-Tie
GLAD
LARGE TRASH BAGS
Quick-Tie
Now Even STRONGER
GLAD
GLAD
GLAD
LARGE TRASH

Galerie
Mehdi Chouakri
River Side Wall
Berlin, 2003

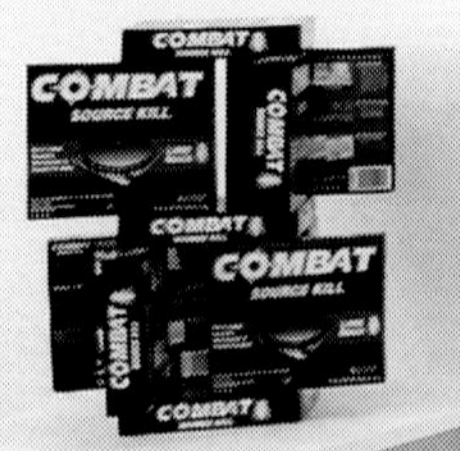
COMBAT
SOURCE KILL

Z U
M C R
O H S U B
N L T A V R
O X P H B Z D
Y O E L K S F D
E X A T Z H D W N
R C Y H O F M E S P A
D L V A T B K U E H S M
M R T V F U E N O X O Z D

1966 pt

1028 pt

720 pt

530 pt

410 pt

344 pt

325 pt

263 pt

208 pt

200 pt

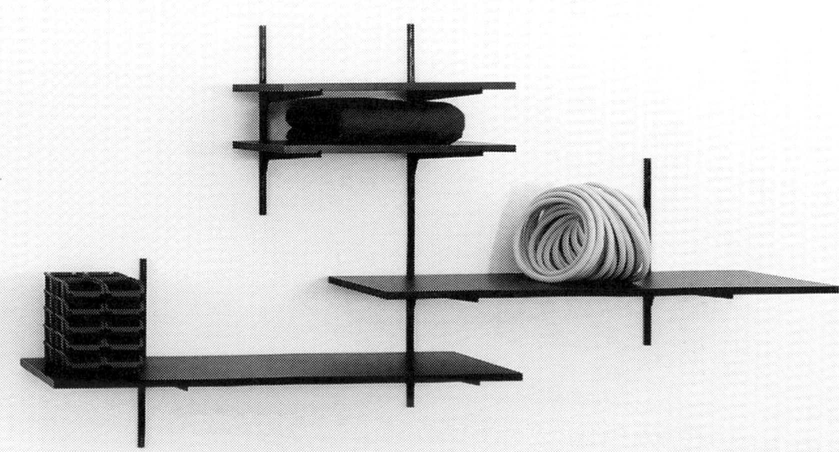

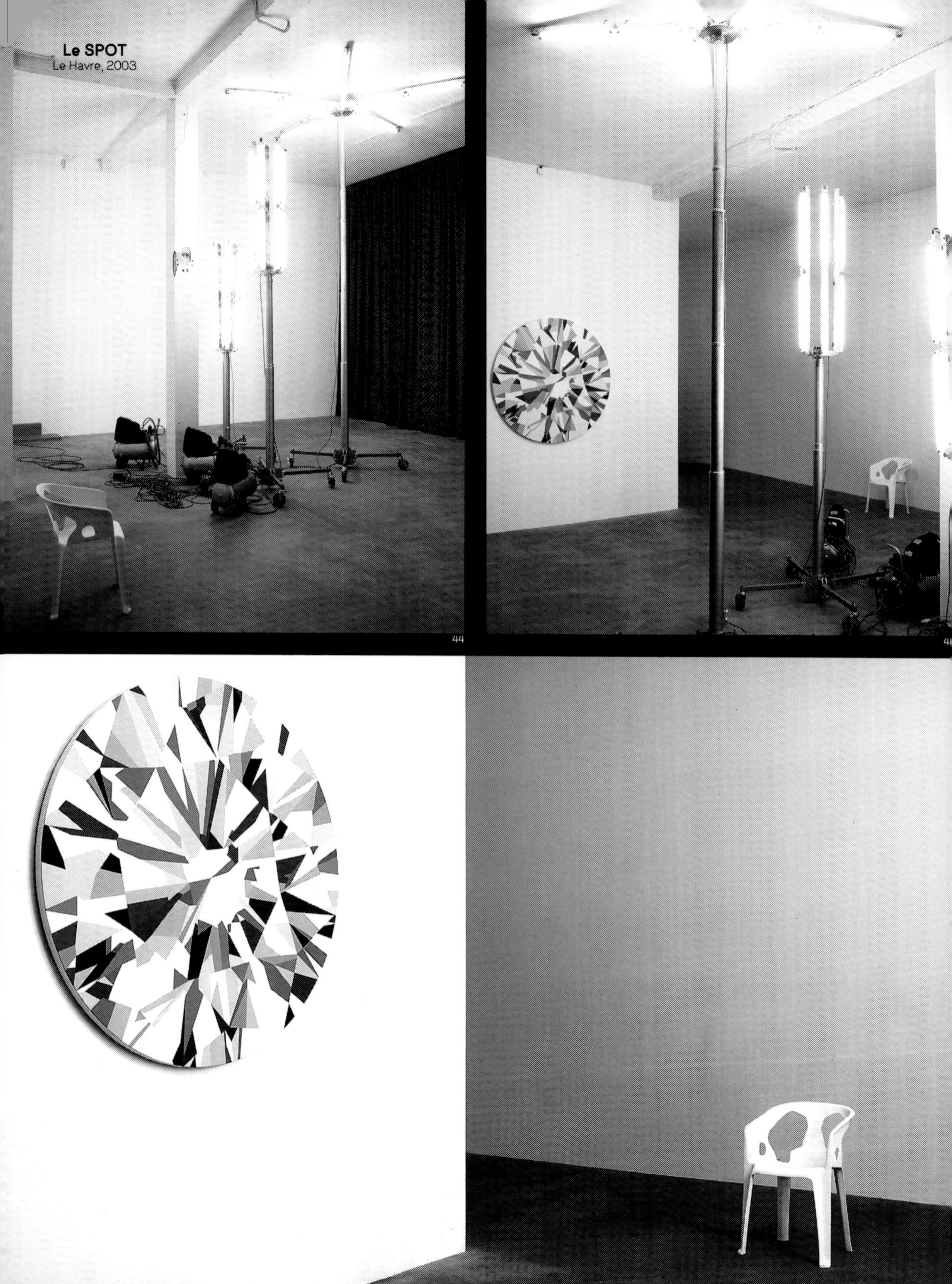

Le SPOT
Le Havre, 2003

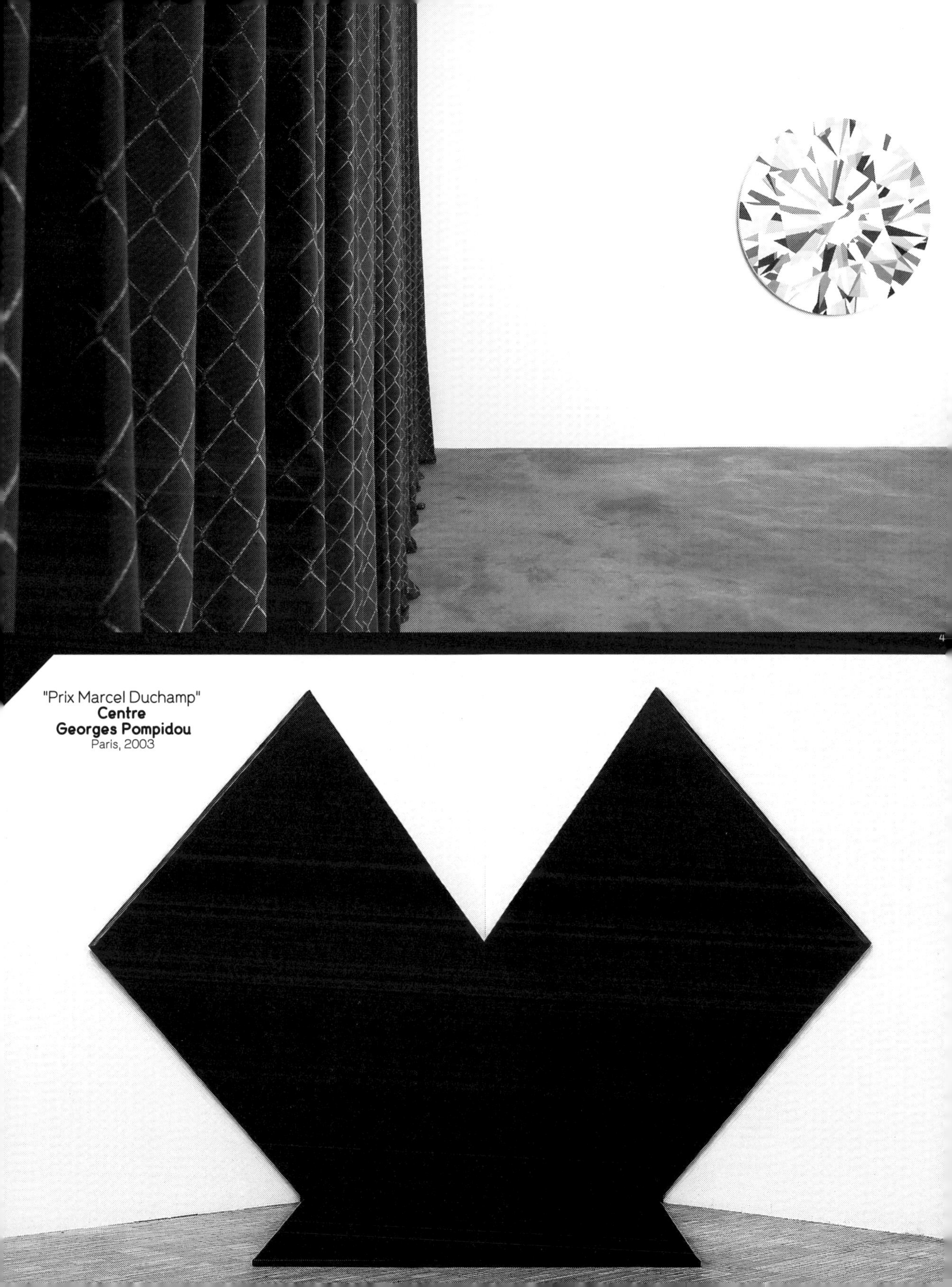

"Prix Marcel Duchamp"
**Centre
Georges Pompidou**
Paris, 2003

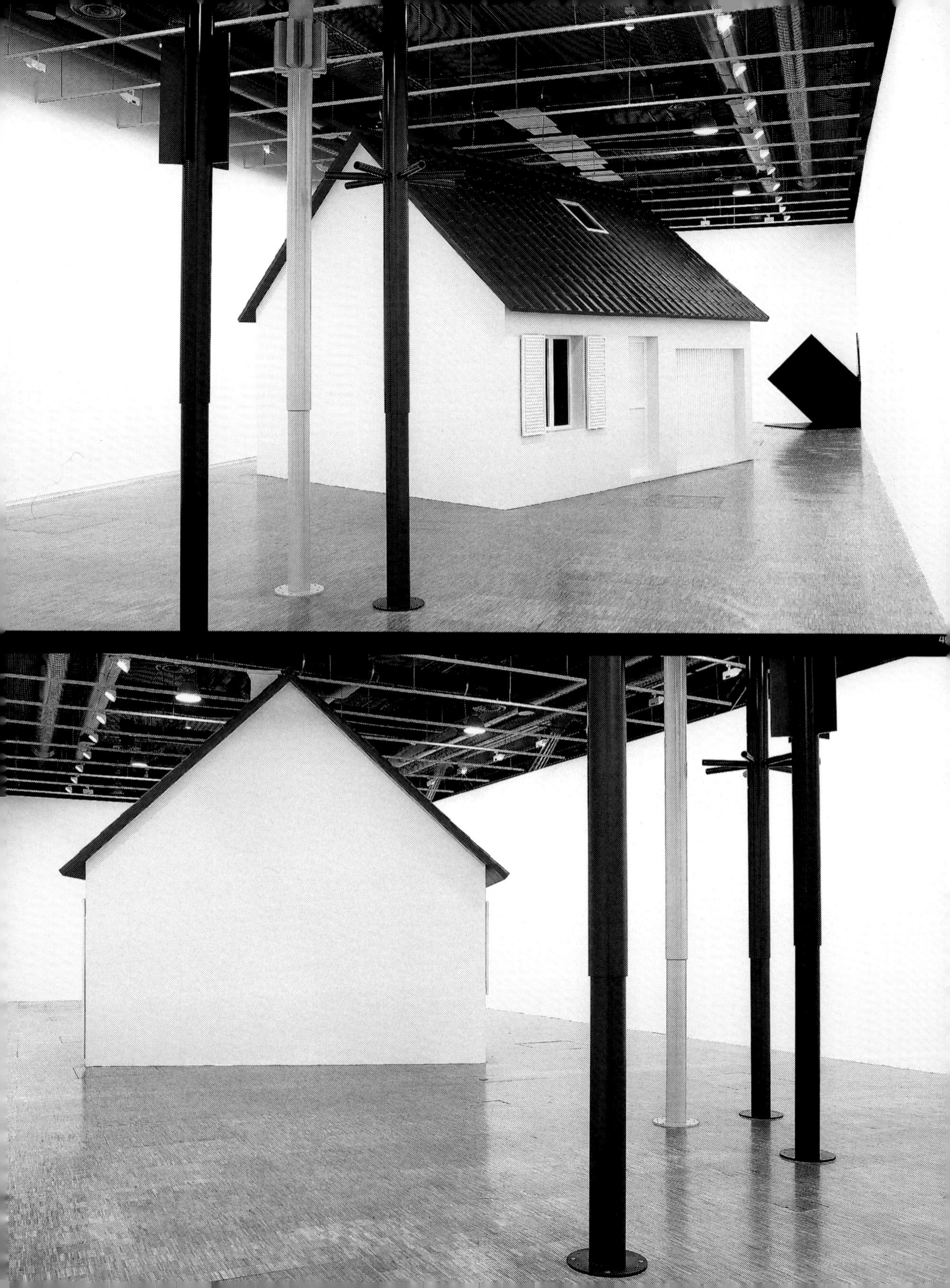

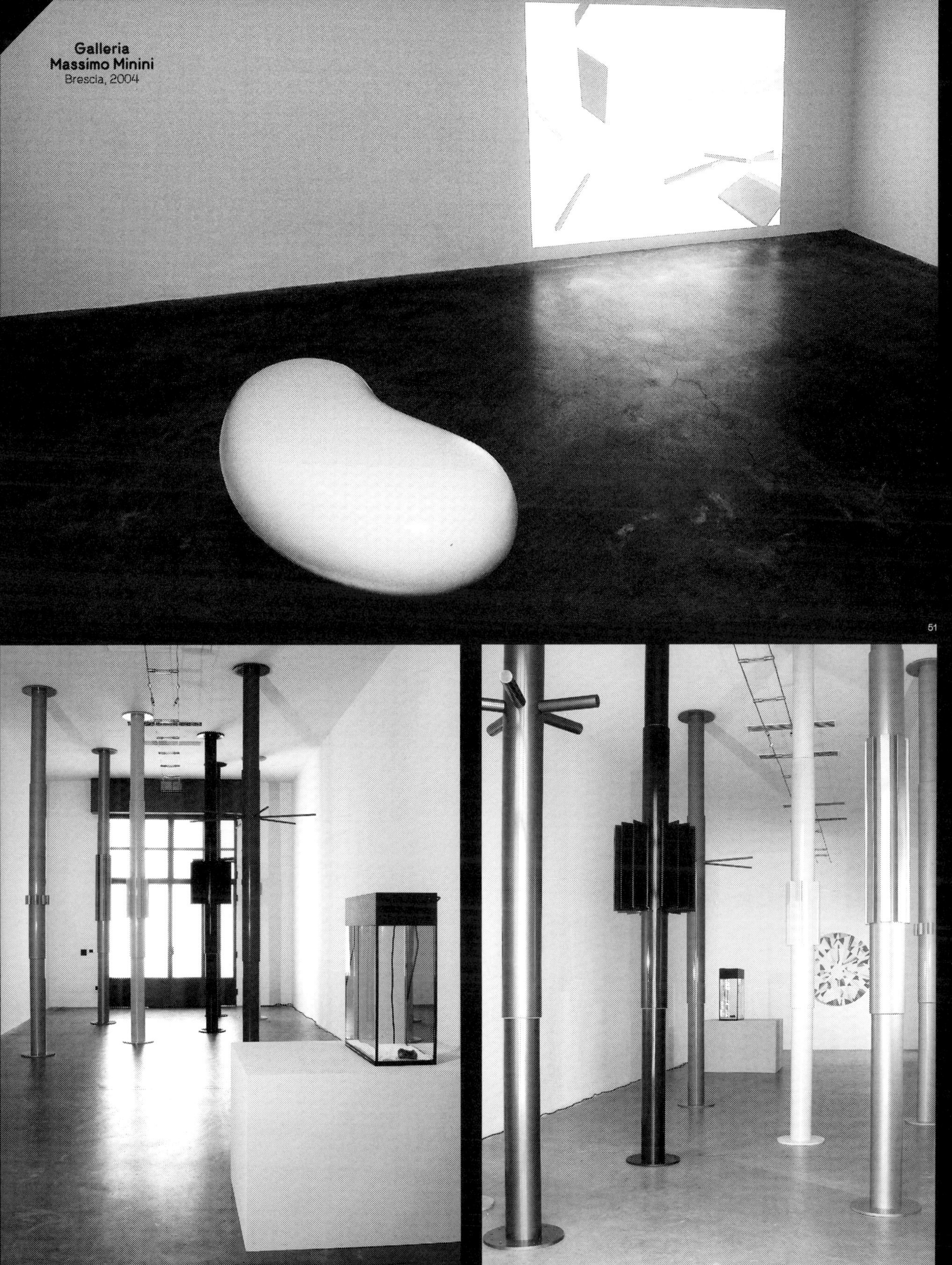

Galleria
Massimo Minini
Brescia, 2004

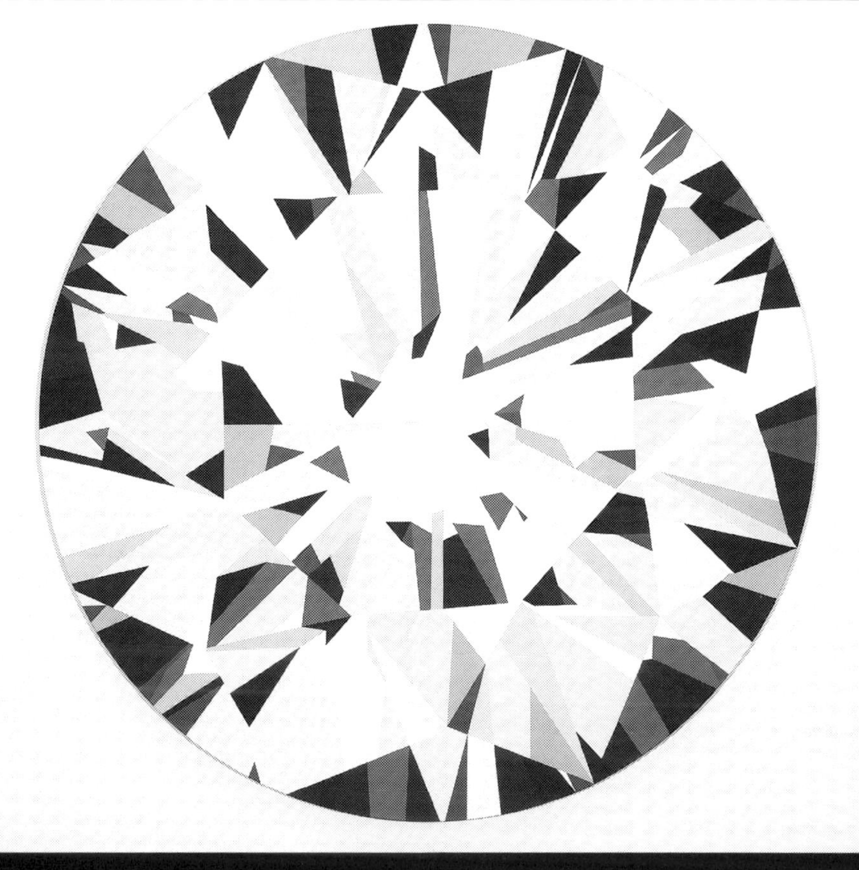

Galleria
Comunale d'Arte
Faenza, 2004

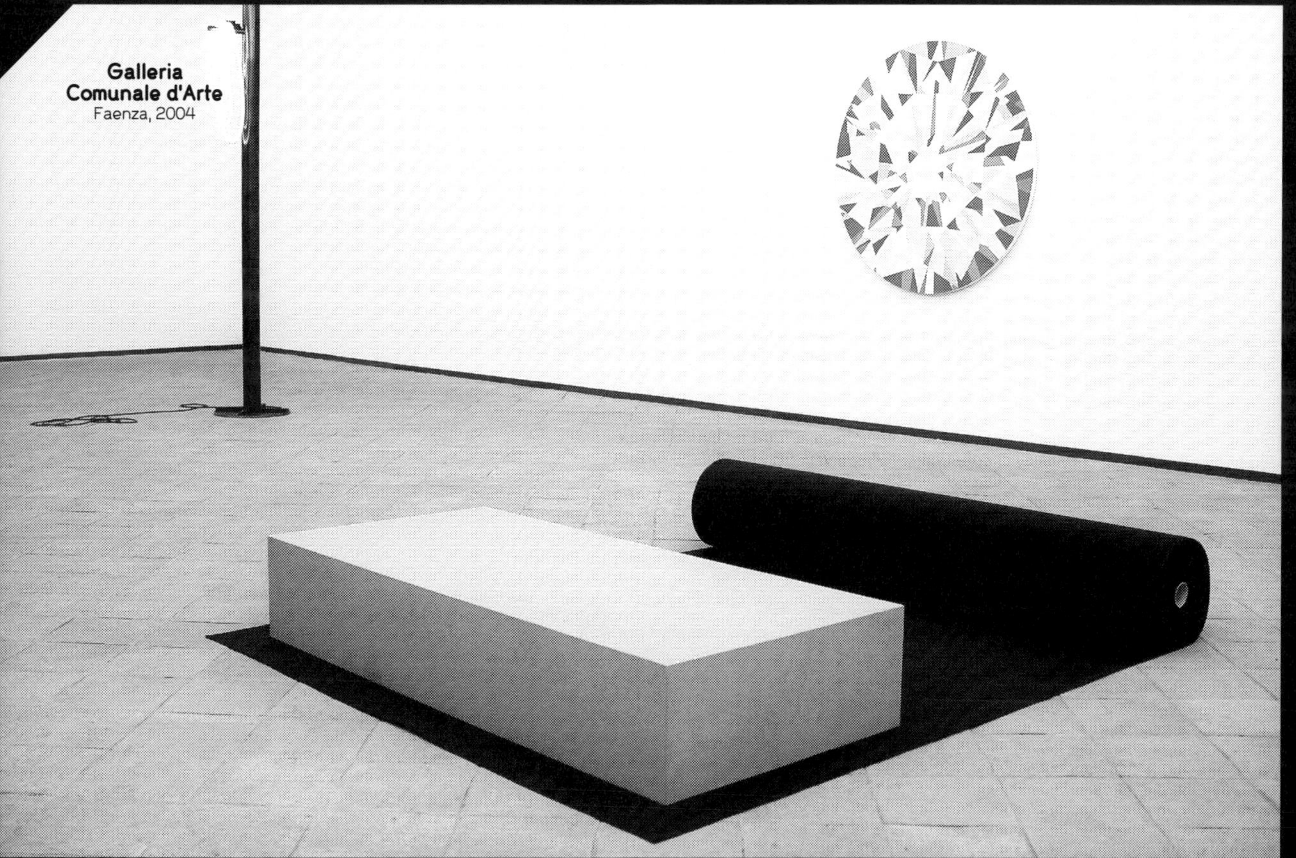

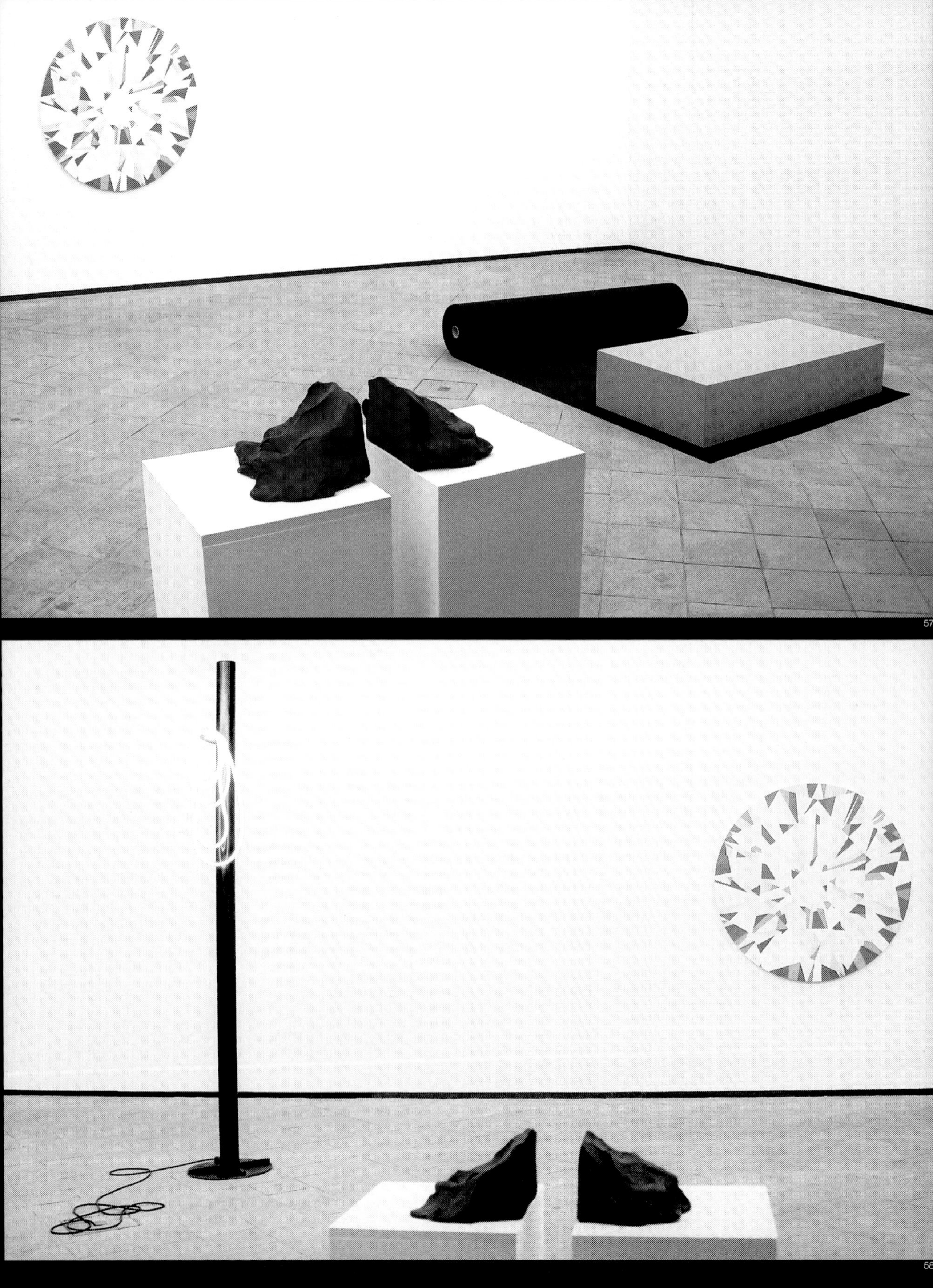

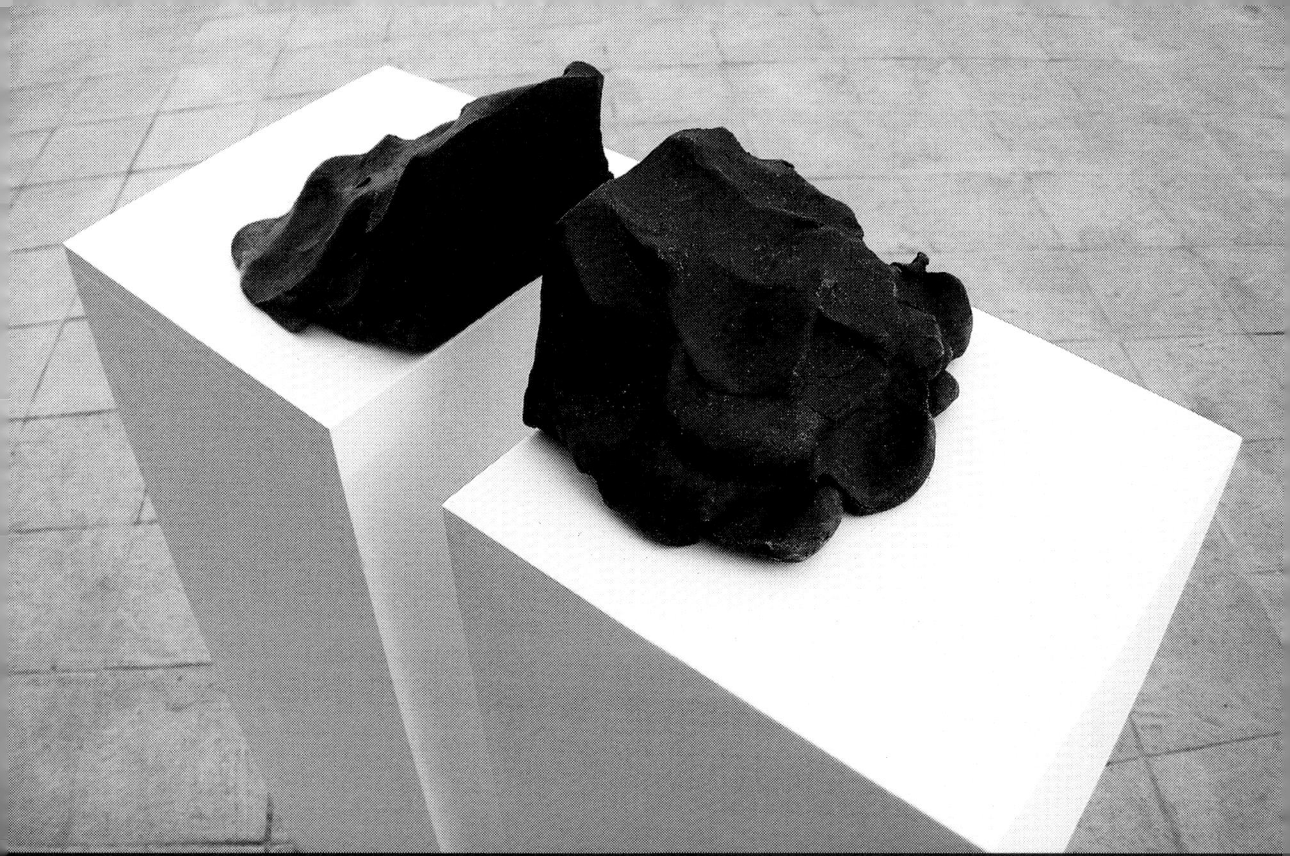

Galerie
Mehdi Chouakri
Berlin, 2004

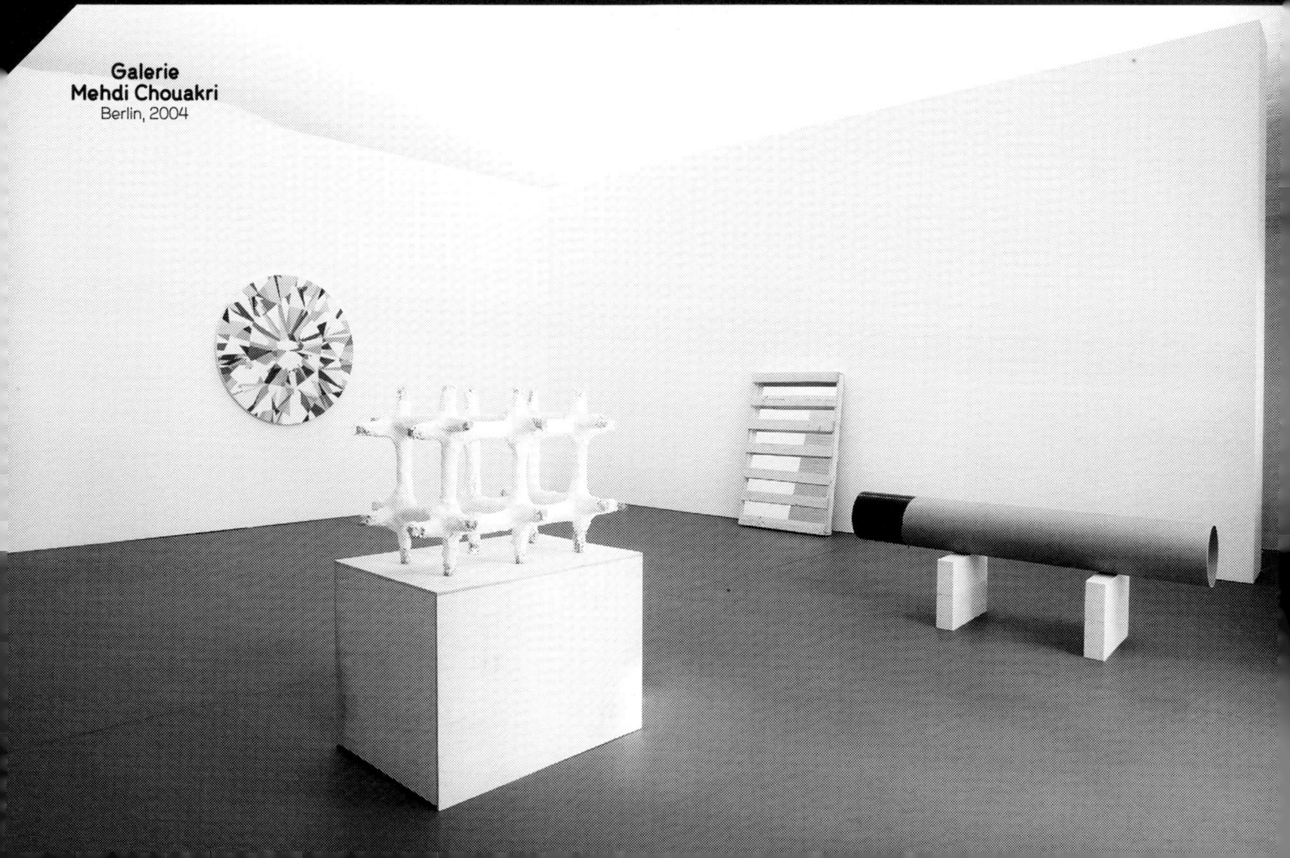

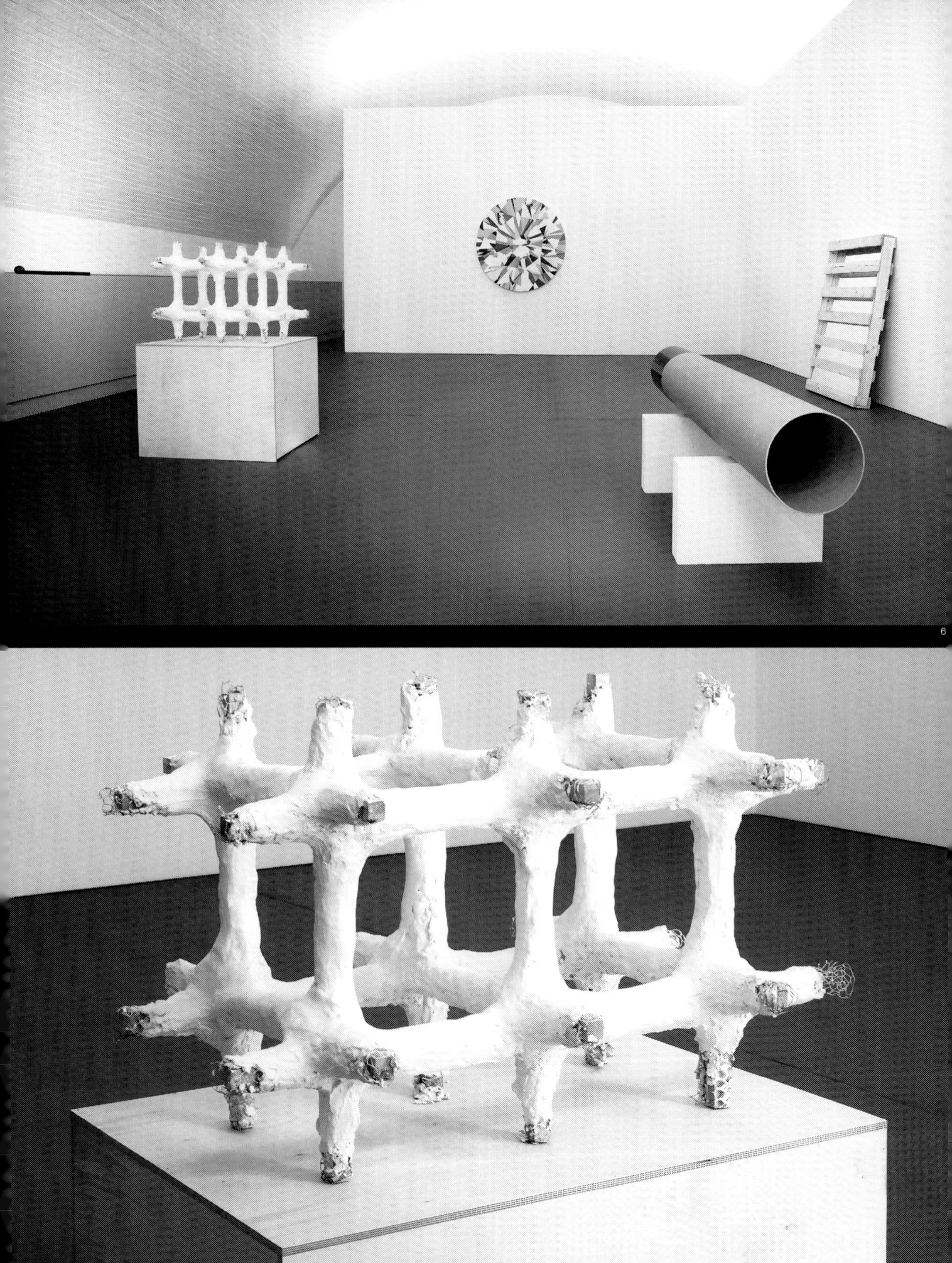

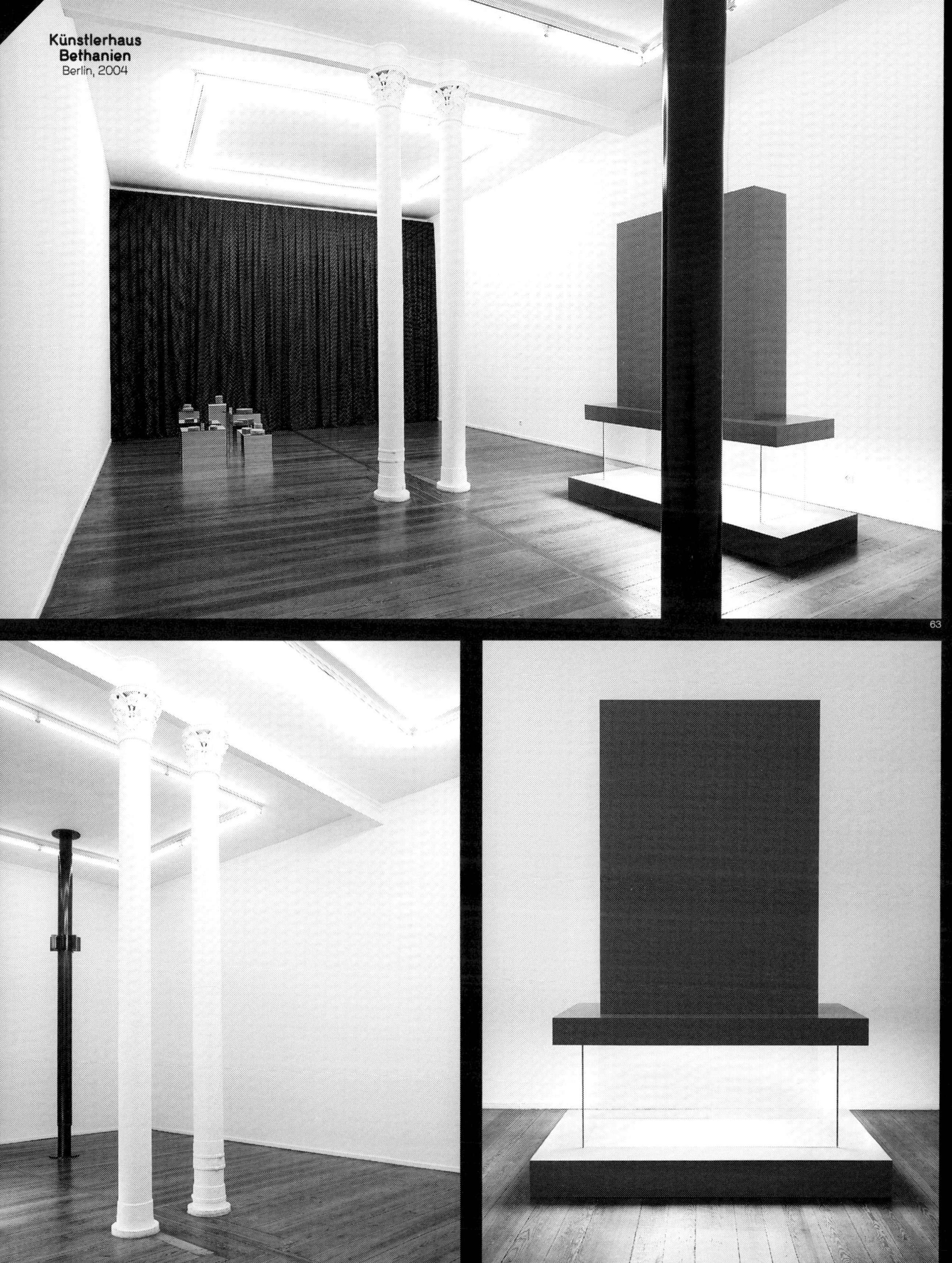

Künstlerhaus
Bethanien
Berlin, 2004

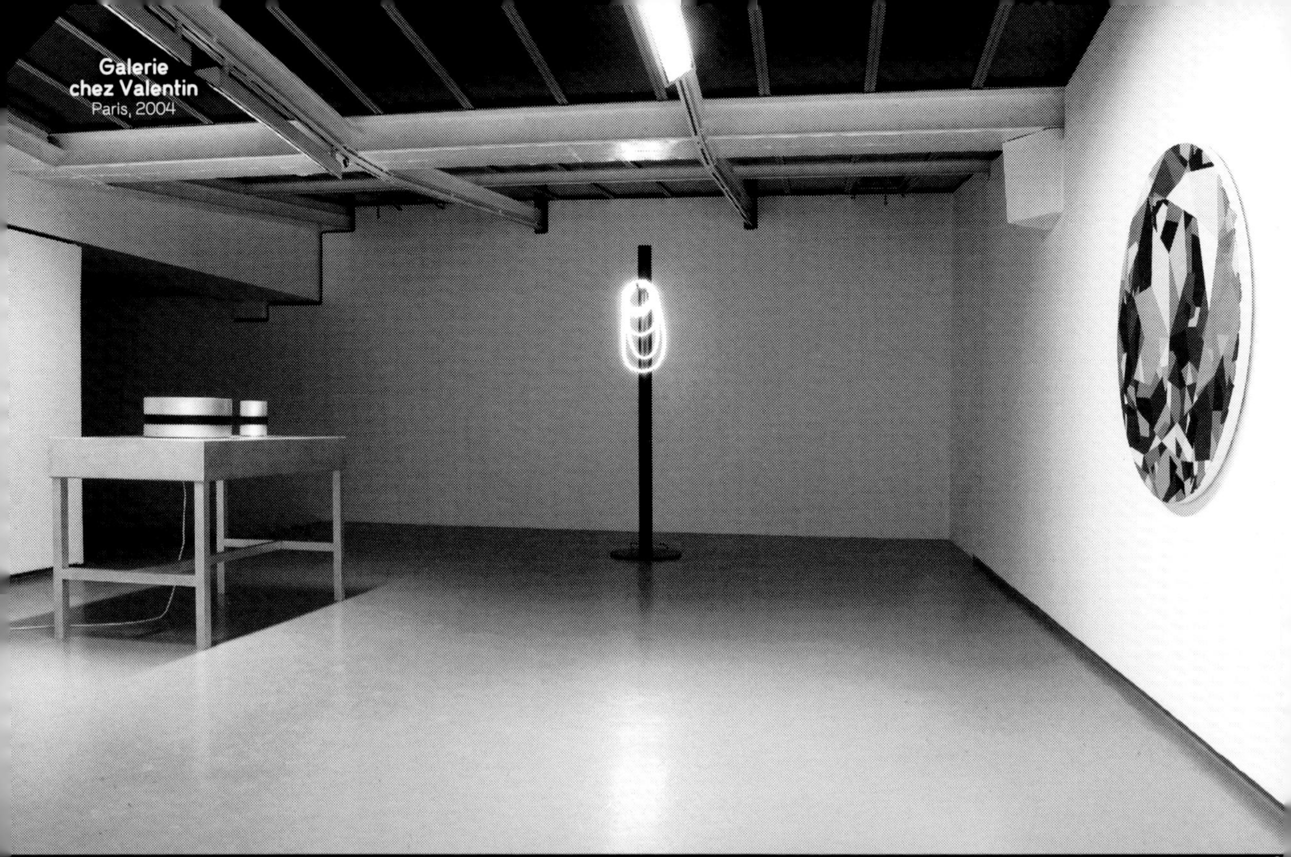

Galerie
chez Valentin
Paris, 2004

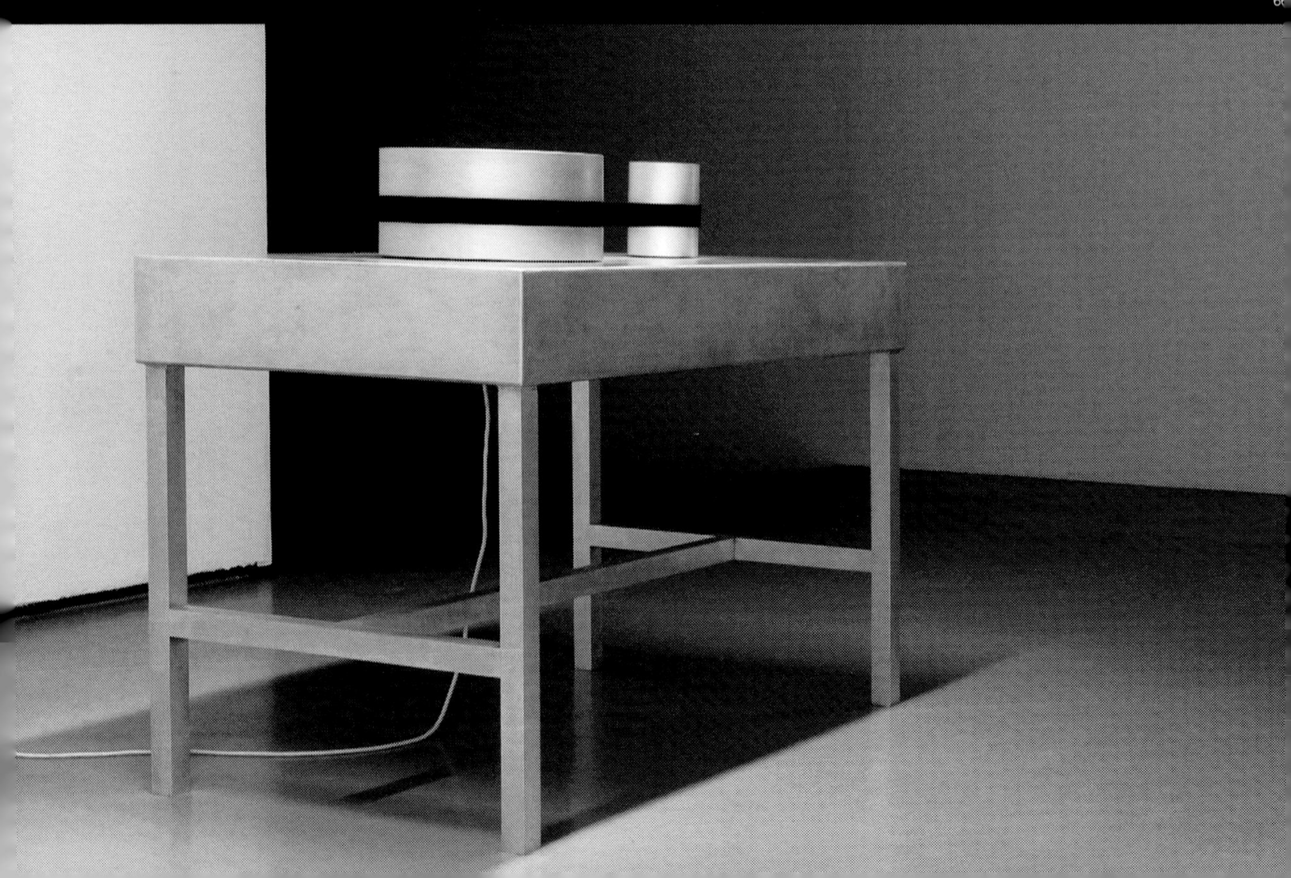

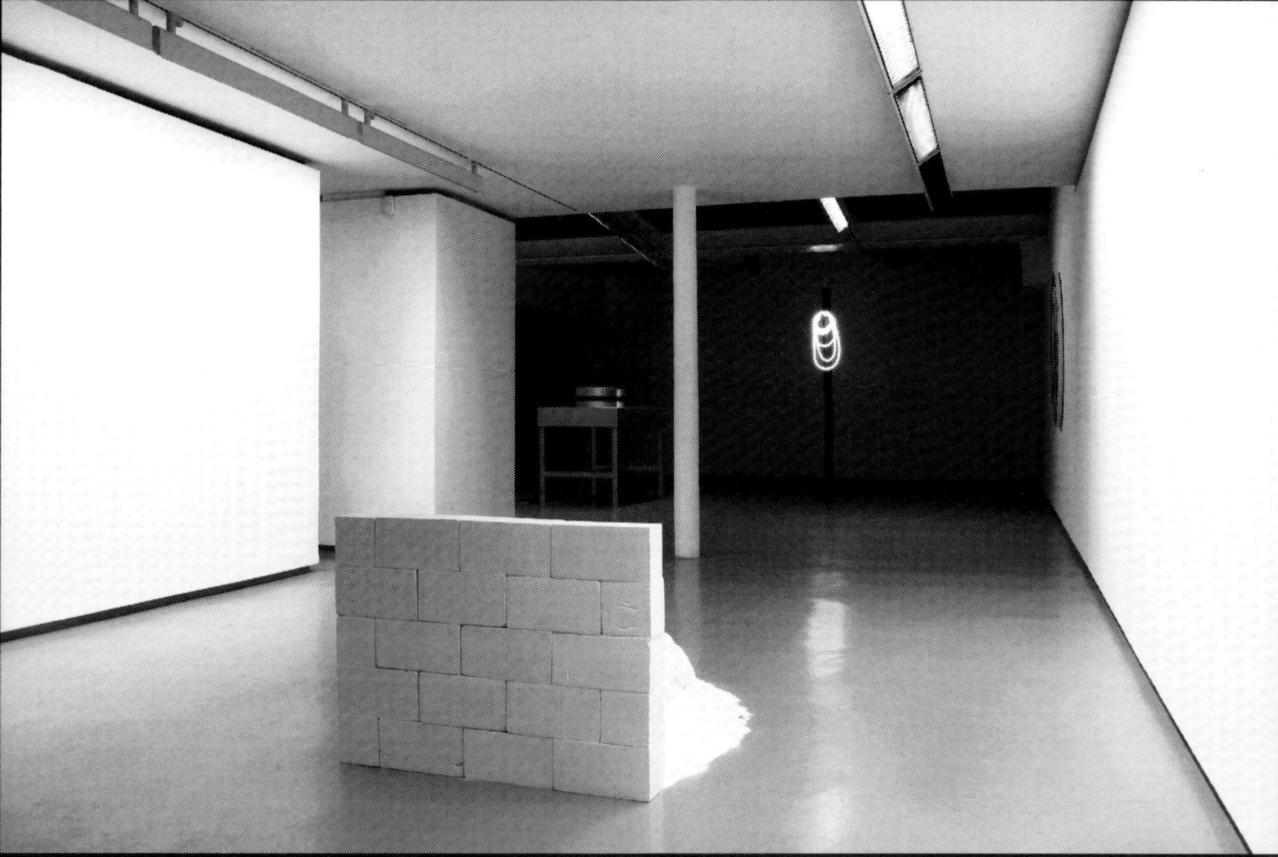

**La Verrière
Hermès**
Bruxelles, 2004

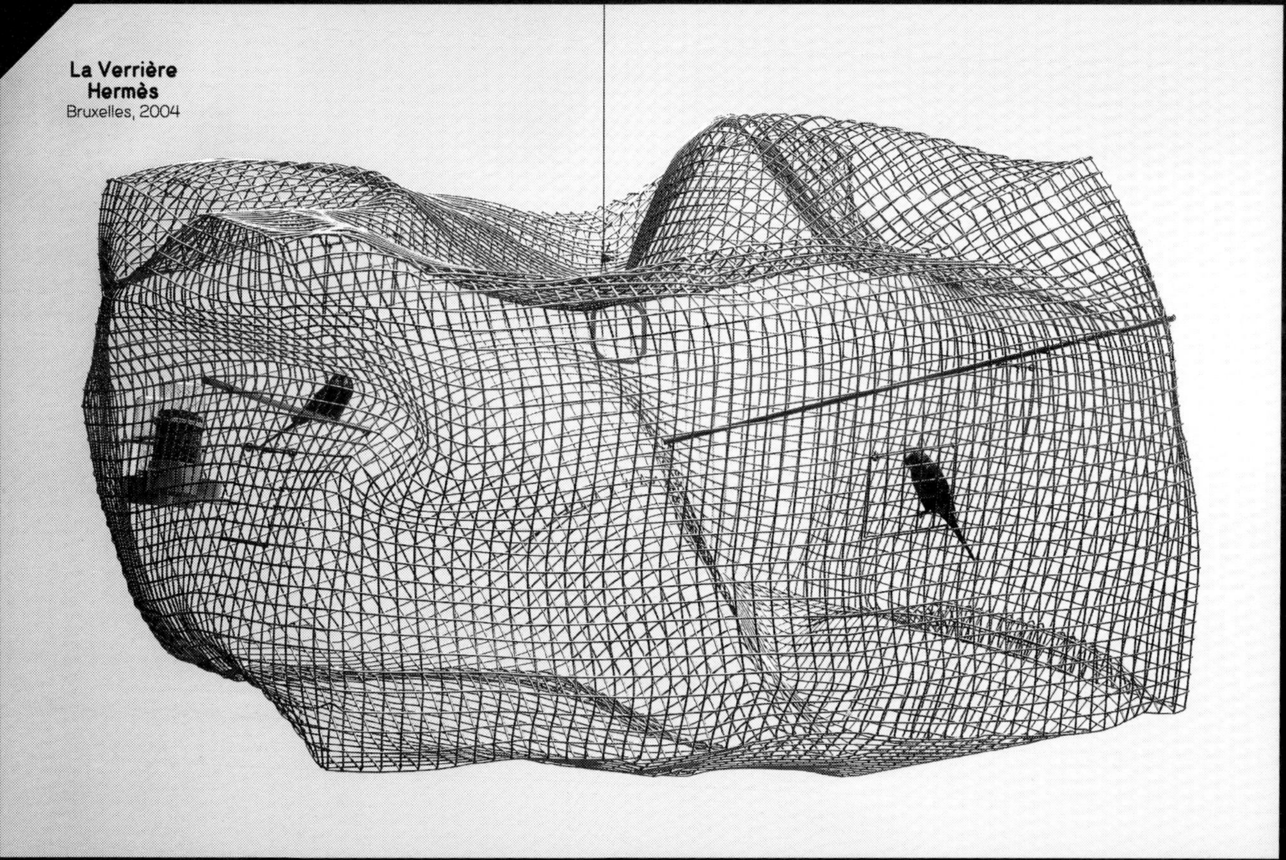

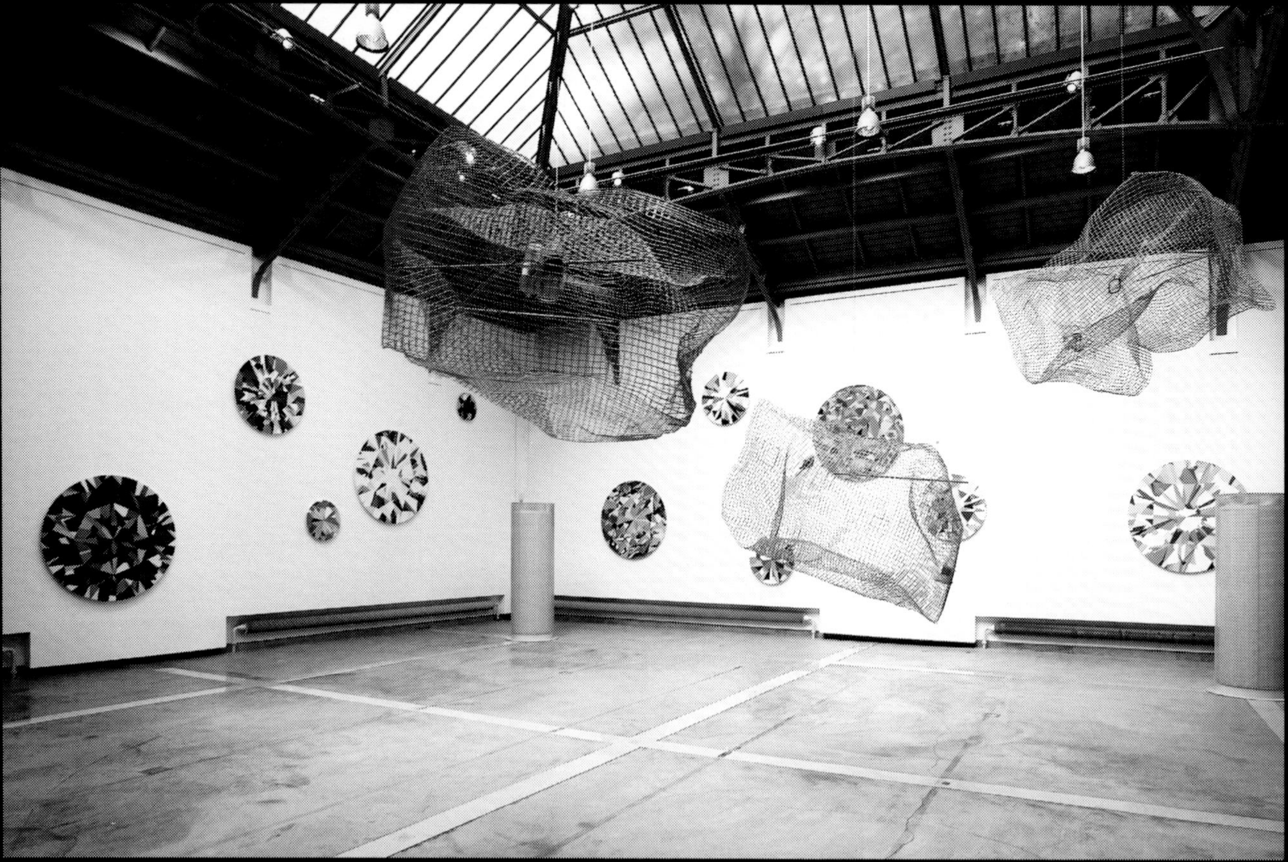

"A.N.X"
Forde
Espace d'Art Contemporain,
Genève, 2005

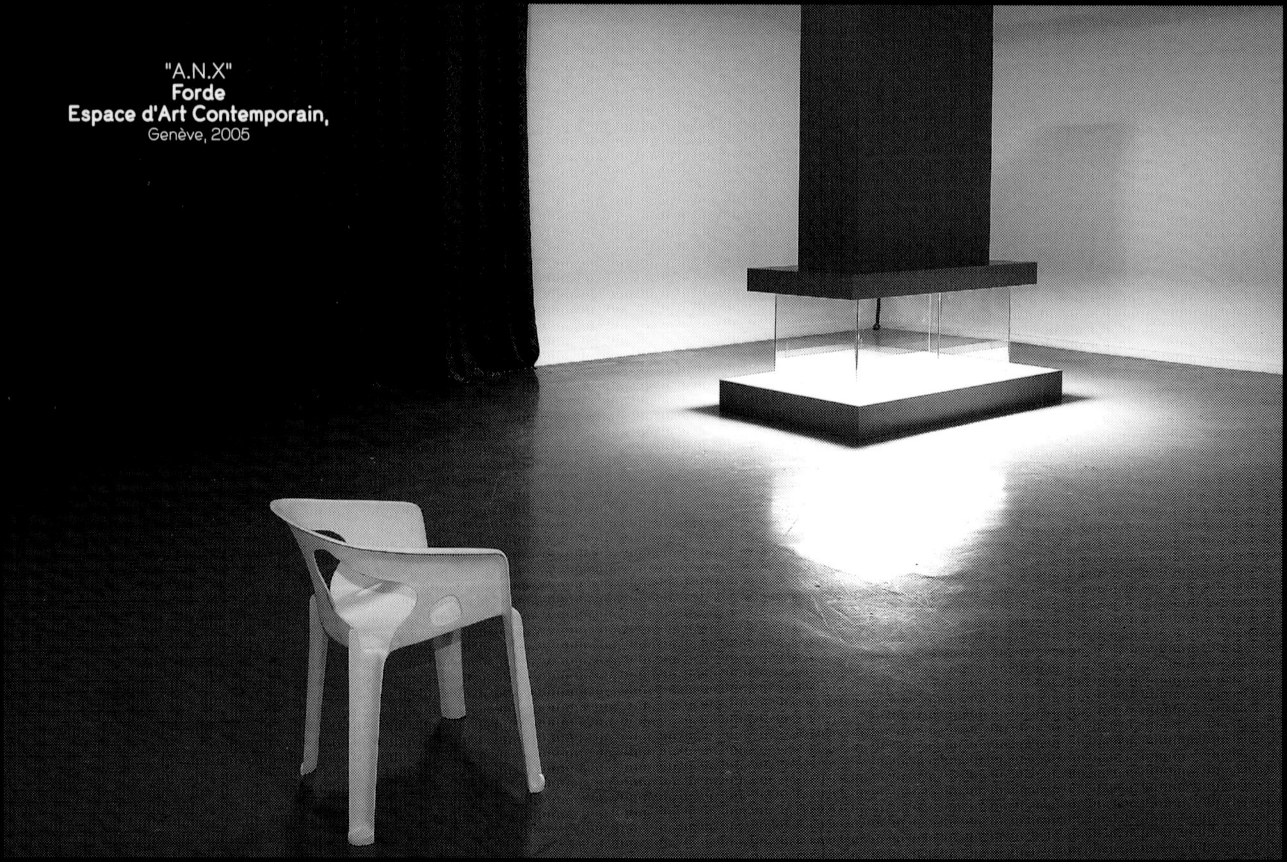

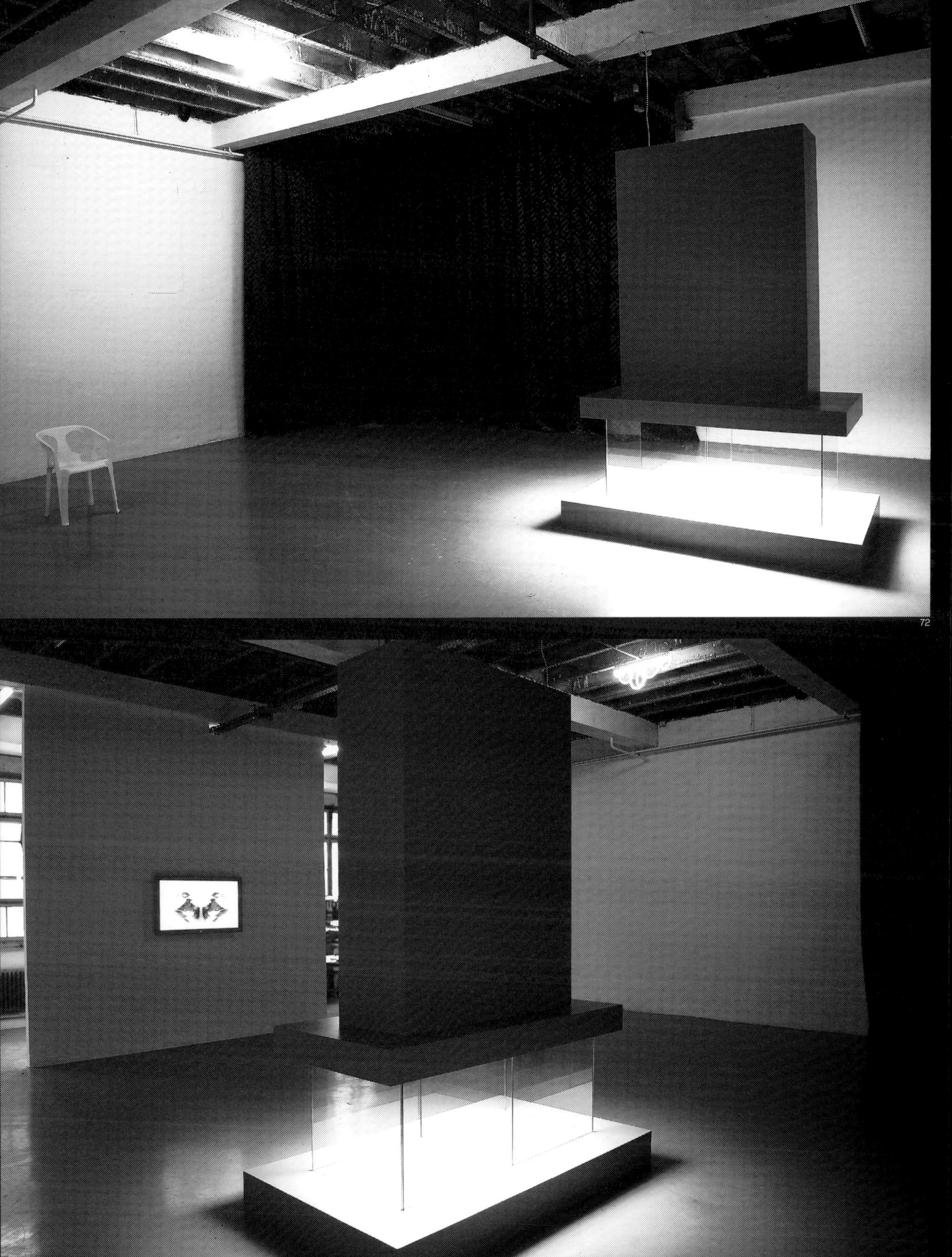

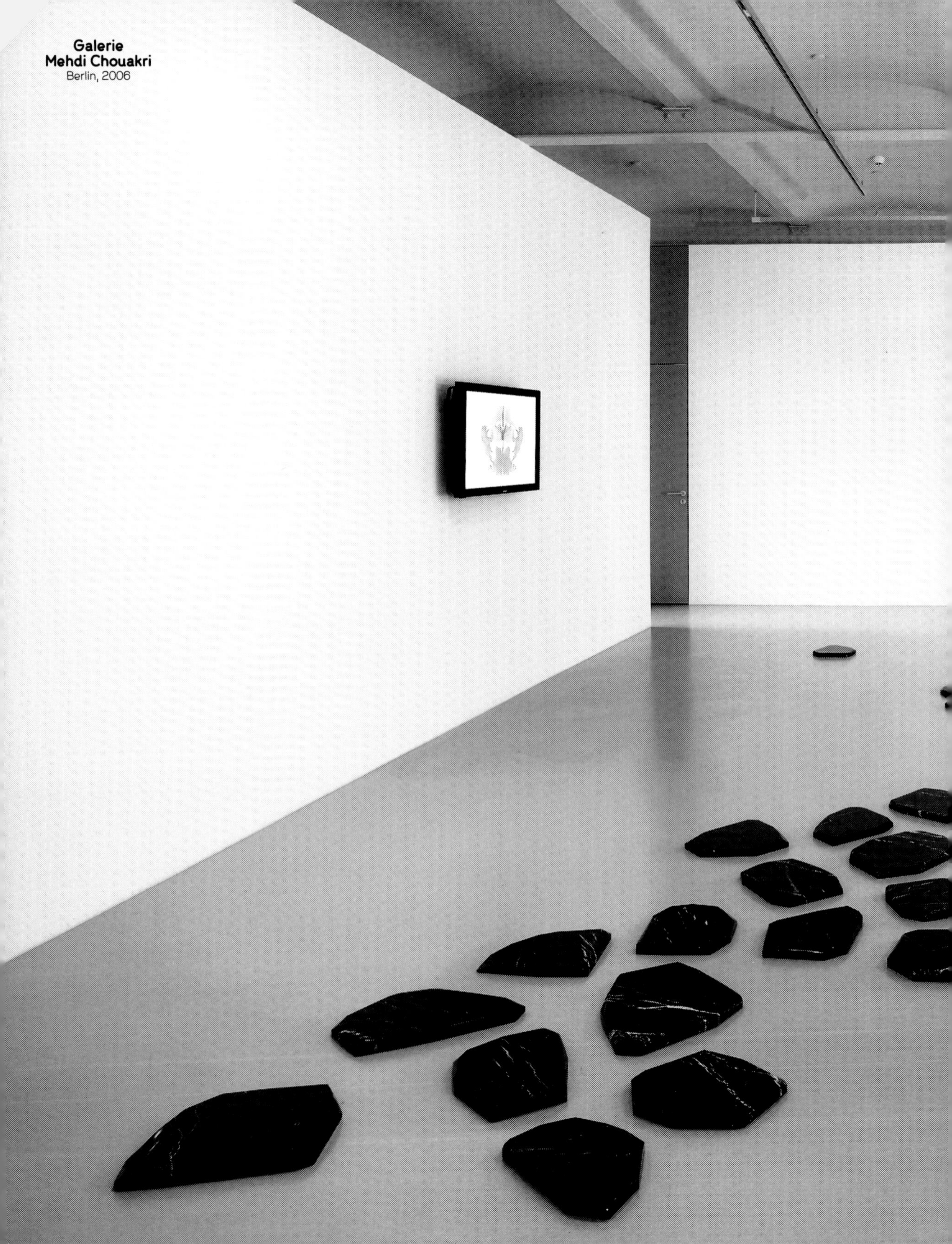
Galerie
Mehdi Chouakri
Berlin, 2006

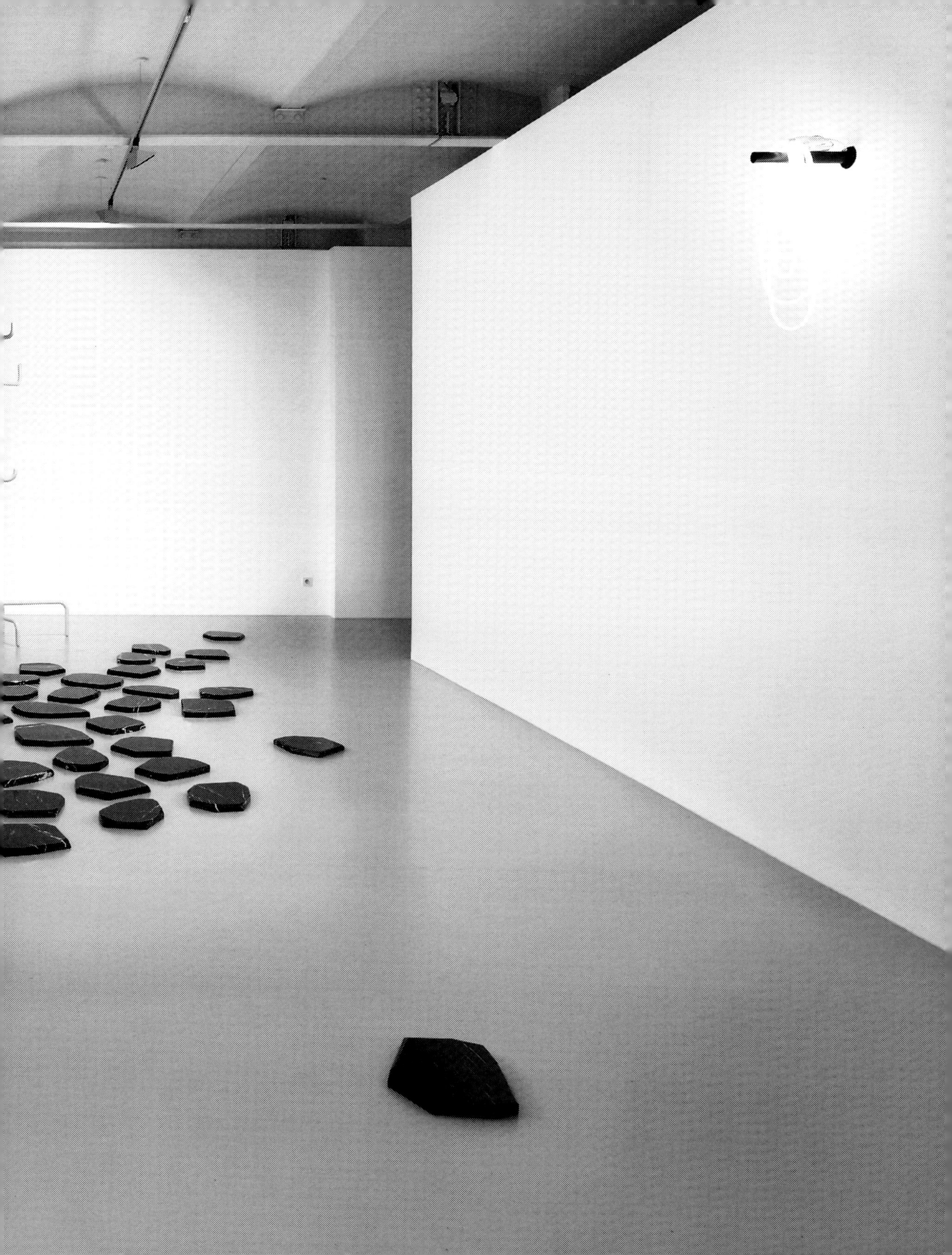

FRAC
des Pays de la Loire
Carquefou, 2006

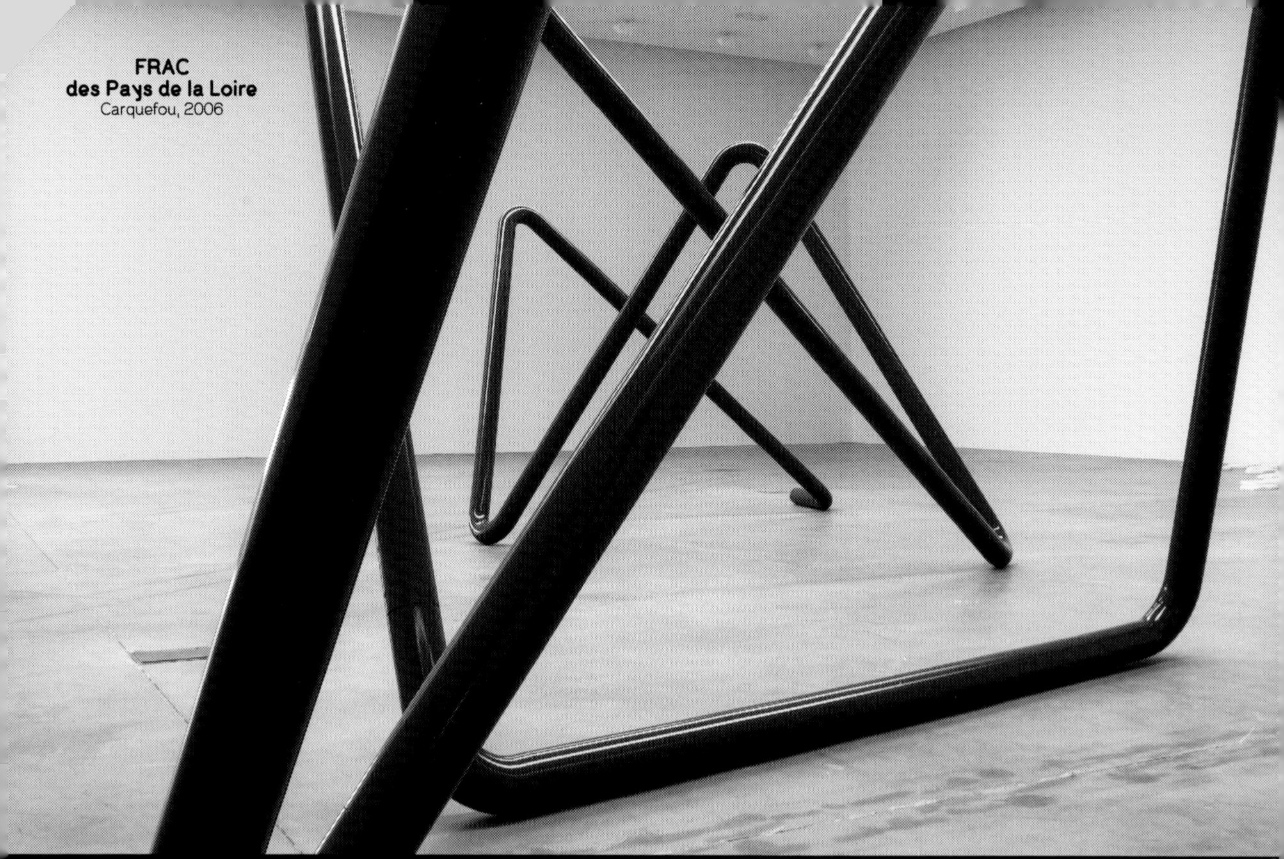

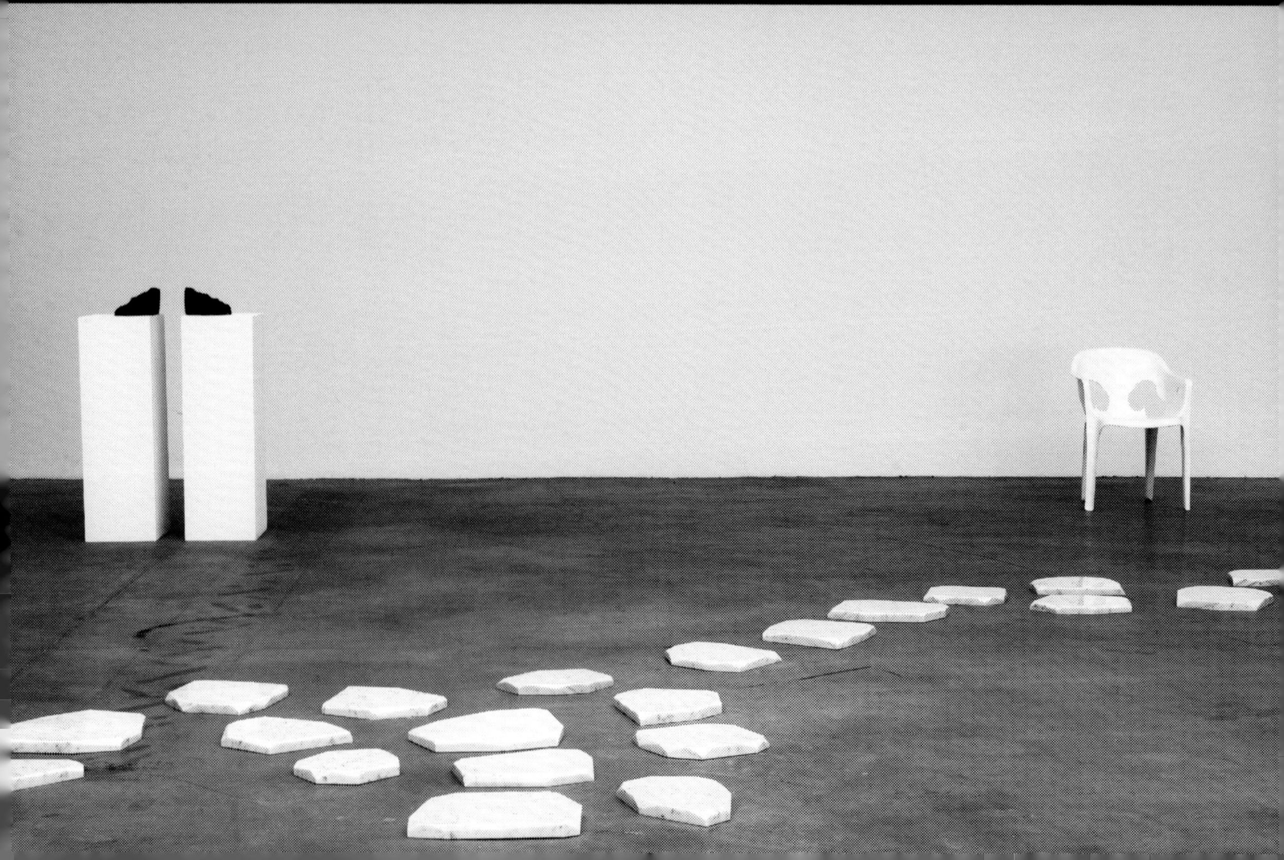

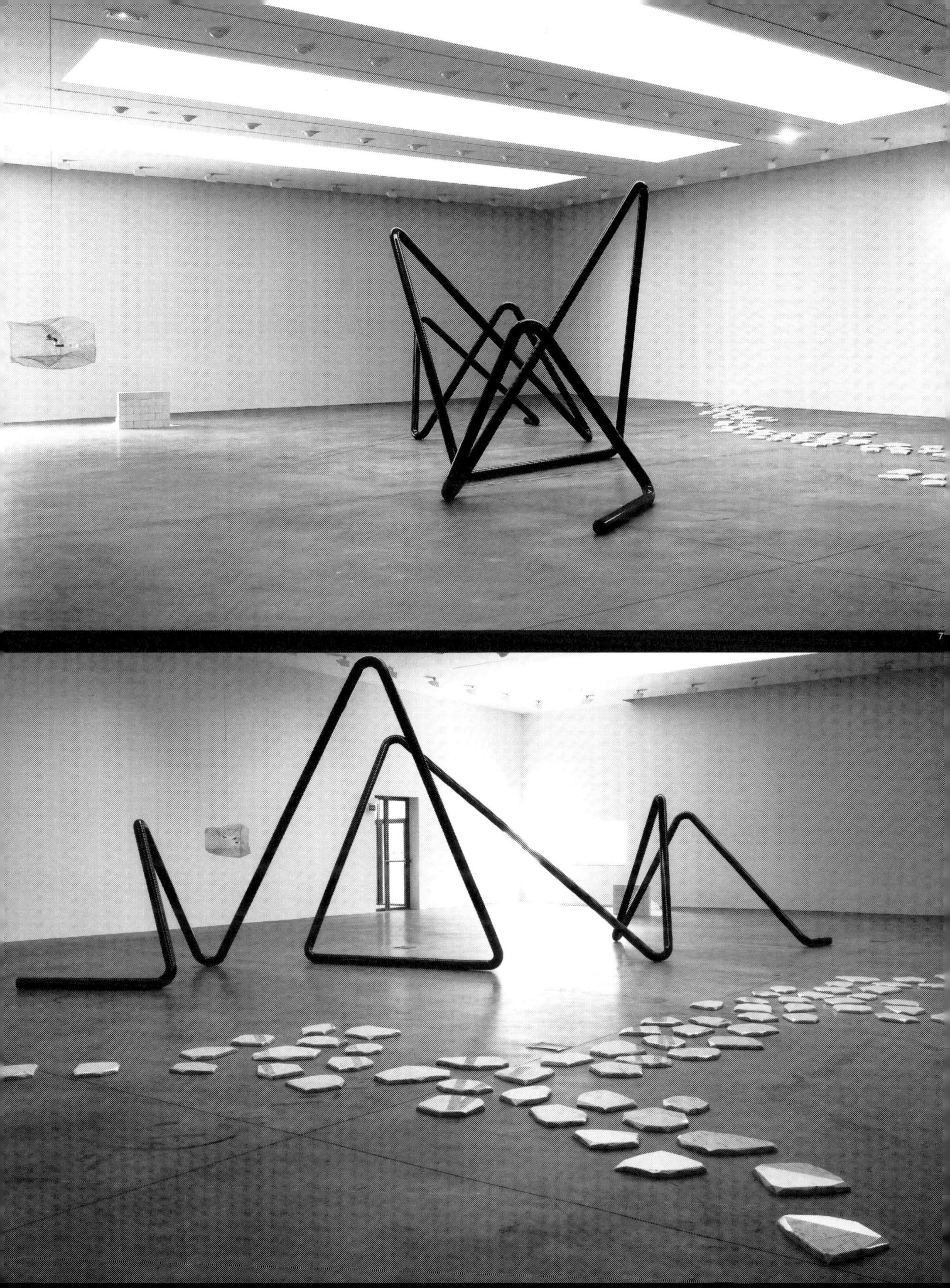

Couverture / cover - page 49
- Carton d'invitation de l'exposition / Invitation card for the exhibition "Prix Marcel Duchamp", 2003

Galerie du Commerce
Marseille, 1996

01
- Structure de mélaminé blanc au sol + 3 éléments sur poutre / White Melamine Structure on Floor + 3 elements on beam, 1996
Mélaminé / Melamine
220 x 300 cm

- Système de condensation en cycle fermé, / Closed System Showing the Condensation cycle, 1996
Bâche plastique, bouilloires, réchaud électrique / Plastic sheet, kettles, electric stove
Dimensions variables / Variable dimensions

02
- Assiette et son motif concentrique répété sur une planche / Plate and its Concentric Motif Repeated on a Board, 1994
Acrylique sur mélaminé / Acrylic on melamine
180 x 180 cm
Collection Jean-Michel Marchais, Ivry-sur-Seine.

Galerie Toxic
Luxembourg, 1996

03
- Structure de mélaminé blanc pour plante, / White Melamine Structure for a Plant, 1996
Plante, mélaminé / Plant, melamine
Dimensions variables / Variable dimensions
Collection FRAC Nord-pas-de-Calais, Dunkerque

04
- Carrefour, 1997
Peinture murale : Ripolin bleu franc et rouge sur mur / Wallpainting : Clearblue and red Ripolin on wall
Dimensions variables / Variable dimensions
Courtesy Galerie chez Valentin, Paris.

Le SPOT
Le Havre, 1999

05
- Mur de chevilles / Plastic Anchors Wall, 1997
Chevilles de différentes tailles et couleurs disposées en motif d'après un mode d'emploi / Wall anchors of different sizes and colors, displayed according to a template
Dimensions variables / Variable dimensions
Courtesy Galerie Mehdi Chouakri, Berlin

- Pot de peinture / Paint Pot, 1999
Pot de peinture, moteur électro-magnétique / Paint pot, electro-magnetic motor
Hauteur: 25 cm, diamètre : 18 cm / Height: 25 cm, diameter 18 cm
5 ex. / Edition of 5
Courtesy Galerie chez Valentin, Paris & Galerie Mehdi Chouakri, Berlin.

- Structure de bois et de mélaminé 1,2,3 / Wood and Melamine Structure 1,2, 3, 1999
Mélaminé, tasseaux en sapin / Melamine, pieces of fir wood
280 x 260 x 400 cm
Collection Jean Brolly, Paris.

06
- 8H00 pendule murale / 8:00 Mural Clock, 1998
Gouache, pendule / Gouache, clock
Dimensions variables / Variable dimensions
Courtesy Galerie chez Valentin, Paris

07
- Structure de bois et de mélaminé 1, 2, 3 / Wood and Melamine Structure 1, 2, 3, 1999
Mélaminé, tasseaux en sapin / Melamine, pieces of fir wood
280 x 260 x 400 cm
Collection Jean Brolly, Paris.

Galerie chez Valentin
Paris, 1999

08
- Structure de bois et de mélaminé 1, 2 / Wood and Melamine Structure 1, 2, 1999
Mélaminé blanc / White melamine
370 x 180 x 220 cm.
Collection du FNAC, Paris.

09
- Casque / Helmet, 1998
Casque de moto chromé / Chrome-plated crash helmet
30 x 40 x 30 cm
10 ex. / Edition of 10
Collections privées / Private collections

10
Structure de bois et de fluos / Wood and Fluorescent Lamp Structure, 1999
Bois, tubes fluos, système électrique / Wood, fluorescent lamps, electric system
60 x 50 x 40 cm
Collection Henri-Georges Durand, Paris.

Galerie Mehdi Chouakri
Berlin, 1999

11
- Structure de bois et de mélaminé 1,3,2 / Wood and Melamine Structure 1,3,2, 1999
Mélaminé, tasseaux en sapin / Melamine, pieces of fir wood
280 x 260 x 400 cm

12
- 4h00, 1999
Pendule, adhésif / Clockwork, Adhesive
Dimensions variables / Variable dimensions
Collection Elisabeth and Gerhard Sohst, Hamburg

Jack Hanley Gallery
San Francisco, 2000

13
- Multiprises / Multiplugs, 1998
20 prises électriques, plâtre / 20 electric plugs, plaster
Hauteur : 55 cm / Height: 55 cm
Collection Lois McLaughin, New York

- Structure de mélaminé et de plexiglas / Melamine and Plexiglas Structure, 2000
183 x 101,5 x 61 cm
Collection Themis and Dane Michos, San Francisco

- Lampe double-douille / Y-Socket-Lamp, 1999
Ampoules, double-douille / Y-shaped light sockets and light bulbs
Dimensions variables / Variable dimensions
Edition illimitée / Unlimited edition
Collection Jani Mussetter, San Francisco

"0-1" Galerie Mehdi Chouakri
Berlin, 2000

14
- $, 2000
Tubes fluorescents, transformateur / Fluorescent tubes, transformer
45 x 125 x 10 cm
Dreißig Silberlinge – Sammlung Haupt, Berlin

15
- Structures de plexi et de mélaminé / Melamine and Plexiglas Structures, 2000
Altuglas et mélaminé / Plexiglas and melamine
100 x 125 x 67 cm
Collection DaimlerChrysler Contemporary, Berlin

- Lampe sur caisson lumineux / Lamp Light Box, 2001
Film opalescent sur caisson lumineux / Duratrans light box
50 x 50 cm
3 ex / Edition of 3
FER Collection, Laupheim.

- Still Untitled, 2000
Peinture et adhésif sur bois / Paint and adhesive on wood
58 x 50 cm
Collection particulière, Leverkusen / Private collection, Leverkusen

16
- 01, 2000
Image lenticulaire / Lenticular image
84 x 59,5 cm
3 ex. / Edition of 3
Collection privée, Berlin / Private collection Berlin ; Collection Elisabeth and Gerhard Sohst, Hamburg ; FER Collection, Laupheim

La Galerie Commune
Tourcoing, 2001

17
- Deux chaises / Two Chairs, 1998/2001
Chaise de jardin en plastique, bois, peinture / Plastic garden chair, wood, paint
90 x 120 x 60 cm
Collection Didier Krzentowski, Paris

18-19
- Holothurie, 2000
Aquarium, animal marin (concombre des mers) / Aquarium, marine animal (sea cucumber)
100 x 90 x 160 cm
Courtesy Galerie chez Valentin, Paris

- Palette standard 100 x 120 / Standard Pallet 100 x 120, 2000
Mélaminé / Melamine
100 x 120 x 15,5 cm
3 ex. / Edition of 3
Collection Deschamps, Dunkerque ; Collection Federkiel, Leipzig ; collection Massimo Minini

20
- Horloge de fluos / Fluorescent Lamp Clock, 2001
Fluos standard, système électronique / Standard fluorescent lamps, electronic system
400 x 150 cm
3 ex. / Edition of 3
Collection du musée d'art moderne et contemporain de la ville de Strasbourg ; Collection Paul Maenz, Berlin ; Courtesy Galerie Mehdi Chouakri, Berlin

21
- Casque / Helmet, 1998
Casque de moto chromé / Chrome-plated crash helmet
30 x 40 x 30 cm
10 ex. / Edition of 10
Collections privées / Private collections

22
- 01, 2000
Image lenticulaire / Lenticular image
84 x 59,5 cm
3 ex. / Edition of 3
Collection privée, Berlin / Private collection Berlin ; Collection Elisabeth and Gerhard Sohst, Hamburg ; FER Collection, Laupheim

23
- Projet pour une architecture pavillonnaire #1 / Model for Private Housing Estate Architecture #1, 2000
Maquette de promotion immobilière, altuglas, bois / Real estate sales model, Altuglas, wood
56 x 58 x 30 cm
Collection FRAC Centre, Orléans.

Galerie chez Valentin
Paris, 2001

24
- Porte blindée / Armour-Plated Door, 2001
Inox poli / Polished stainless steel
203 x 85 x 6,5 cm
3 ex. / Edition of 3
Collection Christophe Durand-Ruel, Paris ; Collection Paul Maenz, Berlin ; Collection privée, Allemagne / Private collection, Germany

- Sans titre / Untitled, 2001
PVC, carton, peinture / PVC, cardboard, paint
Dimensions variables / Variable dimensions
Installation in situ / On site installation

25
- Horloge de fluos / Fluorescent Lamp Clock, 2001
Fluos standard, système électronique / Standard fluorescent lamps, electronic system
400 x 150 cm
3 ex. / Edition of 3
Collection du musée d'Art moderne et contemporain de la ville de Strasbourg ; Collection Paul Maenz, Berlin ; Courtesy Galerie Mehdi Chouakri, Berlin

- Deux chaises / Two Chairs, 1998/2001
Chaise de jardin en plastique, bois, peinture / Plastic garden chair, wood, paint
90 x 120 x 60 cm
Collection Didier Krzentowski, Paris

26
- Demi-palette / Half-Pallet, 2001
Mélaminé blanc / White melamine
60 x 80 x 17,5 cm
3 ex. / Edition of 3
Collection particulière, Paris / Private collection, Paris ; Courtesy Galerie chez Valentin, Paris & Galerie Mehdi Chouakri, Berlin

27
- Sans titre, 2001 / Untitled, 2001
PVC, carton, peinture / PVC, cardboard, paint
Dimensions variables / Variable dimensions
Installation in situ / On site installation

- Porte blindée / Armour-Plated Door, 2001
Inox poli / Polished stainless steel
203 x 85 x 6,5 cm
3 ex. / Edition of 3
Collection Christophe Durand-Ruel, Paris ; Collection Paul Maenz, Berlin ; Collection privée, Allemagne / Private collection, Germany

Centre d'Art Contemporain
Castres, 2002

28
- Deux chaises / Two Chairs, 1998/2001
Chaise de jardin en plastique, bois, peinture / Plastic garden chair, wood, paint
90 x 120 x 60 cm
Collection Didier Krzentowski, Paris

- 01, 2000
Image lenticulaire / Lenticular image
84 x 59,5 cm
3 ex. / Edition of 3
Collection privée, Berlin / Private collection Berlin ; Collection Elisabeth and Gerhard Sohst, Hamburg ; FER Collection, Laupheim

- Holothurie, 2000
Aquarium, animal marin (concombre des mers) / Aquarium, marine animal (sea cucumber)
100 x 90 x 160 cm
Courtesy Galerie Chez Valentin, Paris

29
- Horloge de fluos / Fluorescent Lamp Clock, 2001
Fluos standard, système électronique / Standard fluorescent lamps, electronic system
400 x 150 cm
3 ex. / Edition of 3
Collection du musée d'art moderne et contemporain de la ville de Strasbourg ; Collection Paul Maenz, Berlin ; Courtesy Galerie Mehdi Chouakri, Berlin

30-31
- Black Box in a White Cube, 2002
Médium, laque / Medium-density fibreboard, lacquer
100 x 90 cm x 70 cm
3 ex. / Edition of 3
Collection Patricia Keever, New York ; Courtesy Galerie chez Valentin, Paris & Galerie Mehdi Chouakri, Berlin

**Spencer Brownstone
Gallery**
New York, 2002

32
- *AAA*, 2002
Caissons lumineux en plexiglas / Plexiglas
light boxes
40 x 80 cm
3 ex. / Edition of 3.
Collection Didier Krzentowski, Paris ; Collection privée, Zürich / Private Collection,
Zürich, Collection privée / Private collection, New York ; Courtesy Spencer Brownstone Gallery, New York

33
- *Red and Blue Blast*, 2002
Vidéo sur DVD / Video on DVD
1mn15 en boucle / 1'15'' loop
5 ex. (+2 A.P.) / Edition of 5 (+ 2 A.P.)
Réalisation technique / Technical produc-
tion : Panoplie, Montpellier
Collection Patricia Keever, New York ;
Collection Carlo Clerici, Brescia

34
- *Folding Lamp*, 2002
Pied élévateur, néons standard, compres-
seur / Self-leveling tripod, standard neon
lights, compressor
Dimensions variables / Variable dimensions -
expandable
8 ex. / Edition of 8.
Collection privée, Londres / Private collection, London; Collection Andréa Zegna, Milan; Courtesy Galerie chez Valentin, Paris ;
Courtesy Galerie Mehdi Chouakri, Berlin.

- *Drum and Bass 2*, 2002
Etagère, classeurs rouges, lampes baladeu-
ses jaunes, boîtes bleues / Shelf, red binders, yellow portable lamps, blue boxes
350 x 150 cm
Collection DaimlerChrysler Contemporary,
Berlin

35
- *AAA*, 2002
Caissons lumineux en plexiglas / Plexiglas
light boxes
40 x 80 cm
3 ex. / Edition of 3.
Collection Didier Krzentowski, Paris ; Col-
lection privée, Zürich / Private Collection,
Zürich, Collection privée / Private collection,
New York ; Courtesy Spencer Brownstone
Gallery, New York

36
- *Mur de chevilles / Plastic Anchors Wall*,
2002
Chevilles de différentes tailles et couleurs
disposées en motif d'après un mode d'emploi / Wall anchors of different sizes and
colors, displayed according to a template
Dimensions variables / Variable dimensions
Collection Christoph van de Weghe

37
- *Hi/Lo/No-tech*, 2002
5 disques en Plexiglas sur socles / 5 Plexiglas
discs on pedestals
Diamètres des disques / Disc diameters :
7,6 cm, 12 cm, 17 cm, 30 cm

**Jack Hanley
Gallery**
San Francisco, 2003

38
- *Drum and Bass Kerozene*, 2002
Etagère, jerrican bleu, thermos jaune, boîtes
rouges, / Shelf, blue jerry can, yellow thermos,
red boxes
100 x 150 x 30 cm
Collection privée / Private collection, USA

39
- *Pot de peinture / Paint Pot*, 1999
Pot de peinture, moteur électro-magné-
tique / Paint pot, electro-magnetic motor
Hauteur: 25 cm, diamètre : 18 cm / Height :
25 cm, diameter 18 cm
5 ex. / Edition of 5.
Courtesy Galerie chez Valentin, Paris ;

Galerie Mehdi Chouakri, Berlin ; Jack Hanley
Gallery, San Francisco-Los Angeles.

40
- *Sans titre / Untitled* , 2003
Gesso sur toile / Gesso on canvas
Diamètre 50,5 cm / Diameter 50,5 cm
Collection Paul Maenz, Berlin

41
- *ZU*, 2001
Impression sur papier / Print on paper
Dimensions variables / Variable dimensions
5 ex. / Edition of 5
Courtesy Galerie Mehdi Chouakri, Berlin.
Graphisme / Graphic designers : Mathieu
Mercier / Gilles Drouault / Régis Le Bras

42
- *Glad*, 2003
D'après une construction spatiale d'A-
lexandre Rodchenko / After a spatial cons-
truction by Alexander Rodchenko
Emballage en carton / Cardboard packing
43 x 23 x 23 cm
Courtesy Spencer Brownstone Gallery, New
York

- *Sans titre / Untitled*, 2002
Photographie couleur sous diasec / C-Print
mounted under Diasec
100 x 124 cm.
5 ex. / Edition of 5
Collection Fainas, Genève ; Collection Ghis-
laine Hussenot, Paris ; Collection Deschamps,
Dunkerque ; Collection Themis and Dane
Michos, San Francisco ; Galleria Massimo Minini, Brescia ; Galerie Mehdi Chouakri, Berlin

**Galerie
Mehdi Chouakri
River Side Wall**
Berlin, 2003

43
- *Combat*, 2003
D'après une construction spatiale d'A-
lexandre Rodchenko / After a spatial construction by Alexander Rodchenko
Emballage en carton / Cardboard packing
48 x 36 x 36 cm
Collection particulière, Paris / Private collection, Paris

- *ZU*, 2001
Impression sur papier / Print on paper
Dimensions variables / Variable dimensions
5 ex. / Edition of 5
Courtesy Galerie Mehdi Chouakri, Berlin.
Graphisme / Graphic designers : Mathieu
Mercier / Gilles Drouault / Régis Le Bras

- *Drum and Bass 100% Polyester*, 2003
Etagère, couverture bleue, tuyau jaune,
boîtes rouges / Shelf, blue blanket, yellow
rubber tubing, red boxes
205 x 110 x 31,5 cm.
Courtesy Galerie chez Valentin, Paris

Le SPOT
Le Havre, 2003

44-45
- *Folding Lamp*, 2002
Pied élévateur, néons standard, compres-
seur / Self-leveling tripod, standard neon
lights, compressor
Dimensions variables / Variable dimensions -
expandable 8 ex. / Edition of 8.
Collection privée, Londres / Private collection,
London ; Collection Andréa Zegna, Milan ;
Courtesy Galerie chez Valentin, Paris ; Cour-
tesy Galerie Mehdi Chouakri, Berlin.

46
- *Sans titre / Untitled*, 2003
Acrylique sur toile / Acrylic on canvas
Diamètre 150 cm / Diameter 150 cm
Collection Spencer Brownstone, New York

- *Premier prototype pour une chaise de jardin / First prototype for a garden chair*,
2003
Résine / Resin
70 x 50 x 48 cm
Courtesy Galerie chez Valentin, Paris

47
- *Sans titre / Untitled* , 2003
Impression sérigraphique sur velours /
Screen print on velvet
Dimensions variables / Variable dimensions
Courtesy Galerie chez Valentin, Paris &
Galerie Mehdi Chouakri, Berlin

**"Prix Marcel Duchamp"
Centre
Georges Pompidou**
Paris, 2003

48
- *Sans titre / Untitled*, 2003
Granit / Granite
(160 x 240) x 3
Courtesy Galerie chez Valentin, Paris

49-50
- *Sans titre / Untitled*, 2003
Aluminium, peinture métalisée / Aluminium,
metalized paint
Hauteur variable: 425 cm à 780 cm. / Varia-
ble height : 425 cm to 780 cm.
Collections FNAC, Paris.

- *Pavillon*, 2003
Matériaux de synthèse / Synthetic materials
5 x 6,75 x 5,17 m
Collection du musée d'Art moderne et
contemporain de la ville de Strasbourg

**Galleria
Massimo Minini**
Brescia, 2004

51
- *Sans titre* (siège) */ Untitled* (seat), 2004
Fibre de verre / Fiberglass
90 x 40 x 60 cm
Collection Carlo Clerici, Brescia

- *Red and Blue Blast*, 2002
Vidéo sur DVD / Video on DVD
1mn15 en boucle / 1'15'' loop
5 ex. (+2 A.P.) / Edition of 5 (+ 2 A.P.)
Réalisation technique / Technical production : Panoplie, Montpellier
Collection Patricia Keever, New York ; Collection Carlo Clerici, Brescia

52-53
- *Sans titre / Untitled*, 2004
Aluminium, peinture métalisée / Aluminium,
metalized paint
Hauteur variable: 425 cm à 780 cm. / Varia-
ble height : 425 cm to 780 cm.

54
- *Holothurie*, 2000
Aquarium, animal marin (concombre des
mers) / Aquarium, marine animal (sea cucumber)
100 x 90 x 160 cm

55
- *Sans titre / Untitled* , 2004
Acrylique sur toile / Acrylic on canvas
Diamètre 150 cm / Diameter 150 cm.
Collection Giovanni Gorno Tempini, Milan.

**Galleria
Comunale d'Arte**
Faenza, 2004

56 / 58
- *Sans titre / Untitled*, 2004
Pierre de silice, moquette / Silica stone, carpet
200 x 250 x 40 cm
Courtesy Galleria Massimo Minini, Brescia

- *Sans titre / Untitled*, 2004
Acrylique sur toile / Acrylic on canvas
Diamètre 150 cm / Diameter 150 cm.
Collection Giovanni Gorno Tempini, Milan.

- *Sans titre / Untitled*, 2004
Néons, acier / Neons, steel
300 x 60 x 60 cm
Courtesy Galleria Massimo Minini, Brescia

59
- *Split*, 2004
Terre cuite et socle / Terracotta, pedestal
103 x 75 x 40 cm
Courtesy Galerie chez Valentin, Paris &
Galleria Massimo Minini, Brescia

**Galerie
Mehdi Chouakri**
Berlin, 2004

60-61
- *Sans titre*, 2004 / *Untitled*, 2004
Tube en carton, goudron, béton cellulaire
/ Cardboard tube, tar, cellular concrete
60 x 200 x 71 cm
Collection privée, Allemagne / Private collec-
tion, Germany

- *Sans titre / Untitled*, 2004
Bois, miroir / Wood, mirror
156,5 x 100 x 15,2 cm
Collection privée, Allemagne/ Private collection, Germany

- *Sans titre / Untitled*, 2004
Acrylique sur toile / Acrylic on canvas
Diamètre 150 cm / Diameter 150 cm
FER Collection, Laupheim

62
- *Sans titre / Untitled*, 2004
Plâtre, fils de fer, bois / Plaster, wires, wood
138 x 110 x 70 cm
Collection privée, Allemagne/ Private collec-
tion, Germany

**Künstlerhaus
Bethanien**
Berlin, 2004

63
- *Sans titre / Untitled*, 2003
Impression sérigraphique sur velours /
Screen print on velvet
Dimensions variables / Variable dimensions
Courtesy Galerie chez Valentin, Paris &
Galerie Mehdi Chouakri, Berlin

- *Sans titre / Untitled*, 2004
Miroir, béton / Mirror, concrete
180 x 130 x 90 cm
Collection Gerd and Susann Ebert, Neumarkt

64
- *Sans titre / Untitled*, 2003
Aluminium, peinture métalisée / Aluminium,
metalized paint
Hauteur variable : 425 cm à 780 cm. / Varia-
ble height: 425 cm to 780 cm.
Courtesy Galerie chez Valentin, Paris

65
- *Sans titre / Untitled*, 2004
Médium, peinture, plexiglas, néon, verre /
Medium-density fibreboard, paint, Plexi-
glas, neon light, glass
275 x 200 x 120 cm
Courtesy Galerie Mehdi Chouakri, Berlin

**Galerie
chez Valentin**
Paris, 2004

66
- *Sans titre / Untitled*, 2004
Aluminium, caoutchouc, moteur / Aluminium,
rubber, motor
90 x 150 x 100 cm

- *Sans titre / Untitled*, 2004
Néons, métal / Neon lights, metal
250 x 60 X 60 cm.
Collection particulière, Les Bréviaires,
France / Private collection, Les Bréviaires,
France

- *Sans titre / Untitled*, 2004
Acrylique sur toile / Acrylic on canvas
Diamètre :130 cm / Diameter : 130 cm
Collection de l'artiste, Paris / Collection of
the artist, Paris

67
- *Sans titre / Untitled*, 2004
Aluminium, caoutchouc, moteur / Aluminium,
rubber, motor
90 x 150 x 100 cm

68
- *Sans titre / Untitled*, 2004
Plâtre / Plaster
130 x 88 x 62,5 cm.

La Verrière
Hermès
Bruxelles, 2004

69
- *Sans titre* (Cage à oiseaux) / *Untitled* (Bird Cage), 2004
Acier, oiseaux / Steel, birds
80 x 90 x 130 cm
Collection FRAC Alsace, Selestat

70
- *Sans titre* / *Untitled*, 2004
Acrylique sur toile / Acrylic on canvas
Diamètre : de 60 à 150 cm / Diameter: from 60 to 150 cm.
Collections privées, Allemagne, France, Belgique, Italie / Private collections, Germany, France, Belgium, Italy

"A.N.X"
Forde
Espace d'Art Contemporain
Genève, 2005

71-72
- *Premier prototype pour une chaise de jardin* / *First Prototype for a Garden Chair*, 2003
Résine / Resin
70 x 50 x 48 cm
Courtesy Galerie chez Valentin, Paris

- *Sans titre* / *Untitled*, 2003
Impression sérigraphique sur velours / Screen print on velvet
Dimensions variables / Variable dimensions
Courtesy Galerie chez Valentin, Paris & Galerie Mehdi Chouakri, Berlin

- *Sans titre* / *Untitled*, 2004
Médium, peinture, plexiglas, néon, verre / Medium-density fibreboard, paint, Plexiglas, neon light, glass 275 x 200 x 120 cm
Courtesy Galerie Mehdi Chouakri, Berlin

73
- *RoorschaacH*, 2005
Animation sur DVD / Animation on DVD
13mn18s en boucle / 13'18" loop
5 ex. / Edition of 5
Collection Marianne Esser, Berlin ; Courtesy Galerie Mehdi Chouakri, Berlin

- *Sans titre* / *Untitled*, 2005
Réglette fluorescente, néon / Fluorescent ruler, neon light
60 x 20 x 30 cm
Collection Salomon, Paris

Galerie
Mehdi Chouakri
Berlin, 2006

74
- *Sans titre* / *Untitled*, 2005
50 pierres polies de marbre noir / 50 polished black marble stones
Dimensions variables / Variable dimensions

- *Sans titre* / *Untitled*, 2006
Acier peint / Painted steel
250 x 72 x 90 cm

- *Sans titre* / *Untitled*, 2005
Néons, métal / Neon lights, metal
65 x 35 x 40 cm

- *RoorschaacH*, 2005
Animation sur DVD / Animation on DVD
13mn18s en boucle / 13'18" loop
5 ex. / Edition of 5
Collection Marianne Esser, Berlin ; Courtesy Galerie Mehdi Chouakri, Berlin

FRAC
des Pays de la Loire
Carquefou, 2006

75 / 78
- *Sans titre* / *Untitled*, 2006
Métal peint / Painted metal
3,40 X 10,88 x 4 m
Courtesy Galerie chez Valentin, Paris

- *RoorschaacH*, 2005
Animation sur DVD / Animation on DVD
13mn18s en boucle / 13'18" loop

5 ex. / Edition of 5
Collection Marianne Esser, Berlin ; Courtesy Galerie Mehdi Chouakri, Berlin

- *Sans titre* (Cage à oiseaux) / *Untitled* (Bird Cage), 2004
Acier, oiseaux / Steel, birds
70 x 70 x 80 cm
Courtesy Galerie chez Valentin, Paris

- *Sans titre* / *Untitled*, 2004
Plâtre / Plaster
130 x 88 x 62,5 cm.

- *Split*, 2004
Terre cuite et socle / Terracotta, pedestal
103 x 75 x 40 cm
Courtesy Galerie chez Valentin, Paris & Galleria Massimo Minini, Brescia

- *Sans titre* / *Untitled*, 2005
2 x 50 pierres polies de marbre blanc / 2 x 50 polished white marble stones
Dimensions variables / Variable dimensions

- *Prototype pour une chaise de jardin* (n°2) / *Prototype for a Garden Chair* (n°2), 2003-2006
Résine / Resin
70 x 50 x 48 cm
Courtesy Galerie chez Valentin, Paris

Page suivante/ next page

Carton d'invitation de l'exposition / Invitation card for the exhibition "Prix Marcel Duchamp", 2003
Graphisme / Graphic designer : Mathias Schweizer

Crédits photographiques / Photo Credits :

BB Flirt, Roger Legrand : 5, 6, 7
J-F . Rocheboz : 8, 9, 10
Jens Ziehe, Berlin : 11, 12, 14, 15, 16, 43
Mathieu Mercier : 1, 2, 3, 4, 13, 17, 18, 19, 20, 21, 22, 23, 38, 39, 40, 41, 42
Marc Domage : 24, 25, 26, 27, 44, 45, 46, 47, 48, 49, 50, 66, 67, 68, 75, 76, 77, 78
Bernard Delorme : 28, 29, 30, 31
Spencer Brownstone Gallery : 32, 33, 34, 35, 36, 37
Studio Rapuzzi, Brescia : 51, 52, 53, 54, 55
Oleg Voulvakin & Raffaele Tassinari : 56, 57, 58, 59
Hans-Georg Gaul, Berlin : 60, 61, 62, 63, 64, 65, 74
Fabien de Cugnac : 69, 70
Laurence Bonvin : 71, 72, 73

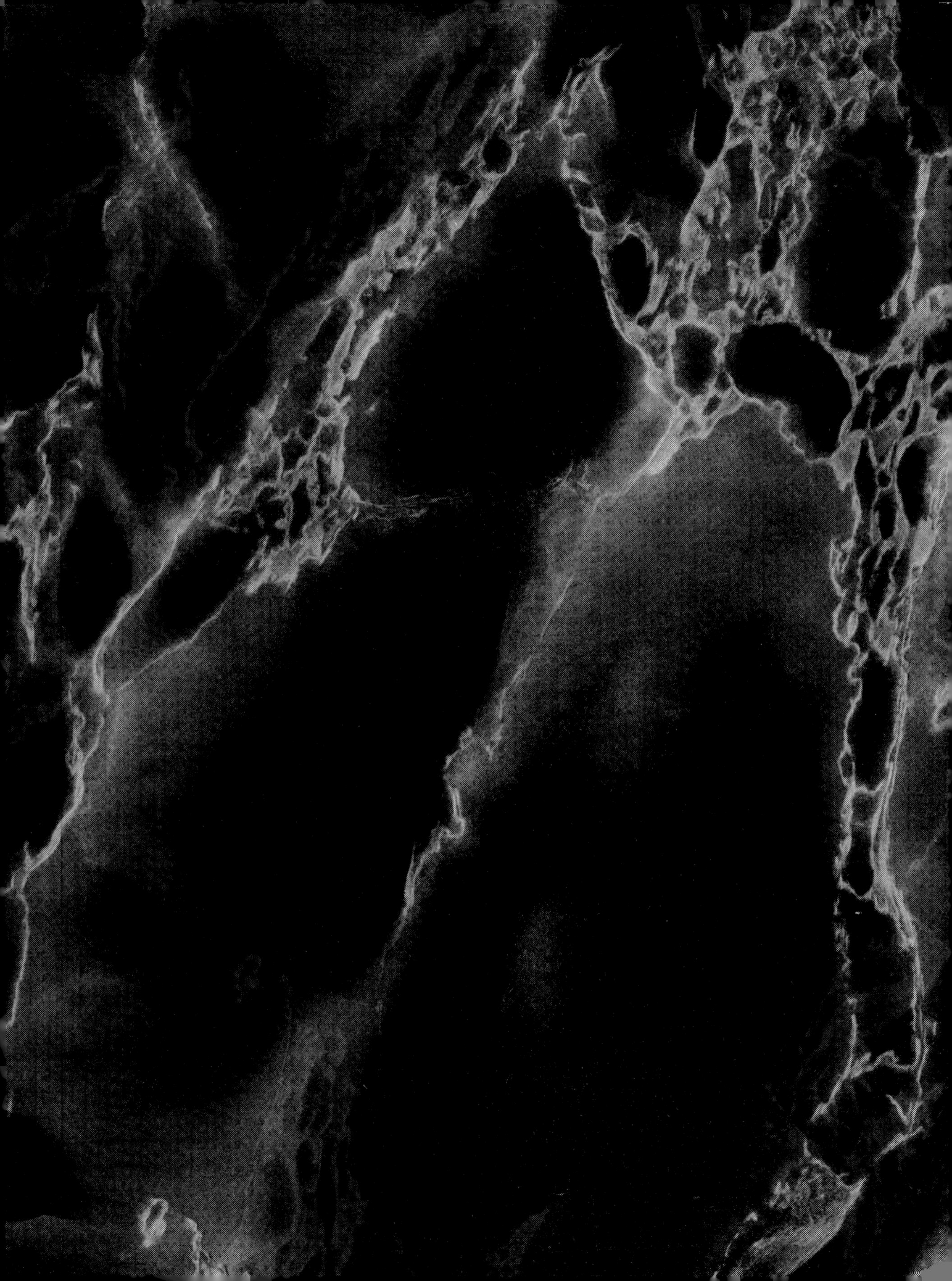

Pure Products Go Crazy.

Corde ou enseigne néon? Rideau ou grillage? Colonne ou simple portemanteau? Les sculptures de Mathieu Mercier tendent à poser ce genre de problème. À chaque question, la réponse est : *les deux. Sans titre*, 2004 [fig.3], avec son long tube de néon rouge orange lové en larges boucles et suspendu à un crochet, est une corde et une enseigne. Le large rideau écarlate imprimé de motifs de grillage argentés de *Sans titre*, 2003 [fig.2], confond grille et rideau. Et la colonne en aluminium noir ceinte d'une couronne d'éléments en forme de patères de *Sans titre*, 2003 [fig.1], semble vouloir soutenir un plafond, accueillir quelques manteaux, peut-être même une corde en néon. La double nature de ces œuvres neutralise pourtant toute utilisation potentielle, réelle comme imaginaire. Le tube en néon, enroulé sur lui-même, ne pourra jamais épeler les mots d'une enseigne commerciale, sans parler de retenir un cheval

A rope or a neon sign? A curtain or a fence? A column or just a coat rack? Mathieu Mercier's sculptures tend to pose such questions. For each work, the answer is "both." *Untitled*, 2004, [fig.3] is both rope and sign, with its long orange-red neon tube looped into loose circles and hung on a hook. *Untitled*, 2003, [fig.2]—a sweeping scarlet curtain printed with the silver pattern of a chain link fence—merges the curtain and the fence. And *Untitled*, 2003, [fig.1]—a black aluminum column, crowned with a ring of hook-like shapes—looks as if it could support a ceiling or hold several coats or even one of those neon ropes. Ultimately, the double nature of these works neutralizes any possible use, whether imagined or real. The neon tube, coiled onto itself, could never spell out the words for a commercial sign, let alone catch a runaway horse. The curtain, in contrast to a fence, is too soft to keep out intruders; while the thick material could

qui s'emballe. Contrairement au grillage, le rideau est trop souple pour empêcher quiconque de passer ; et si cet épais matériau pourrait aisément couvrir une fenêtre, ses motifs en grillage donneraient à tout occupant la sensation d'être plus enfermé que protégé. Les patères de la colonne sont placées trop haut pour qu'on puisse les atteindre, sans songer à y accrocher le moindre manteau ; haute de 4,25 à 7,8 mètres, la colonne ne soutient pas la pièce : c'est bien au contraire le sol et le plafond qui la supportent. Chaque fois, l'expression *Sans titre* souligne simultanément le caractère générique de la sculpture — corde, enseigne, rideau, grillage, colonne, portemanteau — et, en un sens, son impraticabilité. Ces œuvres sans nom, facilement identifiables, ne pourront jamais vraiment remplir leur fonction attitrée.

Le geste de Mercier peut s'apparenter aux stratégies contemporaines de citation, de sampling, voire de recyclage des artefacts culturels, trouvés comme empruntés. Mais toutes ces stratégies supposent une origine, qui reste ici absente des sculptures. La corde renvoie-t-elle au néon, ou est-ce l'inverse ? Le rideau sample-t-il le grillage, ou le contraire ? Dans un système recyclé, est-ce la colonne ou la patère qui arrive en premier ? Mercier parle de ses sculptures comme d'« images synthétiques », où design et fonction s'associent de manière à la fois compacte et incompatible. En tant qu'images synthétiques, ses œuvres semblent très proches du *double entendre** des mots d'esprit et de la condensation du rêve décrits par Freud. Bien sûr, considérés séparément, il n'y a rien de comique, ni d'énigmatique à un rideau ou à une grille ; mais leur fusion crée une drôle d'énigme, et rappelle le mot d'esprit et la séquence onirique qui mêlent les détails les plus hétérogènes.

easily cover a window, its chain link pattern would make any resident feel more imprisoned than protected. The column's hook-like shapes are too high for anyone to reach, let alone use for hanging coats; the column—which can be extended from 4.25 to 7.8 meters—does not hold up the room but rather depends on the floor and the ceiling for its support. In each case, the term *Untitled* underscores the fact that the sculpture is both generic—rope, sign, curtain, fence, column, rack—and somehow unusable. These no-name works can be easily identified, yet they could never quite fulfill their functional calling.

Mercier's gesture may resemble contemporary strategies of quoting, sampling or even recycling cultural artifacts, whether found or stolen. Yet all of these strategies imply an origin that remains missing from each sculpture. Does the rope quote the neon or the other way round? Has the curtain sampled the fence or vice versa? In a recycled system, does the column or the hook come first? Mercier describes his sculptures as "synthesized images," where designs and functions are brought together in compact yet incompatible ways. As synthesized images, his works seem closer to the double entendre of jokes and the condensation of dream work, described by Freud. Of course, there is nothing comical, nor enigmatic, about a curtain or a fence viewed in isolation; rather, their fusion creates a funny enigma, which recalls a play on words or a dream sequence that fuses unrelated details. Like jokes and dreams, Mercier's sculptures give rise to a process of reflection, which does not reach any definitive conclusion but proceeds through associations, at once individual and collective. By telling jokes with design and making functionality dream, the artist

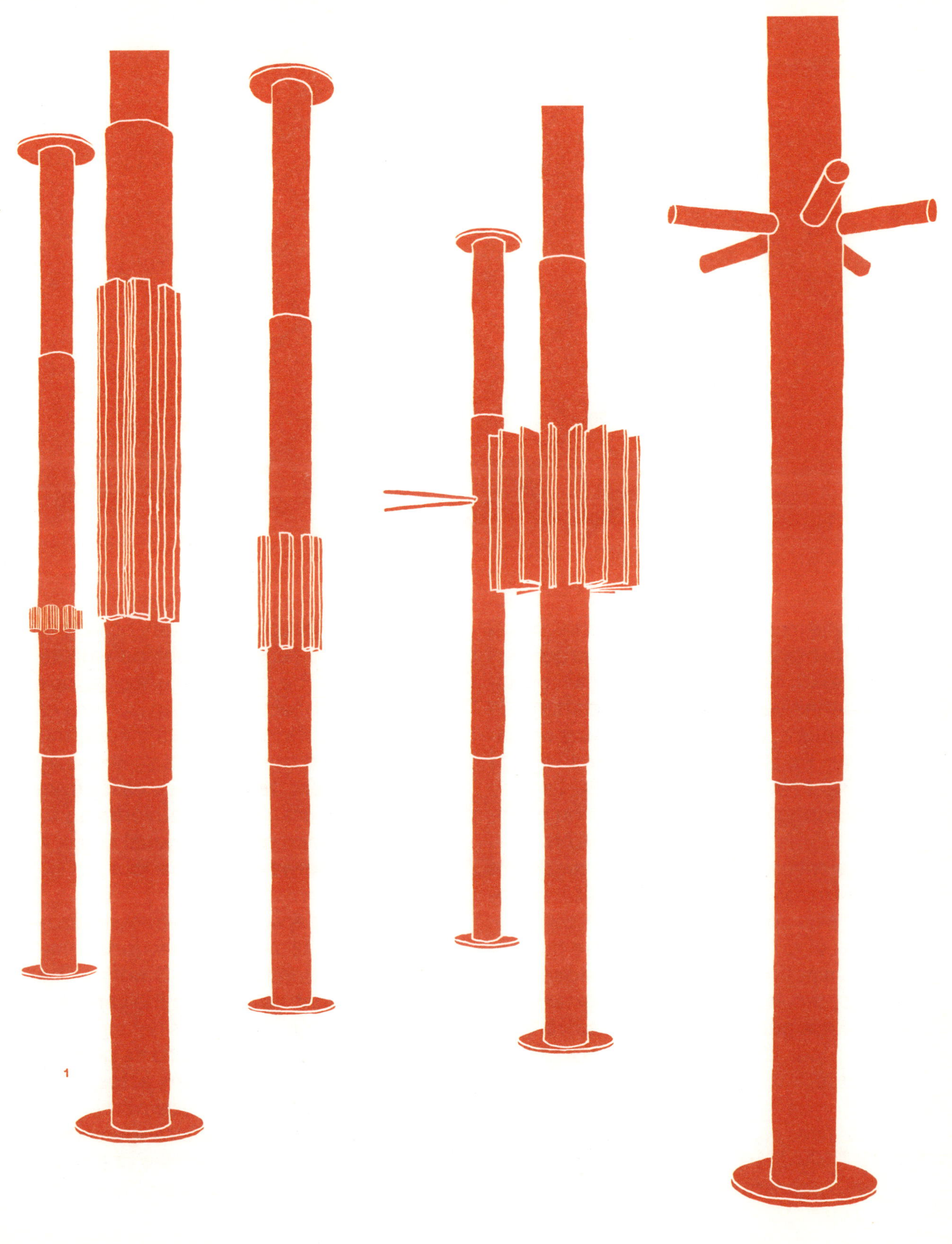
1

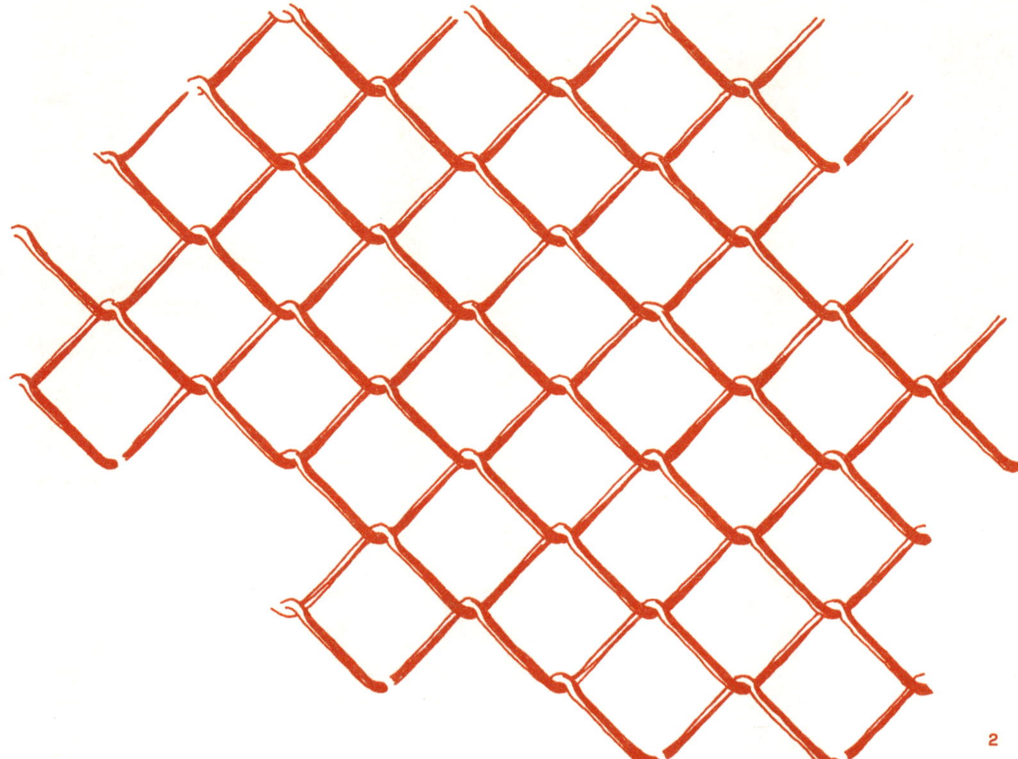

Comme le mot d'esprit ou le rêve, les sculptures de Mercier engendrent un processus de réflexion qui n'aboutit à aucune conclusion définitive, mais va d'associations en associations, à la fois individuelles et collectives. En plaisantant avec le design et en faisant rêver la fonctionnalité, l'artiste semble suggérer que les objets du quotidien — de la corde au portemanteau — pourraient constituer un lieu de rencontre entre l'inconscient individuel et l'inconscient plus collectif. À l'ère de la consommation et du média de masse, le bien de consommation, devenu symboliquement chargé, circule aisément de l'imaginaire collectif de la publicité à l'espace privé de la maison individuelle, voire de l'inconscient individuel.

Au-delà des espaces privés et des associations individuelles, des connections plus larges surgissent quand on évoque le travail

seems to suggest that everyday objects—from ropes to racks—might constitute sites that link the individual unconscious with a more collective one. In our era of mass consumption and mass media, the consumer good has become a symbolically charged element, which moves easily from the collective imaginary of advertising to the private space of an individual home, if not into the individual unconscious.

Beyond private spaces and individual associations, some broader connections come to mind in relation to Mercier's works. The neon rope might well refer to the captivating power of neon, which does not emit light but draws in the human eye to its glowing message. Chain link curtains attest to a conflicted relationship to ownership: A chain link fence keeps out strangers while giving them an unobstructed view of a property because the barrier is not solid; by

de Mercier. La corde fluorescente pourrait bien faire référence au pouvoir de fascination du néon, qui n'émet pas de lumière mais tire l'œil vers ses messages scintillants. Le grillage atteste d'une relation conflictuelle à la propriété : s'il tient les intrus à l'écart, il leur offre, avec sa grille ajourée, une vision dégagée de la propriété. En revanche, le rideau s'ouvre et se ferme à volonté, et transforme tout espace de vie intérieure en scène. L'image du grillage imprimée en guise de motif décoratif sur le tissu du rideau met en scène la propriété comme prison ornée qui contraint le propriétaire à choisir entre ostentation et dissimulation. La colonne extensible ressemble à un long corps mince avec son chapiteau dédoublé en guise de tête — comme la racine latine du mot chapiteau (*caput*) l'indique —, et accentue finalement le caractère anthropomorphique de l'architecture. En remplaçant le chapiteau par ce qui semble être des patères, Mercier accentue la similarité de la colonne avec le corps humain tout en suggérant que l'armature architecturale pourrait bien avoir besoin d'une épaisseur supplémentaire de manteaux — d'un chapeau peut-être — pour la protéger. L'architecture pourrait être une nouvelle forme d'habillage — ou vice versa. Toutes les associations collectives de ces œuvres tendent à inverser le point de vue : si les images synthétiques de Mercier commencent à paraître plus normales, les pratiques culturelles environnantes que celles-ci synthétisent commencent à sembler quelque peu étranges.

Par ces associations, les objets du quotidien semblent discuter entre eux des implications psychologiques et sociales plus larges de leurs occupations professionnelles, et inviter les autres à les rejoindre dans leurs conversations sans fin. Mercier, en orchestrant

contrast, curtains transform any interior living space into a stage, which can be opened and closed at will. The image of the fence — printed as a decoration on one side of the curtains — portrays ownership as an ornate prison, which forces owners to choose between display and concealment. Finally, the extendable column accentuates the anthropomorphic character of architecture: The column looks like a tall, thin body with the capital doubling for the head — as the Latin root of the word capital (*caput*) indicates. By replacing the capital with what appear to be coat hooks, Mercier exaggerates the column's similarity to the human body while suggesting that architectural supports might need the protective outer layer of a coat. Architecture could be another form of clothing. Or vice versa. All of the collective associations in these works tend to effect an inversion: Mercier's synthesized images start to look

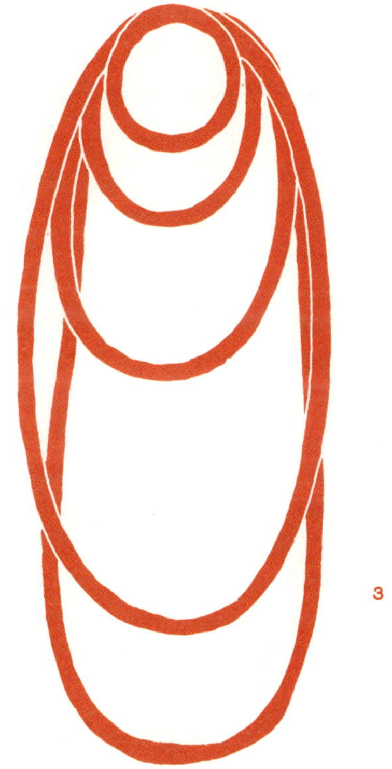

ces dialogues, rend aux marchandises, par ailleurs muettes, un mode d'action[1]. C'est un geste délicat si l'on considère la critique marxienne du spectacle du fétichisme de la marchandise. Dans la description de Marx, la table semble danser d'elle-même et ensorceler le consommateur pour l'inciter à l'acheter et à oublier tout le travail qui a présidé à sa production. La tactique de Mercier — mélange d'anthropomorphisme, d'animisme et d'exagération, comme le montre la colonne-corps-patère — peut évoquer le sortilège du fétichisme de la marchandise lancé par les emballages, vitrines et publicités. Si les œuvres de Mercier ne rappellent pas l'histoire de leur propre production, leur caractère générique — corde, enseigne, rideau, grillage, colonne,

4

portemanteau — les rend difficiles à fétichiser comme objets dont le pouvoir magique déborderait la fonction. Les images synthétiques de Mercier suspendent peut-être l'utilisation de ces objets, mais leur utilisation reste toujours claire. L' « enchantement » se fait dans la synthèse entre des marchandises apparemment sans rapport, et non dans le fait qu'une marchandise transcende sa fonction première.

Prenons la série de sculptures *Drum and Bass*, 2002-2003 [fig.5] : trois produits ménagers

perfectly normal while the surrounding cultural practices, which they unite, become strange.

Through such associations, everyday objects appear to talk with each other about the wider psychological and social implications of their professional occupations while inviting others to join their endless conversations. By orchestrating such dialogs, Mercier restores an agency to otherwise mute commodities. It's a tricky gesture, if one considers Marx's critique of the spectacle of commodity fetishism. In Marx's description, a table appears to dance of its own accord and casts a spell on consumers that entices them to purchase the table while forgetting all the labor that produced the object. Mercier's tactic — a mixture of anthropomorphism, animism and exaggeration, as the column-body-rack demonstrates — may resemble the spell of commodity fetishism, which is cast by packages, displays and advertisements. While Mercier's works do not remember the history of their own labor, their generic nature — rope, sign, curtain, fence, column, rack — makes them difficult to fetishize as objects with magical powers beyond their function. Mercier's synthesized images may suspend each object's use, but these uses always remain clear. The "magic" exists in making a synthesis between seemingly unrelated commodities, not in making one commodity transcend its down-to-earth function.

Take the sculpture series *Drum and Bass*, 2002-2003: [fig.5] Black shelves on a white wall hold three common household goods cast in primary colors, such as a red shoe horn, yellow binders and a blue candle. Viewed from a short distance, these objects appear to be working together to make

ordinaires, teints de couleurs primaires—
chausse-pied rouge, classeurs jaunes et
bougie bleue—, sont rangés sur des étagères noires, accrochées à un mur blanc.
Avec un peu de recul, on s'aperçoit que
l'ensemble fonctionne de manière à former
une composition à la Mondrian. Contrairement aux emballages de produits capillaires
de L'Oréal qui font également référence
aux peintures de Mondrian, les produits
ménagers de Mercier, sur leurs étagères, ne
constituent jamais une marchandise unifiée,
dansant d'elle-même. Les objets conservent
leur autonomie en tant que chausse-pied,
classeur, bougie, et interagissent au niveau
plus large de la composition et de la couleur.
Même lorsque Mercier utilise des emballages
contemporains pour ses images synthétiques —recréant les constructions spatiales d'Alexandre Rodchenko à partir
d'emballages d'un même produit, bonbons
Good & Plenty ou autres —, chaque produit perd son autonomie, à l'image d'une
paire de jambes perdue dans un grand
chœur plutôt qu'à l'image d'un danseur
solo. Si, dans ces reconstructions, l'animation devient mécanique, les emballages,
un jour enchanteurs, ne sont plus que des
pâtés de maisons concrets, vidés de l'intérieur de toute forme de séduction.

Mercier utilise l'exagération d'une manière
singulière, qui mérite un deuxième regard.
Ses images synthétiques peuvent sembler
drôles et énigmatiques comme les rêves et
mots d'esprit de Freud, ou évoquer la table
fétiche vivante de Marx. Il est peut-être
nécessaire de noter ici que si le fétichisme
de Marx concerne l'objet, Freud lie le fétichisme au sujet, et que tous deux confèrent
au fétiche une caractéristique singulière :
Marx décrit le spectacle d'une table, quand
Freud note la manière dont les fétichistes
collectionnent tel type précis d'objet,

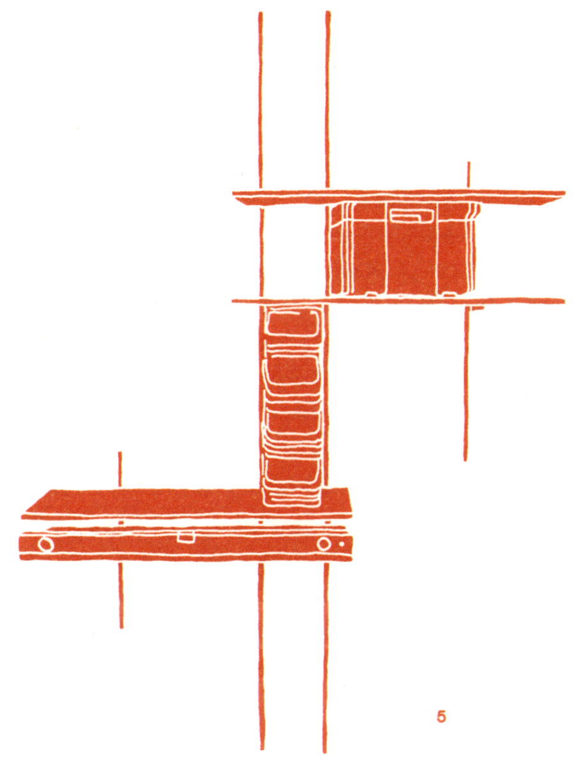

5

one of Piet Mondrian's compositions.
Unlike the L'Oréal hair product packages,
which also quote Mondrian's paintings,
Mercier's shelved household goods never
make up one unified commodity, dancing
of its own accord. The objects maintain
their autonomy as shoe horn, binders and
candle while interacting with each other at
the larger level of composition and color.
Even when Mercier deploys contemporary
packages for his synthesized images—he
recreated Alexander Rodchenko's spatial
constructions from packages of one commodity, such as Good & Plenty candies—
each commodity looses its autonomy, more
like one pair of legs lost in a long chorus
line than a solo dancer. While the animation becomes mechanical in these reconstructions, the once-enchanting packages
are reduced to practical building blocks,
emptied from withing of any from of appeal.

chaussure ou cheveu. Les images synthétiques de Mercier, en tant qu'éléments combinés, réfutent la qualité singulière du fétiche exposée par Marx ou par Freud. Dans les exagérations de l'artiste, les caractéristiques fonctionnelles de l'objet sont immédiatement amplifiées et suspendues par un processus de redoublement — d'une manière quasi farcesque qui rappelle le nez de Pinocchio se transformant en branche d'arbre. Dans la farce des produits de Mercier, il y a un moment de reconnaissance, où deux objets réalisent qu'ils font des choses similaires et où ils commencent à se caricaturer l'un l'autre. Mercier, à l'origine de ces moments animés, tient lieu de réalisateur ; les objets, d'acteurs singeant le rôle des uns et des autres.

AAA, 2002 [fig.6], en est un bon exemple : l'enseigne noire, éclairée par derrière, se compose de six lettres A, non de trois. Mercier a superposé une police sans serif à une police généreuse et arrondie[2]. Toutes deux disent la même chose, mais ensemble leur mes-

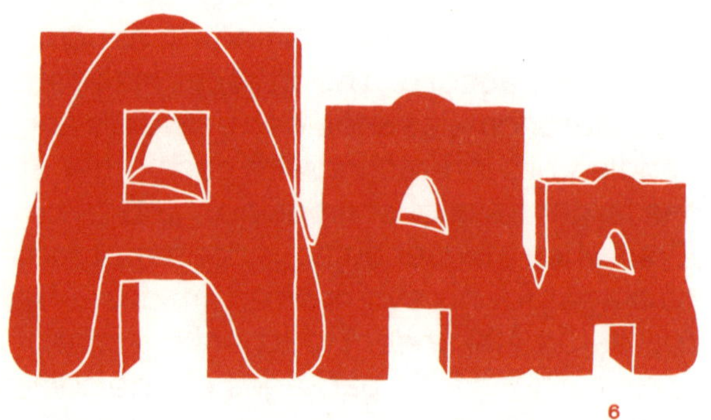

sage se transforme en bulle animée et comique : « Aaa... », qui évoque l'histoire de la typographie. *Lampe sur caisson lumineux*, 2001 [fig.7], et *Ampoule sur caisson lumineux*, 2001, soulignent la domestication de la lumière par la superposition de l'image

Mercier's use of exaggeration deserves more consideration. His synthesized images may appear as funny and enigmatic as the dreams and jokes described by Freud or may recall Marx's animated fetish table. Here it may be useful to note that Marx's fetishism focused on the object; Freud linked fetishism to the subject; both gave the fetish a singular quality: Marx described the spectacle of one table while Freud noted how fetishists would collect one particular type of object, from shoes to hair. Mercier's synthesized images — as combined elements — refute the fetish's singular quality that is described in Marx's and Freud's accounts. In the artist's exaggerations, an object's functional features are at once overstated and suspended through a process of doubling — in an almost farcical manner that brings to mind Pinocchio's nose growing into a tree branch. In Mercier's commodity farce, there is a moment of recognition where two objects realize that they do similar things and start to make a caricature of each other. While Mercier is the source of these animated moments, he seems to function like a director, and the objects, like actors mimicking each other's roles.

AAA, 2002, [fig.6] is a good example: The black backlit sign is made of, not three, but six letter A's. Mercier invited the graphic artists Gilles Drouault and Régis Le Bras to cut a new sans-serif font by superimposing a constructivist one (Aubette designed by Theo van Doesburg in 1919) right on top of a bubbly, flowing one (Benguiat designed by Edward Benguiat). Both sets say the same thing, but together their message becomes the animated comic bubble "Aaa..." that recollects the typographical evolution of the sans-serif font. *Lamp on a Light Box*, 2001, [fig.7] *Light Bulb on a Light*

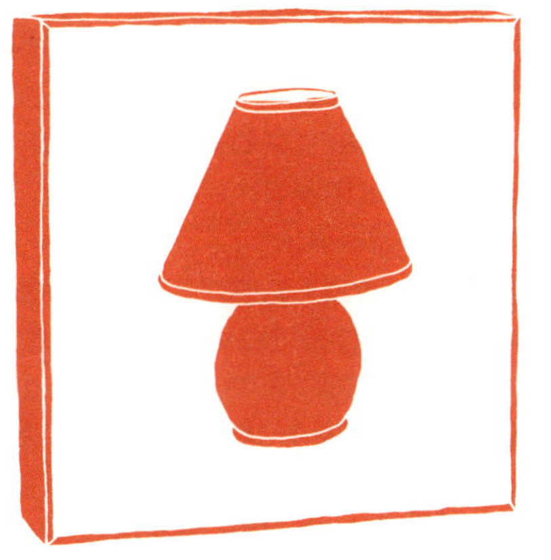

7

photographique d'une lampe ou d'une ampoule — toutes deux allumées — à un caisson lumineux allumé. Dans *Sans titre*, 2002 [fig.8], cinq disques de plexiglas revêtent les formes qui ont servi historiquement à stocker et faire entendre de la musique, de l'ère du vinyle analogique à l'ère numérique : 33 tours, 45 tours, disque laser, CD et mini-disc. Présentées sur des socles faits sur mesure afin de s'adapter à ces cinq tailles, chaque forme circulaire ressemble elle-même à un socle, support d'un format musical singulier. Dans ces exagérations, deux objets pratiques trouvent leur équivalent, non pas en terme de prix respectif (seule équivalence reconnue par le marché), mais en terme de fonction. Même lorsque Mercier n'utilise qu'un type d'objet — onze ampoules dans *Lampe double-douille*, 1999 [fig.9], ou treize boîtes dans *Cubes*, 1999 [fig.4] —, les variations de taille créent l'exagération. Les ampoules et cubes les plus grands ont la même utilité que les plus petits, pourtant les plus grands semblent comiquement exagérés, si ce n'est organiquement hypertrophiés. C'est cet agrandissement utilitariste, et non le fétichisme, qui fait que l'objet s'anime. La lampe ne danse pas d'elle-même, mais est assise en l'aimable compagnie d'un caisson lumineux.

Box, 2001, underscores the domestication of light by superimposing the photographic image of a lamp and a light bulb — both illuminated — on a lit light box. In *Untitled*, 2002, [fig.8] five flat Plexiglas forms take on the historical formats for storing and playing music, from the analogue age of vinyl records to the digital era: 33 rpm, 45 rpm, laser disc, CD and mini-disc. Presented on pedestals — custom-made to match these five sizes — each circular form looks like a pedestal for a holding a particular music format. In these exaggerations, two useful objects find an equivalence that is not about their respective prices — the only equivalence recognized by the market place — but rather about their function. Even when Mercier uses only one type of object — eleven bulbs in *Y-Socket Lamp*, 1999, [fig.9] or thirteen boxes in *Cubes*, 1999, [fig.4] — their differing sizes effect the exaggeration. The larger light bulbs and cubes have the same use as the smaller ones, yet the larger ones appear comically overstated, if

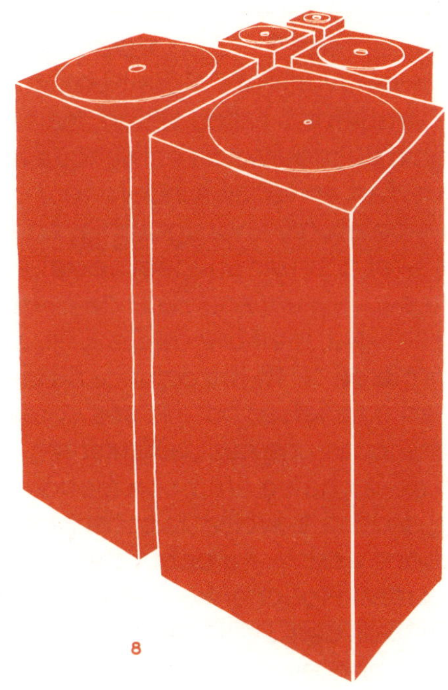

8

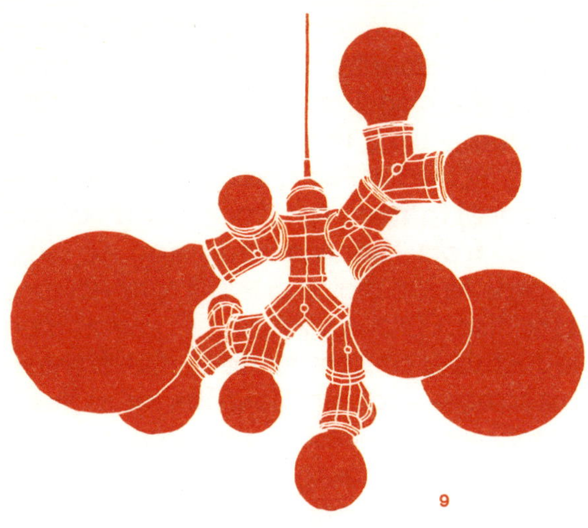

Il n'est donc pas surprenant que les images synthétiques de Mercier aient souvent pris pour cible les produits bruts des mouvements d'avant-garde du début du vingtième siècle, et notamment des groupes d'artistes européens qui s'efforçaient de purifier l'œuvre d'art de toute forme de représentation ou de figuration. Sa référence à Mondrian, co-fondateur de De Stijl en 1917, et à Rodchenko, qui inaugurait à cette époque le constructivisme russe, sont tous deux significatifs. Ce que partageaient ces deux mouvements n'était pas seulement le virage vers l'abstraction, mais l'exploration d'un programme esthétique total, par lequel l'art en venait à inclure tout objet conçu — peinture, photographie, chaise, maison — et à servir un idéal social. Bien avant la série *Drum and Bass* de Mercier, Gerrit Rietveld, membre de De Stijl, avait transformé en 1918 les compositions de Mondrian en chaise : hormis ses couleurs caractéristiques, une des particularités principales de la chaise était son manque de confort, destiné à éveiller la conscience de la personne assise. Au début des années 1920, quand Rodchenko faisait (photographiait, puis détruisait) ses constructions spatiales, il concevait aussi des emballages

not organically overgrown. Any object's animation comes from this utilitarian aggrandizement, not from fetishism. The lamp does not dance by itself but rather sits in camaraderie with a light box.

It should come as no surprise that Mercier's synthesized images have often targeted the pure products of early 20th-century avant-garde movements, especially the European artist collectives that attempted to purify artworks of representational and figurative traits. His references to Mondrian, who co-founded De Stijl with van Doesburg in 1917, and to Rodchenko, who ushered in Russian Constructivism around the same time, are both telling. What these movements shared was not only the turn towards abstraction but also the exploration of a total aesthetic program, whereby art came to include any designed object — painting, photograph, chair, house — and to serve a higher social ideal. In 1918, long before Mercier's *Drum and Bass* series, the De Stijl member Gerrit Rietveld had already transformed Mondrian's compositions into a chair; apart from its signature colors, one of the chair's main features was its lack of comfort, designed to awaken the sitter's consciousness. In the early 1920s, when Rodchenko was making (photographing and then destroying) his spatial constructions, he was also designing packages and advertisements for the products of Soviet-owned firms, including Red October cookies, while his artist-comrades Vladimir Tatlin, Liubov Popova and Varvara Stepanova were turning to other household goods, from cooking pots to dresses. As Christina Kiaer[1] has noted, these Russian Constructivists attempted to design their utilitarian products as "socialist objects," which could frustrate both commodity fetishism and the consumer's possessive

et des publicités pour des produits de sociétés soviétiques, dont les biscuits Octobre Rouge, tandis que ses camarades-artistes Vladimir Tatlin, Liubov Popova et Varvara Stepanova se tournaient vers d'autres articles ménagers, casseroles ou robes. Comme l'a noté Christina Kiaer[3], ces constructivistes russes s'efforçaient de concevoir leurs produits utilitaires comme des « objets socialistes », capables de saper à la fois le fétichisme de la marchandise et la relation de possession du consommateur à la marchandise qui existe dans le capitalisme. En 1925, Rodchenko écrivait à Stepanova de Paris, où il constituait un Cercle des Travailleurs pour l'Exposition internationale des arts décoratifs et industriels modernes : « Les choses que nous tenons dans nos mains doivent être nos camarades, nos égaux et non ces esclaves noirs et lugubres qu'ils sont ici ». De même que Rietveld voulait que sa chaise éveille les personnes assises à l'image d'un interlocuteur, Rodchenko espérait libérer radicalement les marchandises de leur servitude, tout en préservant leur fonction et leur design moderne.

À divers égards, Mercier traite les objets du quotidien comme nos semblables, nos camarades — avec beaucoup d'esprit, une conscience de leur fonction et une connaissance de l'histoire du design qui les précède. Mercier reste fidèle à l'expansion de De Stijl et du constructivisme russe de l'art vers le design : on peut, de fait, utiliser les images synthétiques résultant de l'exagération, caissons lumineux à image de lampe ou cubes encastrés. Comme les protagonistes de ces mouvements artistiques, Mercier s'intéresse à l'autonomie des objets du quotidien, et non à l'autonomie de l'art. L'utilisation qu'il fait des produits ordinaires pour recréer les œuvres abstraites

relationship to commodities in capitalism. In 1925, Rodchenko wrote to Stepanova from Paris where he was setting up the Workers' Club at the Exposition internationale des arts décoratifs et industriels modernes: "Our things in our hands must be equals, comrades, and not these black and mournful slaves, as they are here." As Rietveld wanted his chair to wake up the sitter—much like an interlocutor—Rodchenko hoped to liberate commodities from total servitude while preserving their functions and modern designs.

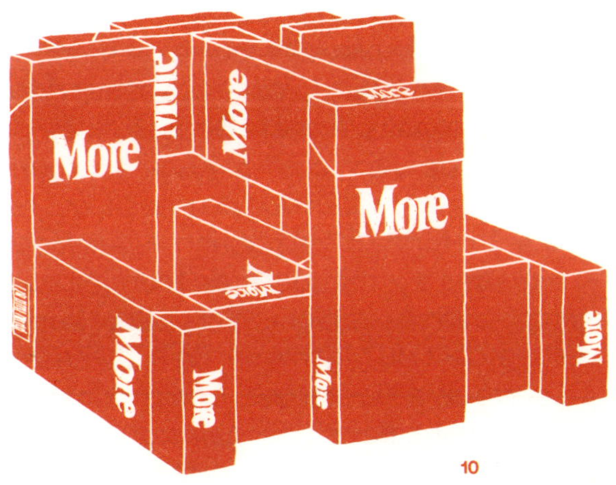

10

In many ways, Mercier treats everyday objects as equals and comrades—with great wit, a consciousness about their functions and an awareness of the history of design that preceded them. Mercier remains true to De Stijl's and Russian Constructivism's expansion from art to design: The synthesized images that involve exaggeration, like the light box with the image of a lamp or the set of cubes, may actually be used. Like the protagonists of these artistic movements, Mercier is interested in the autonomy of the everyday object, not in the autonomy of art. His use of common commodities to remake the

de Mondrian ou de Rodchenko singe le rêve utopique de tout mouvement d'apporter aux masses, éveillées ou révolutionnaires, des designs d'avant-garde. Les révolutions ont certes échoué, mais les conditions industrielles et culturelles de l'après seconde guerre mondiale ont rendu possibles ces rêves utopiques. Recréer les constructions spatiales de Rodchenko avec des bonbons Good & Plenty, du dentifrice Aim, des sacs poubelle Glad ou des pièges à cafards Combat, peut d'abord sembler une plaisanterie historique, mais ce geste n'est pas si éloigné des emballages de biscuit Octobre Rouge. Mettre en scène un chausse-pied rouge, des classeurs jaunes et une bougie bleue en guise de peinture de Mondrian peut défaire les abstractions du peintre, mais le geste pousse l'idée de Mondrian de la composition jusqu'au produit générique de production de masse, qui est une autre forme d'abstraction. Finalement, les images synthétiques de Mercier suggèrent diverses manières d'envisager le produit au-delà du fétichisme, de l'utilitarisme et, surtout, de la marque. Ces choses que nous tenons dans nos mains pourraient bien être des rêves à interpréter, des mots d'esprit pour rire, ou de bonnes discussions à apprécier en toute simplicité.

Jennifer Allen

Notes

1 - *Agency*, dans le texte original.

2 - À l'aide de deux graphistes, Gilles Drouault et Régis Le Bras, Mathieu Mercier a inventé cette typographie qui croise deux typographies référencées existantes, la Aubette (typographie constructiviste de Theo Van Doesburg, 1919) et la Benguiat (1979).

3 - Christina Kiaer, *Imagine No Possessions, The Socialist Objects of Russian Constructivism*, Cambridge, Massachusetts, MIT Press, 2005. Pour une version en français, voir Christina Kiaer, «Les objets quotidiens du constructivisme russe», in *Les Cahiers du Musée national d'art moderne*, n°64, juin 1998.

[fig.10]
More (construction spatiale), 2005
Paquets de cigarettes
12.5 x 18.5 x 16.6 cm
Courtesy Galerie Medhi Chouakri, Berlin

abstract works of Mondrian and Rodchenko mimics each movement's utopian dream of bringing avant-garde designs to the masses, whether awakened or revolutionized. Of course, the revolutions failed, but the industrial and the cultural conditions after WW II made these utopian dreams possible. Remaking Rodchenko's spatial constructions with Good & Plenty candies — or Aim toothpaste, Glad garbage bags or Combat roach traps — may initially appear as a historical joke, but this gesture is not so distant from the Red October cookie packages. Setting up a red shoe horn, yellow binders and a blue candle as a Mondrian painting may undo the painter's abstractions, but the gesture takes Mondrian's idea of composition to the generic mass-produced commodity, which constitutes another form of abstraction. Ultimately, Mercier's synthesized images suggest ways of treating commodities beyond fetishism, utilitarianism and, above all, branding. Our things in our hands might well be dreams to interpret, jokes to laugh at or simply good conversations to enjoy.

Jennifer Allen

Notes

1 - Christina Kiaer, *Imagine No Possessions. The Socialist Objects of Russian Constructivism.* Cambridge, Mass., MIT Press, 2005.

[fig.10]
More (spatial construction), 2005
Cigarette packs
12.5 x 18.5 x 16.6 cm
Courtesy Galerie Medhi Chouakri, Berlin

MATHIEU MERCIER
Né en 1970 à Conflans-Sainte-Honorine

FORMATION / EDUCATION
1997 - Post-diplôme, Nantes
1995 - Institut des hautes études en arts plastiques, Paris
1989 / 94 - ENBA Bourges

Co-directeur de la Galerie de Multiples depuis 2003

EXPOSITIONS PERSONNELLES / SOLO SHOWS

2006 - FRAC des Pays de la Loire, Carquefou
- Galerie Mehdi Chouakri, Berlin
2005 - *A.N.X*, Forde Espace d'art contemporain, Genève
2004 - La Verrière Hermès, Bruxelles
- *Ceramic attempts*, Museo Carlo Zauli, Faenza
- Galerie chez Valentin, Paris
- Künstlerhaus Bethanien, Berlin
- Galerie Mehdi Chouakri, Berlin
- Galleria Comunale d'Arte, Faenza
- Galleria Massimo Minini, Brescia
2003 - *Prix Marcel Duchamp*, Centre Georges Pompidou, Paris
- Le SPOT, Le Havre
- River Side Wall, Galerie Mehdi Chouakri, Berlin
- Jack Hanley Gallery, San Francisco
2002 - 9 bis, St-Etienne
- Spencer Brownstone Gallery, New York
- Galerie Mehdi Chouakri, Berlin
- Centre d'Art Contemporain, Castres
2001 - La Galerie Commune , Tourcoing.
- Galerie chez Valentin, Paris
2000 - *0-1*, Galerie Mehdi Chouakri, Berlin
- Jack Hanley Gallery, San Francisco
1999 - Galerie Mehdi Chouakri, Berlin
- Le SPOT, Le Havre.
- Galerie chez Valentin, Paris
1998 - Institut Français de Berlin
1996 - *Micro-Exposition*, Eriko Momotani, Paris
- Galerie Toxic, Luxembourg
- Galerie du Commerce, Marseille
1993 - *Cheminer*, Bourges.

EXPOSITIONS COLLECTIVES / GROUP SHOWS

2006 - *Welcome Home*, FRAC Haute-Normandie, Sotteville-lès-Rouen. C: M. Donnadieu
- *Black / white & chewing gum*, Gal. Krobath Wimmer, Vienne. C: G. Miller
- *Supernova*, Domaine Pommery, Reims. C: J. Lavrador
- *Same Same But Different*, Velka Dvorana: National Gallery Prague, Veletrzni Palac Contemporary Art Festival, Prague. C: P. Beausse
- *2 step*, Kunstnernes Hus, Oslo. C: P. Bungert
- *La force de l'art*, Grand Palais, Paris. C: E. de Chassey
- *Objets d'hier et d'aujourd'hui*, Gal. Edouard Manet, Ecole Municipale des Beaux-Arts, Gennevilliers, C: J. Fronsac
- *Notre histoire*, Palais de Tokyo, Paris. C: N. Bourriaud et J. Sans
- *Blackdrop*, Bloomberg space, Londres. C: S. Hepworth
- *Midnight Walkers*, CREDAC, Ivry-sur-Seine. C: C. Le Restif

- *Midnight Walkers*, Kunsthaus Baselland, Bâle. C: S. Schaschl-Cooper
2005 - *The Last Christmas*, Riverside Wall, Galerie Mehdi Chouakri, Berlin
- *Painted Objects*, PS, Amsterdam ; CCNOA, Bruxelles. C: P. Bungert
- *Der PRIX MARCEL DUCHAMP – Die Preisträger*, Art Cologne, Cologne
- *Antidote*, Galerie des Galeries, Galeries Lafayette, Paris
- *Minimal Pop*, Galerie les filles du calvaire, Bruxelles ; Paris. C: P. Bungert
- *Passion beyond reason*, WallStreetOne Gallery, Berlin. C: G. Rockenschaub, G. Miller
- *Temporary import*, Art Forum, Berlin. C: S. Titz
- *Red White Blue*, Spencer Brownstone Gallery, New York
- *Principles of construction*, Centre Cultural Andraitx, Mallorca, C: F. Nymphius
- *Five 05*, Sandra Gering Gallery, New York
- *"Spring / Summer"*, Program gallery, Londres. C: S. Moretti
- *L'œil moteur. Art optique et cinétique 1950-1975*, Musée d'Art Moderne et Contemporain, Strasbourg. C: A. Pierre et M. Gauthier
- *Agir proche*, Maison de la culture, Amiens.
- *From A to B and Back again*, Galerie chez Valentin, Paris. C: S. Moretti
- *Lichtkunst aus Kunstlicht*, ZKM, Karlsruhe. C: P. Weibel, G. Jansen
- *See History 2005, Der private Blick*, Kunsthalle zu Kiel, Kiel
2004 - *La partie continue 2*, CREDAC, Ivry-sur-Seine; C: C. Le Restif
- *NONE OF THE ABOVE*, Swiss Institute, NewYork. C: J. M. Armleder
- *Arredare la casa, abitare il museo*, Museo di Villa Croce, Gênes. C: K. Baudin et S. Solimano
- *Craft, dix ans*, Musée National Adrien Dubouché, Limoges. C: N. Perkal
- *Pour les oiseaux*, FRAC des Pays de la Loire, Carquefou. C: C. Bernard
- *Sentiers lumineux*, Villa Noailles, Hyères.
- *Colocataires 2*, Galeries Poirel, Nancy. C: P. Pinaud
- *Fab*, Espace Paul Ricard, Paris. C: M. Crasset
- *Photography, video, mixed media II*, Daimler Chrysler Collection, Berlin
- *De leur temps, collections privées françaises*, Musée des Beaux-Arts, Tourcoing.
- *EXPO 21 Strategies against the display*, Mead gallery, Warwick art center, Warwick; Angel Row Gallery, Nottingham. C: S. Moretti
- *Des objets, Modèles*, Musée de l'objet, Blois.
- *Specific Objects*, Galerie Mehdi Chouakri, Berlin
2003 - *Chez Valentin*, Centre culturel français, Milan
- *Phalanstère*, Centre d'Art Contemporain de Brétigny, Brétigny-sur-Orge. C: P. Bal-Blanc
- *Ma petite entreprise*, Abbaye Saint André, Centre d'Art Contemporain, Meymac. C: C. Bissière
- *La partie continue*, CREDAC, Ivry-sur-Seine. C: C. Le Restif
- *0907 \ Francis Baudevin, Nic Hess and Mathieu Mercier*, Swiss Institute, New York. C: M-O. Wahler
- *Sonnabend*, DaimlerChrysler Collection, Berlin
- *knockabout*, Spencer Brownstone Gallery, New York
- *Absolut Generations*, 50. Biennale Venezia, Palazzo Zenobio, Venise. C: H. Landry et P. Tognon
- *L'envers du monde*, Espace Paul Ricard, Paris. C: S. Carrayrou
- *Contemporary Art from the DaimlerChrysler Collection*, The Detroit Institute of Arts, Detroit.

- *Never mind your step*, Kunsthalle Palazzo, Liestal / Basel. C: J. M. Armleder et Team 404
- *Fotografie, Video, Mixed Media, Sammlung DaimlerChrysler*, Galerie der Stadt Sindelfingen
- *Jammed*, Smart Project Space, Amsterdam
- *Modern Talking*, River Side Wall, Galerie Mehdi Chouakri, Berlin
- *Esses*, Galerie chez Valentin, Paris. C: F. David
- *Format*, Galerie chez Valentin, Paris
- *Form specific*, Moderna Galerija, Ljubljana
- *Co-locataires*, Centre d'art, Castres. C: P. Pinaud
- *Convertible*, Centre de Création Contemporaine, Tours.
- *Skulptur Biennale Münsterland 2003*, Kunstverein Ahlen. C: S. Bos
- *Red, Hot and Blue*, River Side Wall, Galerie Mehdi Chouakri, Berlin
- *Private/corporate II*, DaimlerChrysler Collection, Berlin
2002 - *Petits objets bien gardés*, modes & boiseries, Paris. C: M.E. Etesse et N. Perkal
- *Boudoirs, salons et antichambres*, CNEAI, Chatou
- *Berlin files*, DeChiara Gallery, New York. C: April E. Lamm
- Galerie Jean Brolly, Paris
- *Voilà la France*, CESAC, Turin. C: A. Busto
- *Fuzzy*, Galleria Massimo Minini, Brescia. C: L. Cerriza
- *Manifesta 4*, Francfort. C: I. Boudnova, N. Enguita Mayo, S. Moisdon Trembley
- Galerie Kreo, Paris
- *Less ordinary*, Artsonje Museum, Gyeongju City, Corée. C: S.W. Kim
- *Objets de réflexion*, Le plateau, Paris. C: B. Goy
- *13 artistes*, FRAC Centre, Orléans
- *En attendant salle d'attente N°3*, Cabinet dentaire, Avrillé.
- *In le loft*, Galerie Roger Tator, Lyon.
- *Images d'agence*, Carré St Vincent, Orléans. C: Agence d'artistes du CCC
- *Chronologie immédiate*, Musée d'Art Moderne et Contemporain, Strasbourg.
2001 - *Traversées*, Musée d'Art Moderne de la Ville de Paris. C: L. Bossé et H.U. Obrist
- *Le BHV inspire les Artistes*, Bazar de l'Hôtel de Ville, Paris. C: A. Putman
- *Ambiance Magasin*, Abbaye Saint André, Centre d'Art Contemporain, Meymac. C: C. Bissière et J.P. Blanchet
- *Strategies Against Architecture II*, Fondazione Per l'Arte, Pise. C: L. Cerriza
- *Inside House*, Musée des Beaux-Arts, Orléans. C: C. Saraiva
- *Synthétiseur*, Espace Fauriel, Saint-Etienne. C: J. Fronsacq
- *Wahrscheinlich - Vraisemblablement*, Galerie Alimentation Générale Art Contemporain - Nosbaum & Reding, Luxembourg
- *Bricolage*, Kunstmuseum Kreuzlingen. C: Attitudes, Genève
- *Halte aux Cadences Infernales*, FRAC Bourgogne, Dijon. C: E. Latreille
- *A Well Placed Helmet...*, Kunsthalle, Nuremberg. C: E. Seifermann
- *Club*, Beaconsfield, Londres
- BF 15, Lyon, C: Buy-sellf
2000 - *Vivre Sa Vie*, Transmission Gallery, Glasgow. C: T. Leighton
- Agence Stéphane Ackermann, Luxembourg.
- *Be Seeing You*, Centre d'Art, Brétigny-sur-Orge. C: X. Franceschi
- *Prodige*, Espace Ricard, Paris. C: R. Fleck

- *Downtown Arts Festival*, The White Box, New
  York. C: J. Fronsacq
- *Come in and Find Out IV*, Podewil Center of Art,
  Berlin. C: K. Wallner
- *Voyager à la Verticale*, La Villette, Paris.
  C: Y. Jamet
- *Collection Été*, FRAC Lorraine, Metz ;
  Galerie Lillebonne, Nancy.
- *Transfert*, Art dans l'Espace Urbain, Bienne.
  C: M-O. Wahler
- *Actif/Réactif*, Le Lieu Unique, Nantes.
  C: P. Solini et R. Fleck
- *Fuori Uso 2000*, The Bridges, Pescara.
  C: Kantova, De Cecco, Hanrou, Shlaegel
  et Rosenberg
- *Bricolage ?*, Musée des Beaux-Arts de Dijon.
- *Êtats des Lieux #1*, Fri-Art Kunsthalle, Fribourg.
  C: N. Bourriaud
1999 - *Showroom*, La Ferme du Buisson, Noisiel.
  C: C. Le Restif
- *Field*, Glassbox, Paris. C: P. Hubert
- *ZAC 99*, Musée d'Art Moderne de la Ville
  de Paris. C: S. Moisdon et N. Tremblay
- *Zauber Haft*, Dresde. C: E. Brose-Eirmann
- *To Design for*, Le Spot , Le Havre.
- *Chez Valentin*, École des Beaux-Arts du Havre,
  Le Havre.
1998 - *Printemps Octobre 98*, Centre Commercial
  Italie 2, Paris.
- *Vidéothèque Ephémère, Jeune Création Vidéo
  Française*, Kunstmuseum, Bonn. C: R. Jeune
- *Bruits Secrets*, CCC, Tours. C: O. Reneau
  et C. Saraiva
- *Berlin-Berlin*, Berlin Biennale.
  C: K. Biesenbach, H.U. Obrist et N. Spector
- *GS2 Domesticity*, Galerie Mehdi Chouakri,
  Berlin.
- *Remix*, ERBA, Besançon.
- *Le Dessin en Procès*, Galerie La Box, Bourges.
  C: H. Besacier
- *Transmission*, Espace des Arts, Chalon-sur-
  Saône.
- *Festival Cinéma/Vidéo*, Musée d'Art Contem-
  porain, Lyon.
- *Vidéo Arte*, Montevideo.
- *Les Folies du Quotidien, Sélection vidéo des
  Années 90 en France*, Neuer Berliner Kunst-
  verein, Berlin.
1997 - *Friday 13*, Galerie Toxic, Luxembourg.
- *504*, Zentrum Für Kunst, Braunschweig.
  C: J. M. Armleder
- *Post Diplôme*, CRDC, Nantes. C: S. Carrayrou
  et P. Lepeut
- Galerie chez Valentin, Paris.
- *The 6th International Shœbox Sculpture*,
  Hawaï ; Washington ; Dallas.
1996 - *Computer World*, The Tannery, Londres.
  C: S. Hepworth
- Galerie chez Valentin, Paris.
- Galerie Toxic, Luxembourg.
- *Programme Vidéo*, Galerie chez Valentin, Paris.
- *Précipités 1*, Galerie des Archives, Paris.
  C: M. Colin
- *Précipités 2*, Flèche d'Or, Paris. C: M. Colin
- *Vidéo Flash*, Galerie Hohenthal und Bergen,
  Cologne.
- *Images, Objets, Scènes*, Espace Vidéo Le
  Magasin, Grenoble.
1995 - Galerie Antoine de Galbert, Grenoble.
1994 - Galerie La Box, Bourges.
- Galerie E.B.A., Rouen.
- *Sans Agent Conservateur*, Ecole Nationale des
  Beaux-Arts, Bourges.

- *Inex* , Centre culturel La Riche, Tours.
- *1, B, IX, 12, 4-0*, Galerie Barbès, Paris.
1993 - *Biennale des Écoles d'Art*, Maastricht.
  Leiseing Naissant, Entrepôt Leiseing, Bourges.
1992 - Galerie La Box, Bourges.

**FOIRES (expositions personnelles) /
FAIRS (solo shows)**

2005 - Art Köln, Adiaf, Cologne.
2001 - *Art Brussels*, Jack Hanley Gallery, San Francisco.
2000 - *Statements*, Art Basel - Galerie Mehdi Chouakri,
  Bâle.
- *FIAC 2000*, Galerie chez Valentin, Paris.
1999 - *List 99*, Galerie chez Valentin, Bâle.
1997 - *Austerlitz Autrement*, Galerie chez Valentin, Paris.

**COMMISSARIAT D'EXPOSITIONS /
CURATED EXHIBITIONS**

2006 - Chapelle d'Aniane
- FRAC Basse-Normandie, Caen
2003 - *Spéciale dédicace*, Musée d'Art Contemporain,
  Rochechouart
2001 - *Black, silver and gold*, Galerie du Bellay, Rouen
2000 - *Showroom*, Galerie chez Valentin, Paris

MONOGRAPHIES / MONOGRAPHS

- *Mathieu Mercier : 01*, Galleria Comunale d'Arte, Faenza 2004
- *175 Minutes*, Ed. Jack Hanley Gallery, San Francisco, 2000
- *Un manuel. A Manual. Ein Handbuch*, Ed. Galerie chez Valentin, Galerie Mehdi Chouakri, Le SPOT, 1999

CATALOGUES DE GROUPE / GROUP CATALOGUES

- *Notre histoire*, Palais de Tokyo, Paris, Ed. Paris-Musées, 01/06
- *Good & Plenty*, Galerie Mehdi Chouakri, 09/05
- *La partie continue 3*, Crédac, Centre d'Art Contemporain d'Ivry, 06/05
- *L'œil moteur*, Les Musées de la ville de Strasbourg, 05/05
- *Minimalpop*, Galerie les filles du Calvaire, Paris, 2005
- *Photography, Video, Mixed Media II*, DaimlerChrysler Collection, 12/04
- *De leur temps: collections privées françaises*, Musée des Beaux-Arts de Tourcoing, Ed. ADIAF, 10/04
- *Lumières Blanches*, La Villa Noailles, 07/04
- *EXPO 21*, Ed. Simon Moretti, 2004
- *Iluminar, design et lumière, 1920 - 2004*, Ed. Museu de arte brasileira, 2004
- *Form Specific*, Moderna Galerija Ljubljana / Museum of Modern Art, 06/03 (T: P. Beausse)
- *Strategies against architecture*, Fondation Teseco, 2003 (T: L. Cerizza)
- *Private/Corporate II*, DaimlerChrysler Collection, 2003 (T: R. Scheutle)
- *Skulptur Biennale Münsterland*, Kunstverein Ahlen, 2003 (T: M-O. Wahler)
- *Le prix Marcel Duchamp 2003*, Ed. ADIAF, 2003 (T: J. Fol)
- *Ma petite entreprise*, Ed. Centre d'Art Contemporain de Meymac, 2003
- *Manifesta 4*, Ed. Hatje Cantz, 07/02 (T: S. Moisdon Trembley)
- *Fuzzy*, Ed. Galleria Massimo Minini, 2002
- *Less Ordinary*, Ed. Artsonje Center, Seoul, 2002
- *Ambiance Magasin*, Ed. Centre d'Art Contemporain de Meymac, 07/01
- *Ein gut platzierter Helm ist wie ein beruhigender Blick*, Ed. Kunsthalle Nürnberg, 06-08/01 (T: E. Seifermann)
- *Bricolage?*, Ed. FRAC-Ecole des Beaux-Arts de Dijon, 12/00
- *Voyager à la verticale*, Ed. Actes Sud-APSV, 12/00 (T: J. Lavrador)
- *Vivre sa vie*, Ed. Tanya Leighton/Galico Ed. Glasgow, 11/00 (T: C. Rattemeyer)
- *Une nouvelle génération prodigue*, Ed. Espace Paul Ricard, 10/00
- *FIAC 2000 - Expositions personnelles*, Ed. Reed-OIP, 10/00
- *Come in and find out. Vol.4*, Podewil, Center for Contemporary arts, Berlin, Ed. Klara Wallner and Berliner Kulturveranstatungs GmBH, 09/00
- *Actif/Réactif*, Ed. Le Lieu Unique, Nantes, 06/00
- *Fuori Uso 2000/The Bridges*, Ed. Giancarlo Politi, 06/00
- *Transfert. Kunst im urbanen Raum*, Ed. Marc-Olivier Wahler, Biel, 2000
- *"Etat des lieux #1"*, Centre d'Art Contemporain, Fri-Art, Fribourg, 2000 (T: N. Bourriaud)
- *"Berlin/Berlin - Berlin Biennal für Zeitgenössische Kunst"*, Ed. Hatje Cantz, 1999 (T: Bettina Funke)
- *"Trans/Plant - Living vegetation in Contemporary art"*, Ed. Hatje Cantz, 1999 (T: Barbara Nemtiz)
- *"Mehdi Chouakri Berlin Yearbook"*, Ed. Galerie Mehdi Chouakri, 1999
- *Mehdi Chouakri Berlin Yearbook 1997/1998*, Ed. Galerie Mehdi Chouakri, 1998
- *Legend of the seas, post-diplôme 1996/1997*, Ed. Ecole régionale des Beaux-Arts de Nantes, 1997

ARTICLES / REVIEWS

- Frédéric Chapon, "Mathieu Mercier, Forde, Genève", in *Frog #3*, printemps/été 2006, pp.85, 86, 87
- Christophe Cesbron, "Une autre sculpture", in *Pil'*, 19/04/06
- Jean-Max Colard, "Mathieu Mercier", in *Les Inrockuptibles*, 18-24/04/06
- Michaela Nolte, "Im leeren Käfig", in *Der Tagesspiegel*, 15/04/06
- Marc Rappolt, "Collections and Connections Mathieu Mercier: A modern art for a modern life", in *Modern painters*, 03/05, pp.46–47
- Alessandro Rabottini, "Interview with Mathieu Mercier, Elmgreen & Dragset, Jeppe Hein", in *Perchè ? Because art always produces collateral effects*, 2006
- Françoise-Claire Prodhon, "M comme multiple", in *AD*, n°49, 05/05
- Yann Chateigné, "Mathieu Mercier : loopings", in *Les Cahiers du Musée National d'Art Moderne*, n°91, 04/05
- Michela Arfiero, "Mathieu Mercier", in *Flash Art Italia*, n° 247, 08-09/04
- Elisabetta Pozzetti, in *Juliet*, n°118, 06/04
- Paola Noè, "Mathieu Mercier", in *Flash Art Italia*, n°246, 06-07/04
- Viviana Siviero, "Mathieu Mercier", in *Espoarte*, n°29, 05-06/04
- Florence Derieux, "Mathieu Mercier", in *Flash Art International*, n°239, 10/04, p.124
- Mark Rappolt, "Mathieu Mercier", in *Contemporary*, n°64, 07/04, pp.74-77
- "Le prix Marcel Duchamp", in *Artchronika*, n°2, 2004, pp.50-52, 56.
- Michel Cegarra, "Portrait de l'artiste sur le chantier", in *Particules*, n°4, 04-05/04
- Pierre Denan, "Att inordna allt, om Mathieu Merciers Arbete", in *Paletten*, n°255, 03/04
- Benjamin Thorel, « Le système D des objets », in *Sofa*, n°25, 02/04, pp.78-83
- A. C-C., "Mathieu Mercier", in *L'Express mag*, n°2740, 08/01/04
- Emmanuelle Lequeux, "Prix Marcel Duchamp", in *Aden*, n°273, 07/01/04
- Judicaël Lavrador, "Bijou de famille", in *Zéro deux*, n°28, hiver 03-04
- J.C., "Mercier reçoit le prix Marcel Duchamp", in *Le Figaro*, 19/12/03
- Claire Moulène, "Remise en perspective", in *Les Inrockuptibles*, n°419, 10/12/03, p.78
- Nicolas Thély, "Mathieu Mercier : Piédestal, Mode d'Emploi", in *Aden*, 10/12/03
- Anaïd Demir, "Parole d'artiste: Mathieu Mercier", in *Le Journal des Arts*, n°182, 05/12/03
- Reena Jana, "Cultural remix", in *Tema celeste*, n°100, 11-12/03, pp.76-81
- Lucie Mei Dalby, "Mathieu Mercier : artiste designer", in *French*, revue de mode, n°2, printemps-été 03
- AA.VV., "Mathieu Mercier", in *Flash Art International*, 05-06/03
- Michel Nuridsany, "Mathieu Mercier, prix Marcel Duchamp", in *Le Figaro*, 25/03/03
- "When Mercier met Gagnère", in *TIME* special report, 03/03/03, pp.68-69.
- Olivier Michelon "Klussen zonder model", in *Metropolis M*, n°1, 02-03/03
- Jean-Max Colard, "Entretien croisé : Mathieu Mercier / Jean-Luc Moulène", in *Zéro deux*, n°24, 01-02-03/03, pp.12-14
- Michael Wilson, "Mathieu Mercier", in *Artforum*, 01/03, p.141
- Pierre Denan, "Tout Ranger", in *MAP*, n°9, hiver 03
- Lauri Firstenberg, "Mathieu Mercier-Spencer Brownstone Gallery", in *Tema Celeste*, n°94, 11-12/02, p.83
- Lily Faust, "Mathieu Mercier", in The New York Art World, 11/02
- Paul Ardenne, "Mathieu Mercier, bricoleur métaphysique", in *Art Press*, n°280, 06/02
- Pascal Beausse, "Mathieu Mercier", in *Flash Art International*, n°221, 11-12/01
- Nicolas Thély, "Système D", in *Les Inrockuptibles*, n°305, 18-24/09/01
- Catherine Francblin, "Mathieu Mercier, l'appel du désordre", in *Beaux Arts Magazine*, n°208, 09/01
- Judicaël Lavrador, "0-1: Comptes et merveilles de Mathieu Mercier", in *Parpaings*, n°22, 04/01
- Jean-Max Colard, "Mathieu Mercier", in *Beaux Arts Magazine*, n°197, 10/00
- Emmanuelle Lequeux, "Mathieu Mercier", in *Aden*, 09/09/00
- Marielle Mathieu, "Design et esthétique. Peut-on penser un rapport avec l'art ?", in *Décodage*, n°1, 01/00
- Christian Rattenmeyer, "Basel and Berlin", in *Art Papers*, 11-12/99
- Harald Fricke, "Der Traum des Hobbybastlers", in *Tageszeitung*, 27/07/99
- Tobias Vogt, "Wie wäre es denn mit Ikea ?", in *Berliner Zeitung*, 21/07/99
- Pascale Cassagnau, "Mathieu Mercier", in *Artforum*, 06/99
- François Mitaine, "Mathieu Mercier : entretien avec Philippe Valentin", in *CQFG*, n°6, 05/99
- Yves Brochard, "Castoramart", in *Sans Titre*, n°46, 05/99
- Sylvain Calage, "Attention aux chevilles", in *Zéro deux*, n°9, 05/99
- David Perreau, "Mathieu Mercier", in *Parpaings*, n°2, 04/99
- Gilles Drouault, "Mathieu Mercier", in *Journal des Expositions*, n°64, 04/99
- Mathieu Mercier, "Patron pour hygiaphone", in *Zéro deux*, n°1, 03/97
- Fabienne Fulchieri, "Boris Achour et Mathieu Mercier", in *Technikart*, 03/97
- Kaoru Jindaiji, "Mathieu Mercier", in *BT*, n°735, 01/97
- Anaïd Demir, "Mathieu Mercier", in *Technikart*, n°5, 07/96
- Robert Medermach, "Die Dialektik von gesellschaftlicher Befindlichkeit und Scheinreich des "Privaten"", in *Zeitung vum Lëtzebuerger Vollek*, 06/96

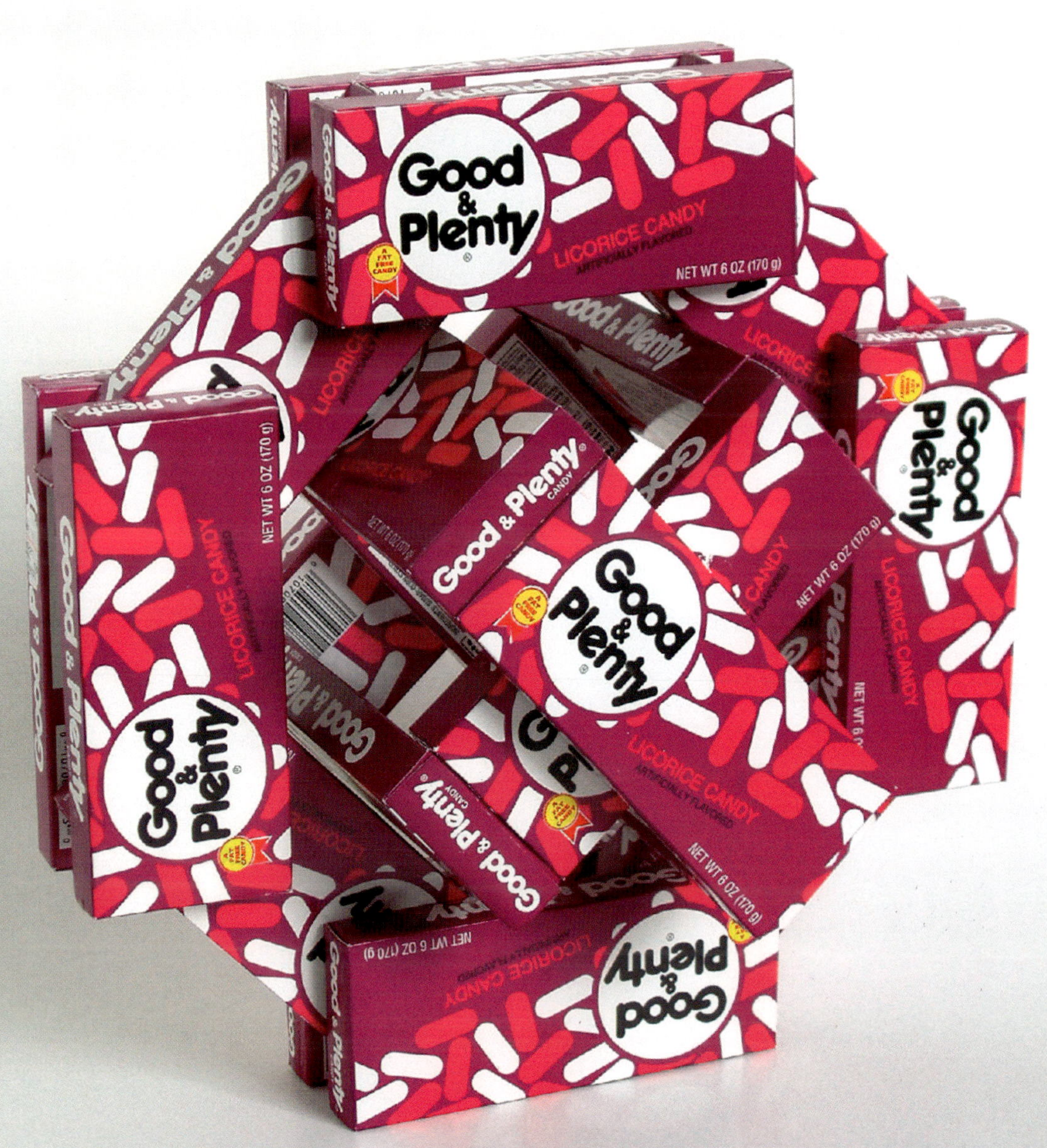

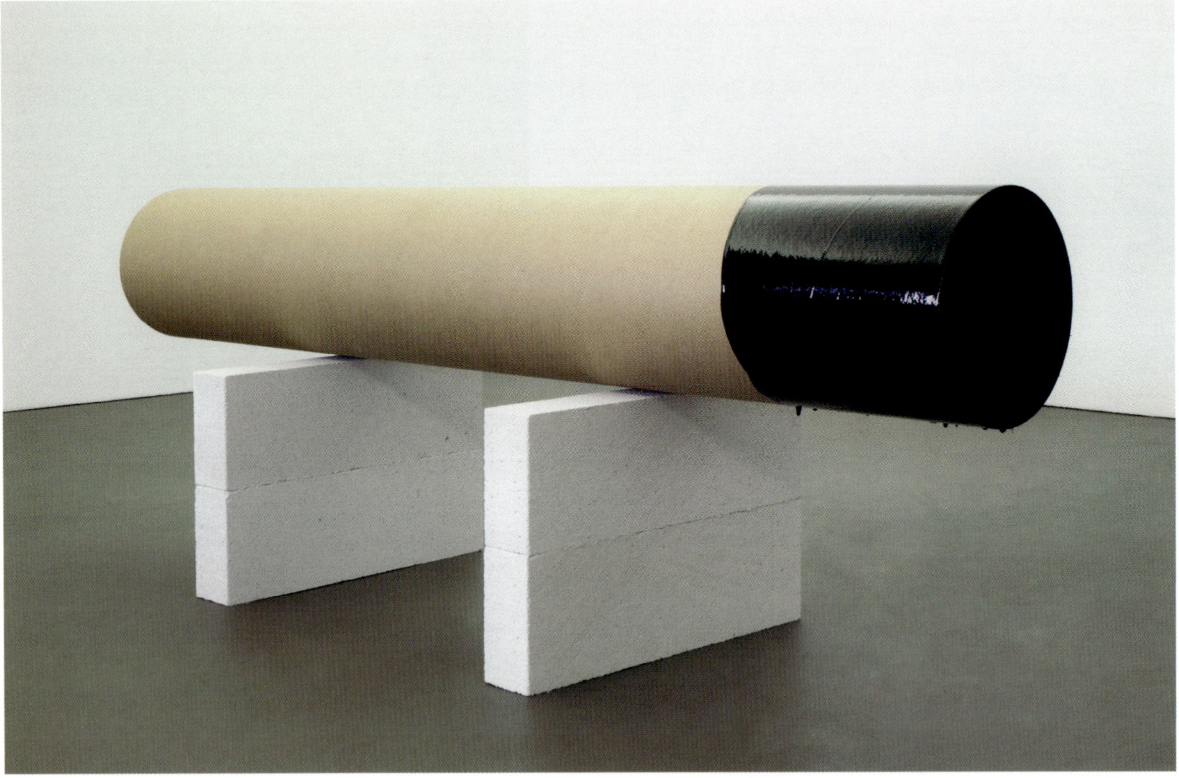

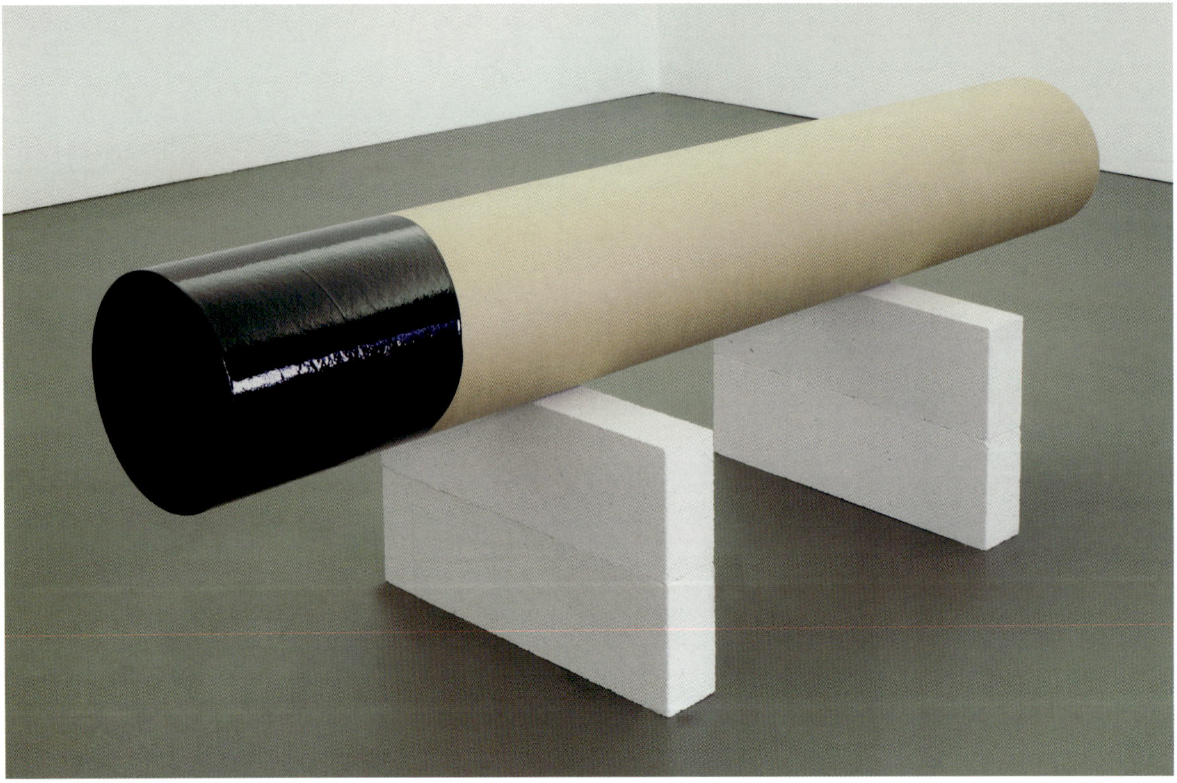

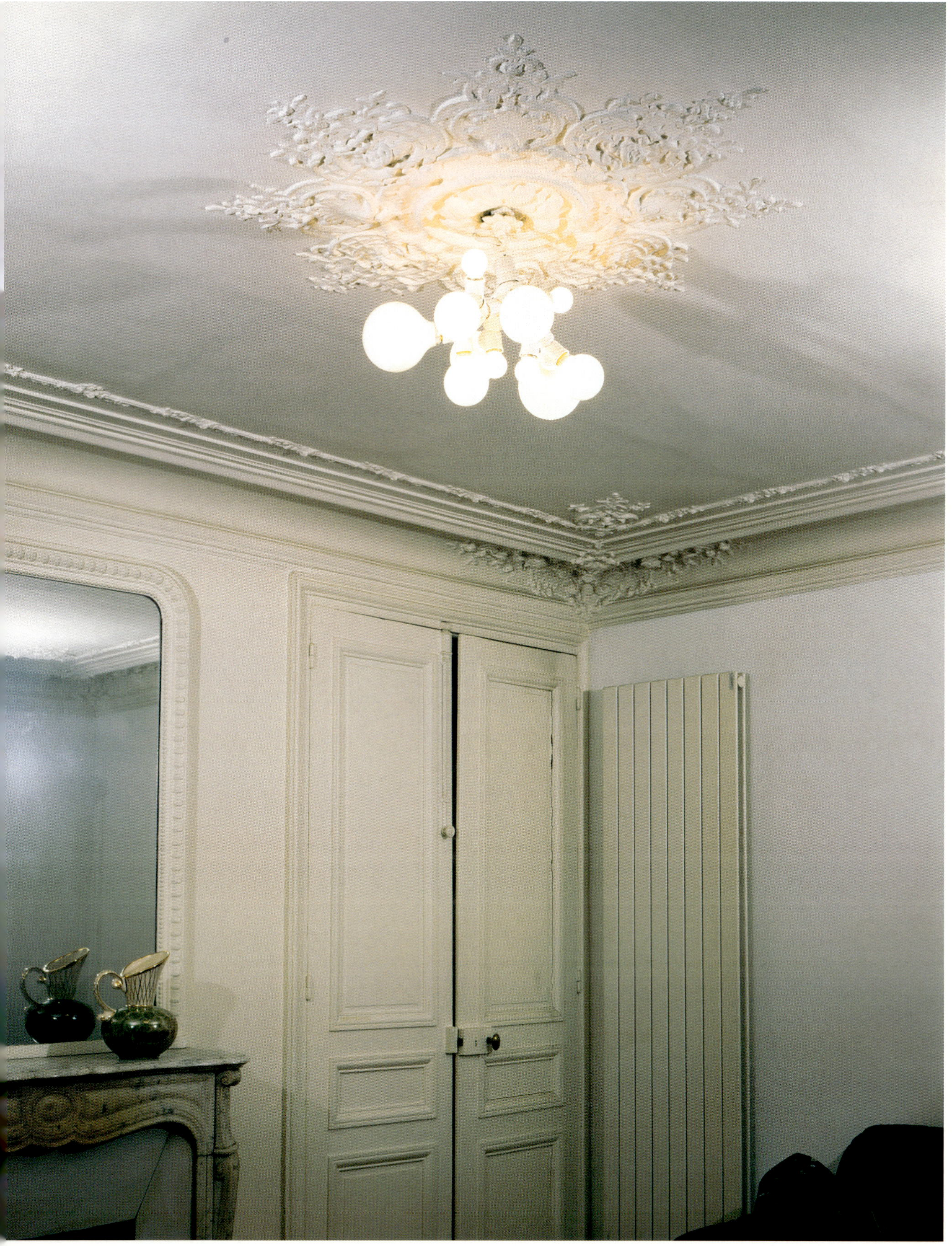

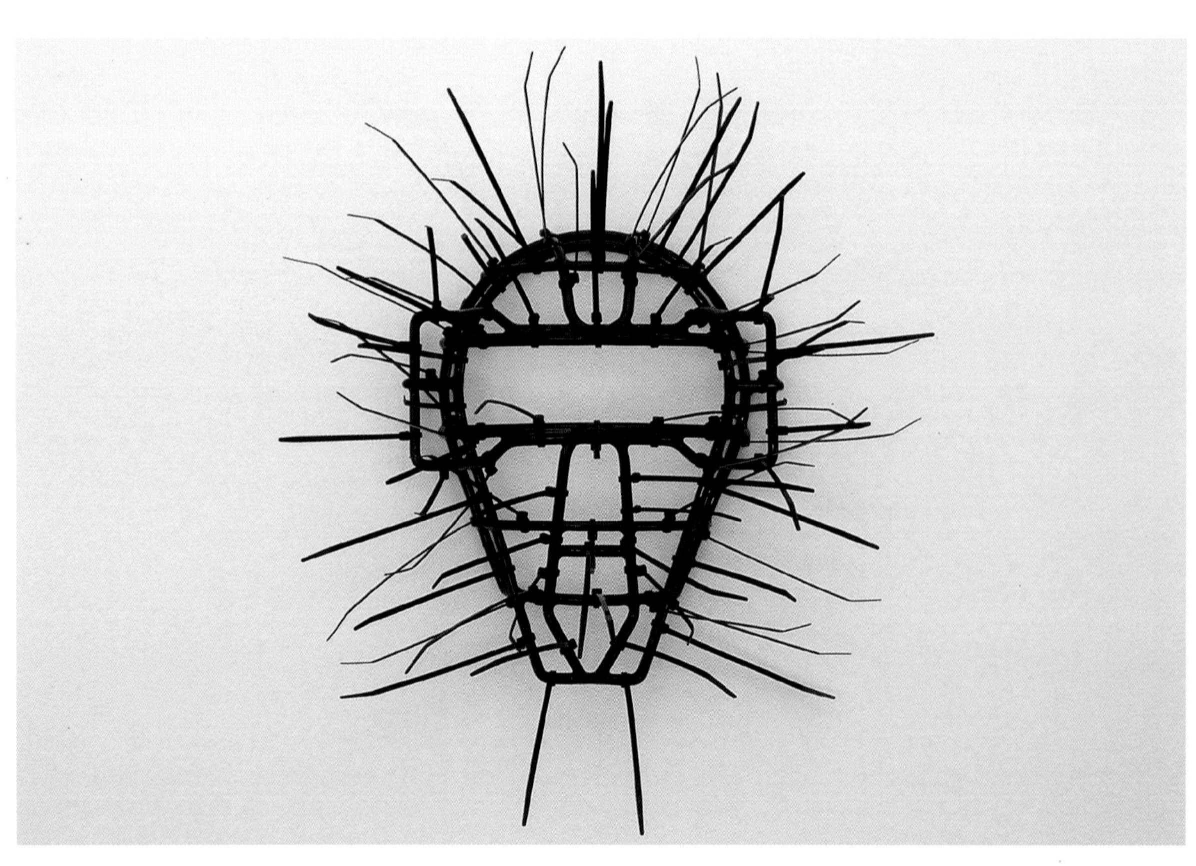

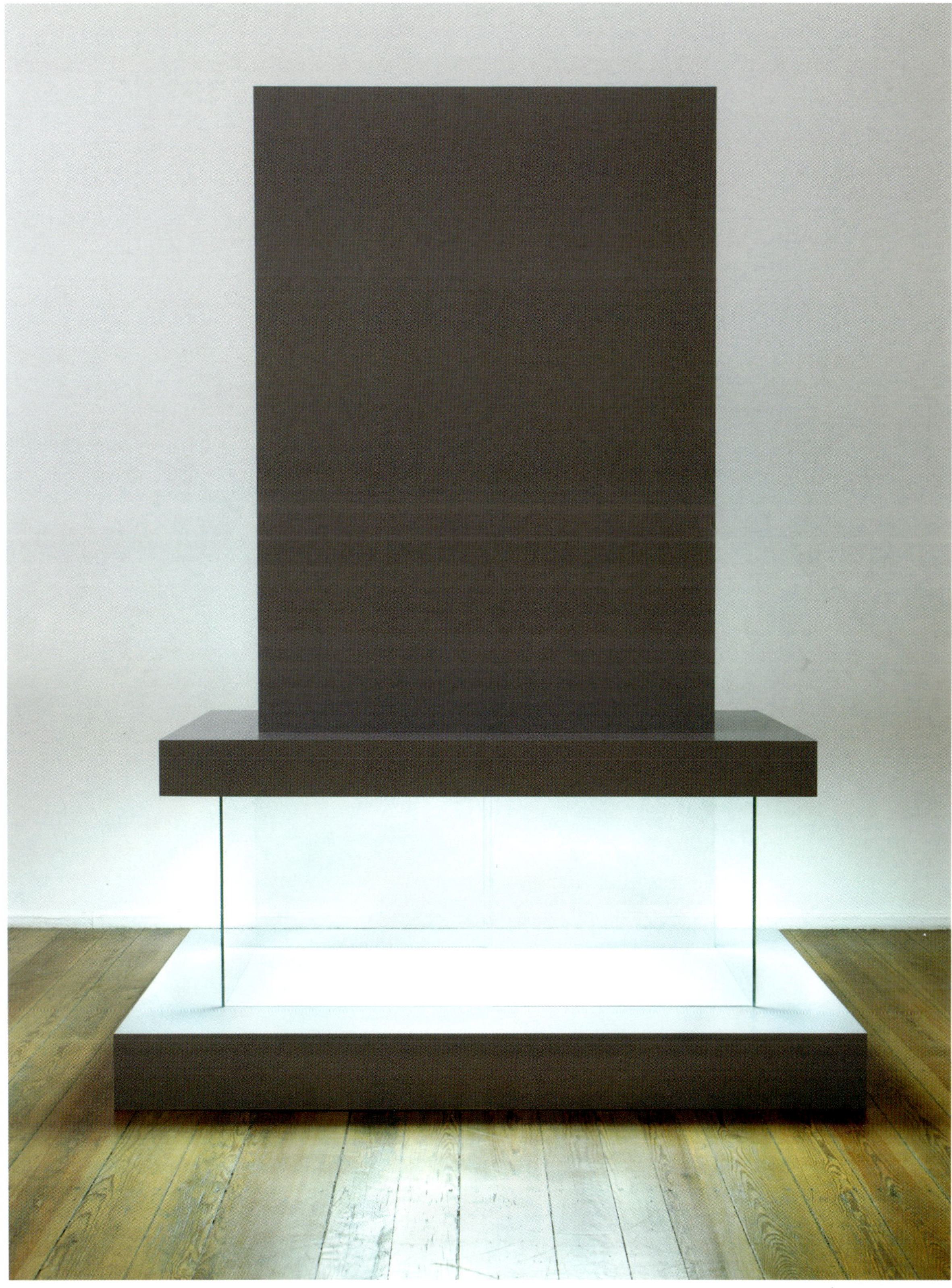

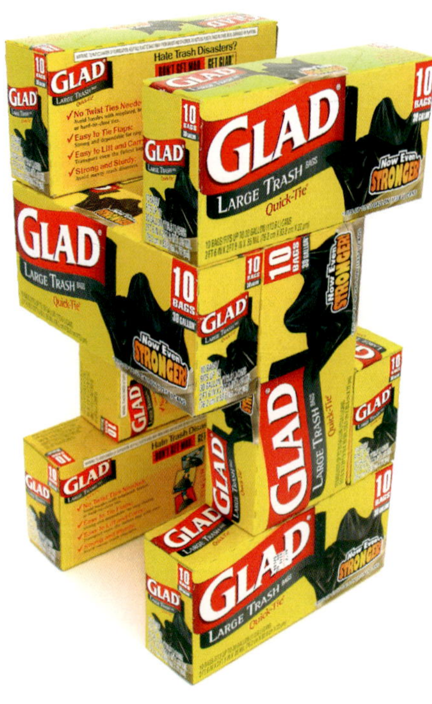
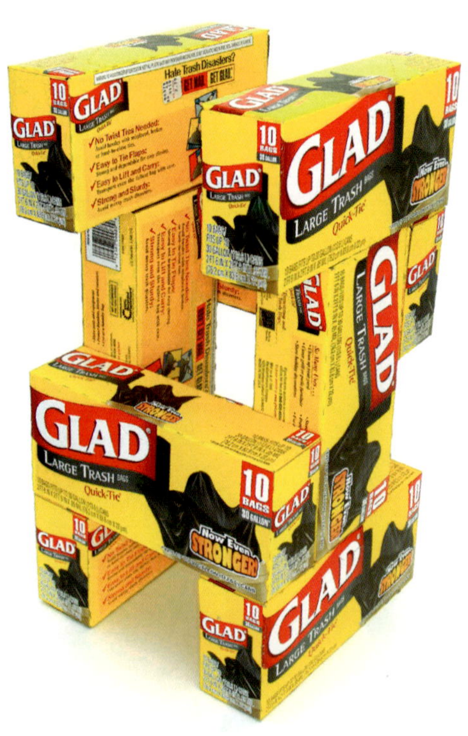

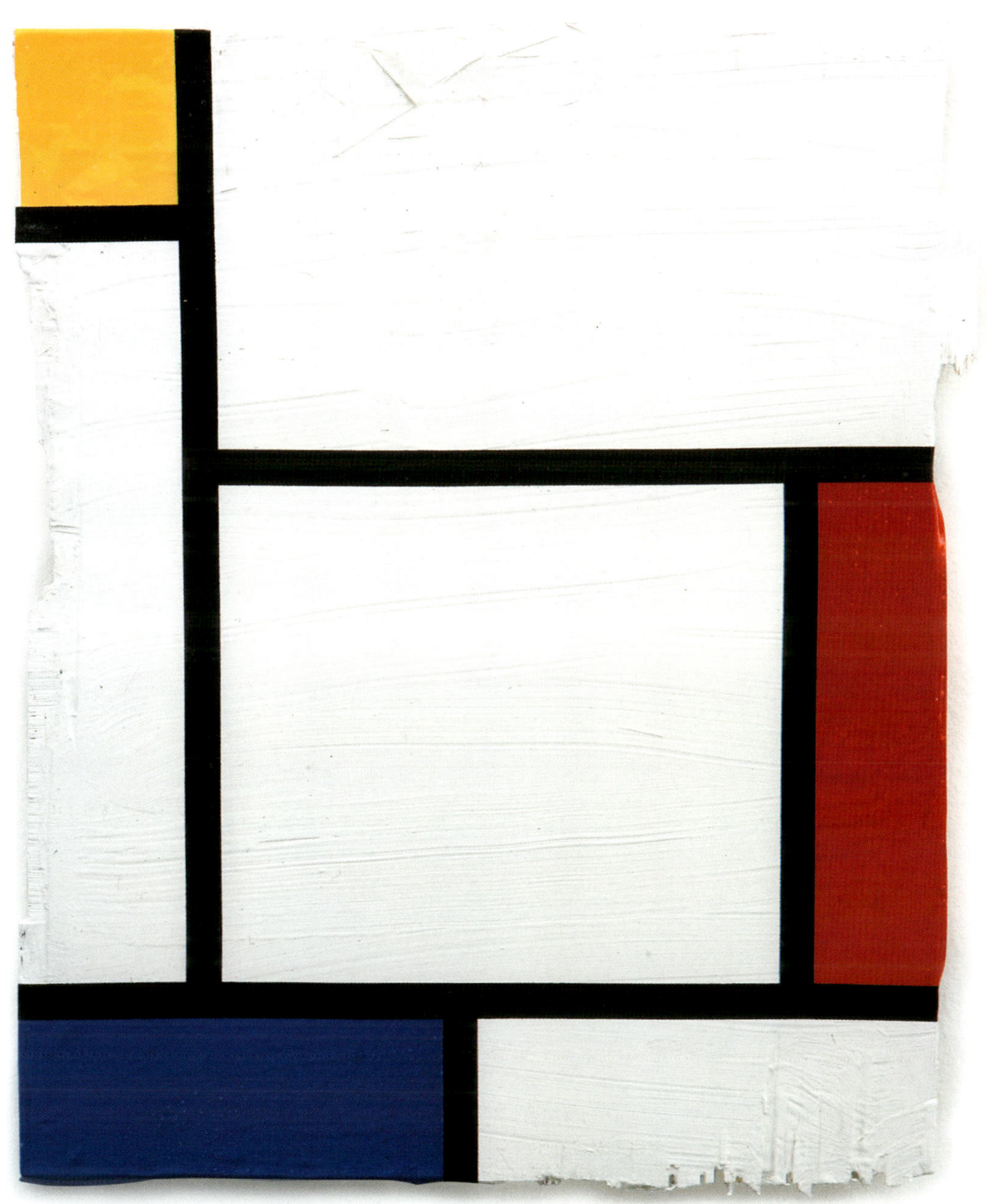

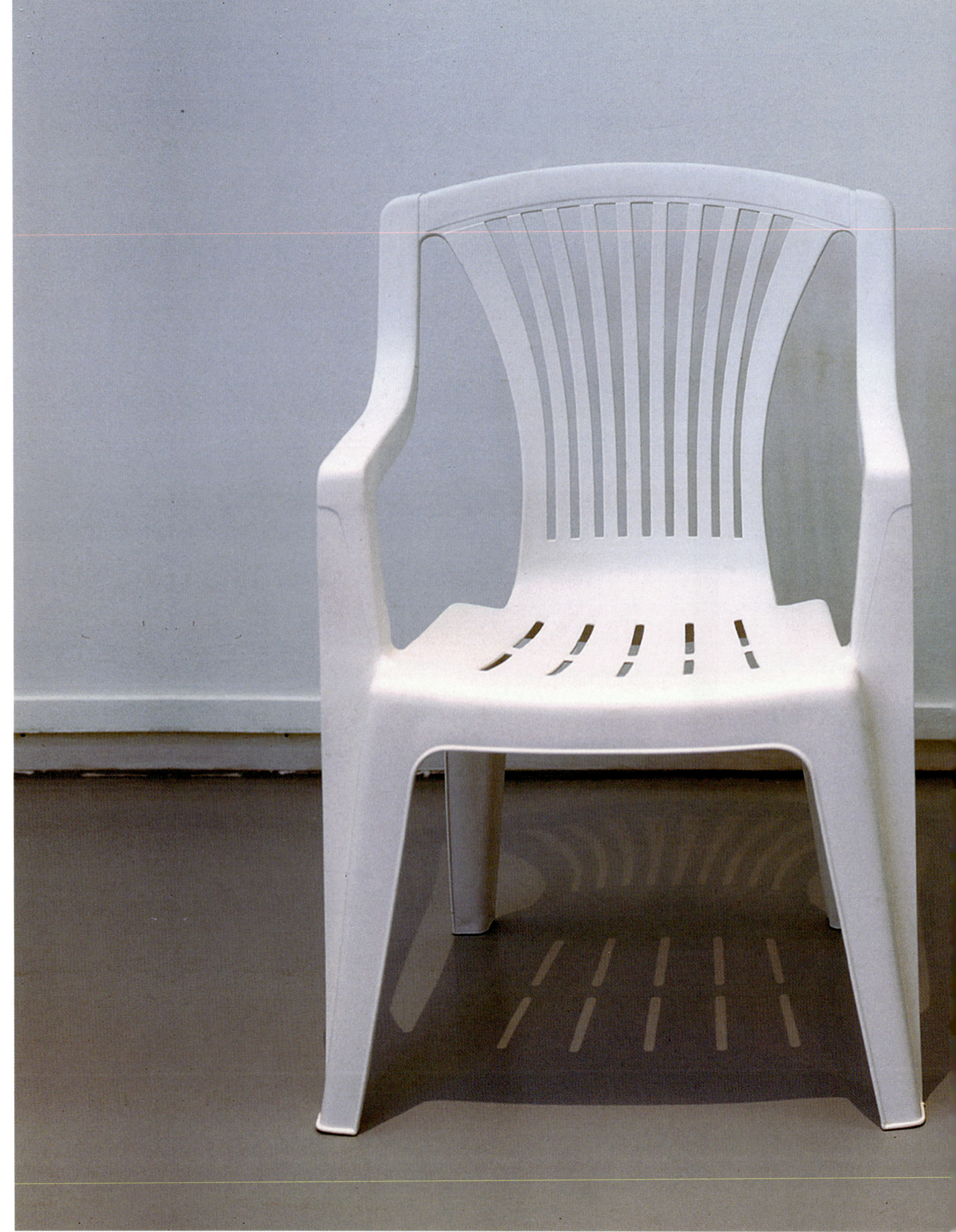

INTERVIEW
Jac Fol / Mathieu Mercier

Jac Fol
QUELLE PART ACCORDES-TU AU <u>RÉEL</u> DANS TON TRAVAIL ?

Précisions :
En fait, il s'agit de mieux appréhender comment tu l'introduis et/ou le convoques dans des réceptions possibles. Si l'on suppose qu'une des vertus de l'art soit d'intensifier le réel (par exemple, en en modifiant la perception), reste la question du comment ça se fait :
En s'en saisissant comme matériau ?
En y proposant des dimensions nouvelles ?
En en faisant connaître un aspect ignoré ?
En voulant absolument le transformer...
Pour m'avancer, suis de plus en plus attiré par les pratiques (artistiques) qui obligent une forme générale de poétisation —dada for ever—et n'excluent pas une connaissance.

Mathieu Mercier
Dans ma relation au réel, il reste toujours quelque chose d'elliptique. Il s'agit plus d'un enchaînement d'intensités différentes, où le réel passe d'un référent solide à un régime allusif, puis, à nouveau, à une netteté des signes. Par exemple {fig.1}, je me saisis d'une matérialité triviale pour la rapporter à une invention artistique, d'où une variation significative dans la relation voulue, ou reçue, au réel ; il y a de toute façon toujours du *réel*, mais j'essaie, certainement comme tout artiste, de lui procurer une « variante », ne serait-ce qu'en assemblant certains de ses éléments dans un « geste » pertinent. Un geste qui exclut : la maladresse, la niaiserie, la provocation facile, la thématique informative… le spectaculaire ou l'attendrissement.

Je cherche une forme particulière de précision : qu'une tension entre les éléments, et les pièces qui s'ensuivent, persiste, une tension qui probablement interroge la réalité de ces autres présences.

La question matérielle {fig.2} des objets disponibles (le miraculeux supermarché) m'importe beaucoup, c'est une source de conception. Le réel m'apparaît comme une matériauthèque. Les idées sont volatiles et, en fait plutôt partagées, une pièce réussie reste une idée réalisée, qui comprend du réel dans sa préparation, dans sa fabrication et certainement dans sa réception.

Les agencements nécessitent toujours des gestes d'une grande importance, qui peuvent être artisanaux, parfois industriels ou culturels, et même bureaucratiques. Le réel convoqué est probablement dans la tension que j'évoquais, pas seulement dans chacune des pièces {fig.3} mais entre elles, dans cette relation étrange où le regard scrute, hésite, voire se perd.

En fait, je vis comme tout le monde dans une économie des signes qui m'intéresse passionnément et avec laquelle je « compose ». D'ailleurs il me semble impossible de faire un ready-made sans convoquer cette économie, la rejouer de l'ordinaire à l'exceptionnel et vice-versa. La majorité des objets de la grande distribution sont effrayants, ils sont un peu vulgaires, au

Hôtel Intercontinental, Paris, March 2006, concluded in the Jardin des Tuileries, April 2006

Jac Fol
IN YOUR WORK, WHAT IMPORTANCE DO YOU ATTACH TO <u>REALITY</u>?

Clarifications:
Actually, it's a question of better understanding how you introduce and/or summon reality in possible receptions of the artwork. If we agree that one of the virtues of art is to heighten reality (for example, by modifying our perception of it), the question of how that is done remains:
By taking reality as a material to be used in making art?
By offering new dimensions?
By making known an overlooked aspect of it?
By wanting above all to transform it...
In order to move forward, I'm increasingly drawn to (art) practices that require a general form of poetisation—dada forever—yet which do not exclude a certain knowledge.

Mathieu Mercier
There is still something elliptical in my relationship with reality. It's more a sequence of different intensities, where reality shifts from a solid referent to an allusive system, then to a clarity of signs once again. For example, {fig.1} I take some trivial materiality and bring it to a piece of artistic invention. Hence a significant variation in the intended or received relationship to reality; there is still some *reality* in any case, but like any artist I certainly try to provide it with a "variant," if only by assembling some of its elements in a pertinent "gesture." A gesture excludes awkwardness, silliness, facile provocation, the informative theme… the spectacular or the emotional.

I seek a particular form of precision, such that a tension between the elements and the pieces that follow from them persists, a tension that probably questions the reality of those other presences.

The material question {fig.2} of the available objects (the miraculous supermarket) is very important to me. It's a source of the design. To me reality seems like a "materiarchive." Ideas are ephemeral and rather shared actually. A successful piece remains a realized idea that includes reality in its preparation, production and certainly reception.

The arrangements always require gestures of great importance that may be craftsmanlike, at times industrial or cultural, and even bureaucratic. The reality summoned is probably in the tension I mentioned, not only within each of the pieces {fig.3} but between them, in that strange relationship where the eye scans, hesitates, even gets lost.

Usually, I live like everyone else in an economy of signs that I'm wildly interested in and with which I "compose." I find it impossible, moreover, to make a ready-made without summoning that economy, replaying it from the ordinary to the exceptional and back. Most of the objects of the great distribution are alarming; they're a bit vulgar, at best common, and

moins communs, et dissimulent leur signification mercantile. À partir de l'existant, je cherche des liens possibles que je note, et que je n'utilise qu'en partie tandis que d'autres les exploitent par ailleurs avec succès.

J'apprécie tout particulièrement l'interaction des réels, les manières imprévues de « les » voir coopérer, s'accepter ou se rejeter ; il y a une résistance du réel. Le réel du spectateur-visiteur va remplir les vides entre les pièces. Chaque pièce assimile une trilogie « matérialité — référent — moi-même » qui incorpore encore une autre dimension de réel. Les entendements bougent constamment entre ces trois pôles.

Je suis souvent surpris des perceptions et d'un décalage persistant entre ce que je crois être là et ce qui en ressort dans les diverses interprétations. Je sais bien que les liens réels prévoient des échecs, tout au moins une divergence dans laquelle se place naturellement la personne. On remarque un déficit de paroles et de signes identifiables, des choses de plus en plus mobiles, et une multiplication des possibilités diagonales entre les signes…

Jac Fol
QUELLES SONT POUR TOI LES <u>CONDITIONS IDÉALES DE PRODUCTION ARTISTIQUE</u> ?

Précisions :
Je sais que c'est une vieille rengaine qui ne manque cependant pas d'actualité dans la mesure où la commande (ou le potentiel d'achat) semble de plus en plus déterminant des œuvres réalisées. Ce qui ne laisse pas d'enlever une grande part d'autonomie à la réalisation artistique devenant (devenue) dépendante de consignes parfois très éloignées de considérations artistiques. Dans cette interrogation, il n'est pas question que d'argent, mais encore des moyens techniques (technologiques) ou théoriques, à un moment où l'effectivité (?) semble beaucoup accaparer la « critique », sans qu'elle fasse toujours bien entendre ce qu'elle suppose...

Mathieu Mercier
Par exemple, il y a des « données » dont il est trop peu question, notamment la surprise de ce qui est perceptible à l'entrée d'une l'exposition {fig.4}, qui offre un point de vue remarquable.

Je garde la possibilité de modifier un projet annoncé qui m'évite l'encombrement des programmes et une partie des interférences entre les intermédiaires de l'art, qui, entre eux, ont une sérieuse tendance à se démultiplier… Cette méthode, qui reprend un vieux principe d'autonomie, pose évidemment des problèmes et angoisse particulièrement les producteurs, ne sachant pas « avant » et forcément quoi en penser, et pas toujours contents de céder une partie de leur pouvoir d'action.

La dangerosité ne vient pas du commanditaire mais des intermédiaires de plus en plus nombreux avec des exigences concurrentes, dont certaines pour s'éviter de faire. Ces acteurs-intermédiaires semblent toujours prêts à considérer une demande d'artiste comme un caprice, ils se mêlent couramment de ce

conceal their mercantile meaning. Starting with what exists, I look for possible links, which I take note of and which I use only in part whilst others make use of them—successfully, moreover. I particularly like the interaction of various realities, the unexpected ways of seeing "them" cooperate, accepting or rejecting the others; there is resistance to reality. The reality of the visitor-viewer will fill the empty spaces between the pieces. Each piece assimilates a trilogy, "materiality," referent and myself," which incorporates still another dimension of reality. The understandings shift constantly between these three points.

I'm often surprised at the perceptions and a persistent disconnection between what I believe to be there and what comes out in the various interpretations. I well know that the real links foresee failures, or at least a divergence in which the person is naturally placed. You notice a shortage of words and identifiable signs, things that are ever more shifting, and an increase in the diagonal possibilities between signs…

Jac Fol
FOR YOU, WHAT ARE THE <u>IDEAL CONDITIONS FOR ARTISTIC PRODUCTION?</u>

Clarifications:
I know it's the same old refrain, which is nevertheless relevant nowadays in that the commission (or potential for sale) seems increasingly to be the deciding factor in realised works. Which can't fail to remove a large part of independence from artistic creation becoming (or having already become) dependent on instructions that are occasionally quite distant from artistic considerations. In this question, it's not only a matter of money, but also theoretical or technical (technological) means at a time when effectiveness (?) seems to claim much of the attention of "criticism," even though it doesn't always make clear what it assumes.

Mathieu Mercier
There are, for example, "data" that are not given enough attention, notably the surprise of what is seen at the entrance to an exhibition, {fig.4} which offers a remarkable point of view.

I retain the possibility of modifying an announced project, which spares me the overload of programmes and a part of the interference between the intermediaries of art, who have a serious tendency to grow in number amongst themselves… This method, which returns to the old principle of independence, clearly raises problems and alarms producers especially, who don't know "beforehand" and of course don't know what to think, and who are not always happy to relinquish a part of their power to act.

The danger doesn't come from those who commission a work of art, but from the increasingly numerous intermediaries with competing demands, some of which for doing as little as possible. These intermediary players always seem ready to view an artist's request as a caprice; they commonly get involved in what ought to concern them afterwards, probably because they aren't part of the same mindset.

qui ne devrait les concerner qu'après-coup, probablement parce qu'ils ne sont pas dans la même logique.

Pour finir sur ces conditions, et ce qui me reste fondamental, je creuse la croisée des représentations, par elles-mêmes et par les projections qu'on y fait, dont les formes de matériali-sations des trajectoires de vision pourraient d'ailleurs passer pour mon seul sujet {fig.5}.

To conclude with these conditions, and what continues to be fundamental for me, I delve into the crossroads of represen-tations, for themselves and for the projections that people make there, whose forms of materialisations of the trajectories of views might be taken as the only subject of my work, more-over. {fig.5}

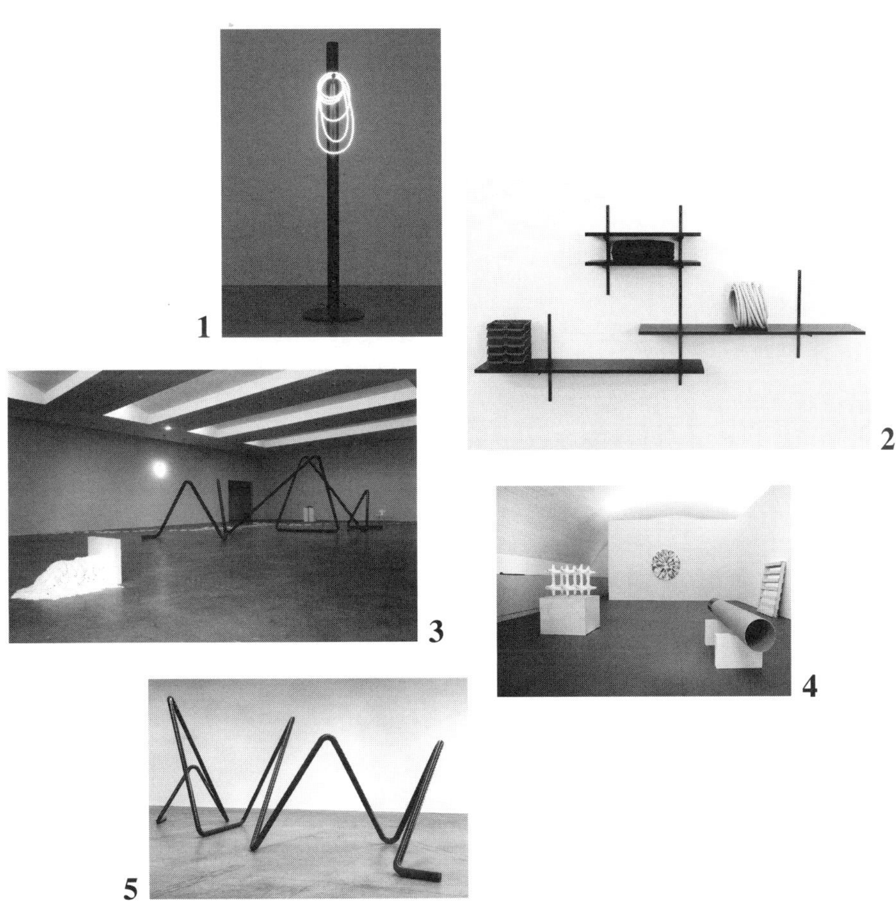

1 - *Sans titre / Untitled*, 2004 - Néons, métal / Neon lights, metal - 250 x 60 x 60 cm. Collection particulière / Private collection, Les Bréviaires, France - P : Marc Domage
2 - *Drum & Bass 100% Polyester*, 2003 - Etagère, couverture bleue, tuyau jaune, boîtes rouges / Shelf, blue blanket, yellow rubber tubing, red boxes - 205 x 110 x 31,5 cm.
Courtesy galerie chez Valentin, Paris - P : Jens Ziehe, Berlin
3 - Vue de l'exposition / View of the exhibition, FRAC des Pays de la Loire, Carquefou, 2006 - P : Marc Domage
4 - Vue de l'exposition / View of the exhibition, Galerie Mehdi Chouakri, Berlin, 2004 - P : Hans-Georg Gaul, Berlin
5 - *Sans titre / Untitled*, 2006 - Métal peint / Painted metal - 3,40 x 10,88 x 4 m. Courtesy Galerie chez Valentin, Paris - P : Marc Domage

Ce catalogue est édité par / This catalogue is published by :

jrp|ringier

En partenariat avec / In partnership with :

FRAC des Pays de la Loire
La Fleuriaye
F- 44470 Carquefou
Directrice : Laurence Gateau

Le Frac des Pays de la Loire bénéficie du soutien
du Ministère de la culture et de la Communication,
Direction régionale des affaires culturelles des Pays de la Loire
et du Conseil régional des Pays de la Loire.

La Galerie Commune
29-31, rue Leverrier
F- 59200 Tourcoing
Directrice : Christelle Manfredi

Centre d'art contemporain de Castres
35, rue Chambre-de-l'Edit
F- 81100 Castres
Commissaire : Françoise Lallemand

Galerie chez Valentin
9 rue Saint-Gilles
F- 75003 Paris

Galerie Mehdi Chouakri
Edison Höfe
Invalidenstrasse 117
D- 10115 Berlin

Galleria Massimo Minini
Via Apollonio 68
I- 25128 Brescia

Le SPOT
32 rue Jules Lecesne
F- 76600 Le Havre
Directeur : David Perreau

La Verrière Hermès
50 boulevard de Watterloo
B-1000 Bruxelles
Directrice artistique : Alice Morgaine

Künstlerhaus Bethanien
Mariannenstrasse 2
D-10997 Berlin
Commissaire : Boris Kremer

Forde, Espace d'art contemporain
L'Usine
Place des Volontaires 4
CH- 1204 Genève
Directeur : Julien Fronsacq

Fondation Zauli
Via della Croce 6
I- 48018 Faenza RA
Directeur : Matteo Zauli

Edité avec le concours du Centre National des Arts Plastiques –
Ministère de la Culture et de la communication

Direction de la publication / Concept : Mathieu Mercier

Suivi éditorial / Editor : Aurélie Voltz

Auteurs / Writers : Jennifer Allen, Gilles Drouault, Jac Fol, Michel Gauthier
Traductions / Translations : John Lee, Aude Tincelin, John O' Toole

Graphic design & illustrations : Mathias Schweizer
Fontes / Fonts : Athieu-M © Mathias Schweizer 2006 + Times LT

Impression / Printing : SNEL, Liège, BE
Tirage / Edition : 3200

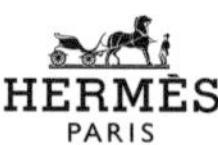
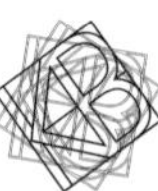
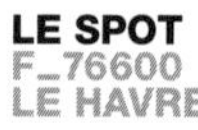
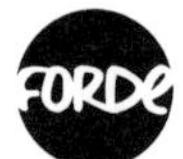
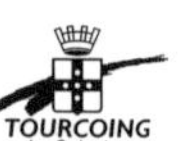
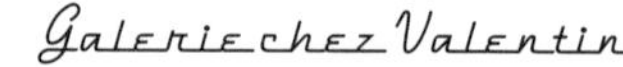

Mathieu Mercier tient à remercier très chaleureusement les directeurs
d'institutions et les commissaires de ses expositions qui, par leur
généreux concours, ont permis la parution de cet ouvrage / Mathieu
Mercier wishes to thank directors of institutions and curators of his
exhibitions :

Laurence Gateau, Christelle Manfredi, Françoise Lallemand,
David Perreau, Alice Morgaine, Boris Kremer, Julien Fronsacq,
Matteo Zauli.

Ainsi que ses galeries / As well as his galleries :

Galerie chez Valentin, Paris, Galerie Mehdi Chouakri, Berlin
Galleria Massimo Minini, Brescia

Remerciements / Thanks to :

Bénédicte Ramade, Yann Chateigné, Manou Farine

Distribué par / Distributed by :

JRP|Ringier
Letzigraben 134
CH-8047 Zurich
T +41 (0) 43 311 27 50
F +41 (0) 43 311 27 51
www.jrp-ringier.com
info@jrp-ringier.com

ISBN 10: 3-905701-71-5
ISBN 13: 978-3-905701-71-5

Les titres publiés par JRP|Ringier sont disponibles dans le réseau
international de librairies spécialisées et sont distribués par les
partenaires suivants / JRP|Ringier books are available internationally
at selected bookstores and the following distribution partners :

Suisse / Switzerland
Buch 2000, AVA Verlagsauslieferung AG, Centralweg 16, CH-8910
Affoltern a.A., buch2000@ava.ch, www.ava.ch

Allemagne et Autriche / Germany and Austria
Vice Versa Vertrieb, Immanuelkirchstrasse 12, D-10405 Berlin,
info@vice-versa-vertrieb.de, www.vice-versa-vertrieb.de

France
Les Presses du réel, 16 rue Quentin, F-21000 Dijon,
info@lespressesdureel.com, www.lespressesdureel.com

Angleterre / UK
Art Data, 12 Bell Industrial Estate, 50 Cunnington Street, UK-
London W4 5HB, info@artdata.co.uk, www.artdata.co.uk

États-Unis / USA
D.A.P./Distributed Art Publishers, 155 Sixth Avenue, 2nd Floor, USA-
New York, NY 10013, dap@dapinc.com, www.artbook.com

Autres pays / Other countries
IDEA Books, Nieuwe Herengracht 11, NL-1011 RK Amsterdam,
idea@ideabooks.nl, www.ideabooks.nl

Pour obtenir une liste de nos librairies-partenaires dans le monde
ou pour toute autre question, contactez JRP|Ringier directement
à info@jrp-ringier.com, ou visitez notre site Internet www.jrp-ringier.com
pour plus d'informations sur la compagnie et le programme éditorial.

For a list of our partner bookshops or for any general questions,
please contact JRP|Ringier directly at info@jrp-ringier.com, or visit
our homepage www.jrp-ringier.com for further information about our
program.

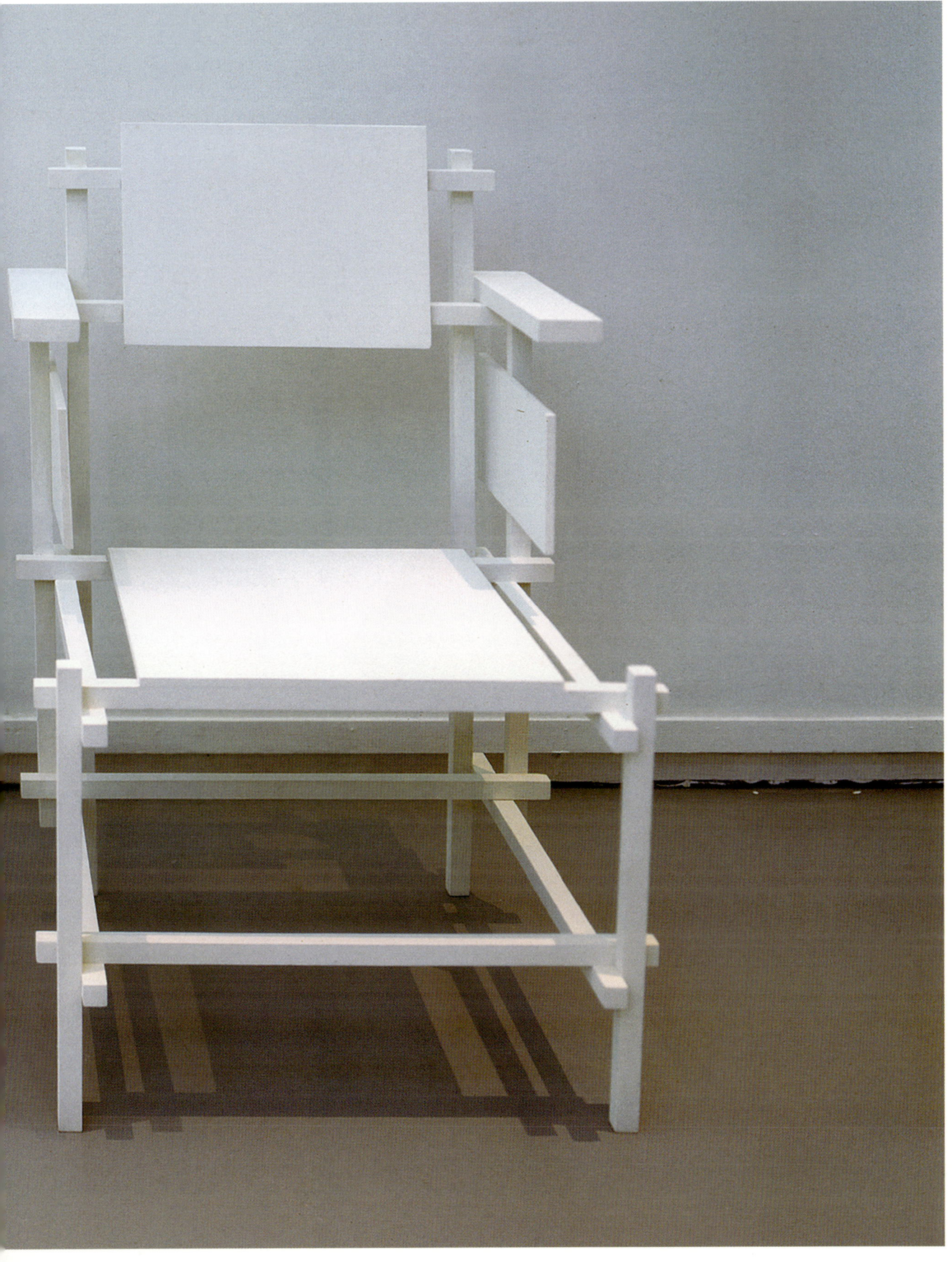

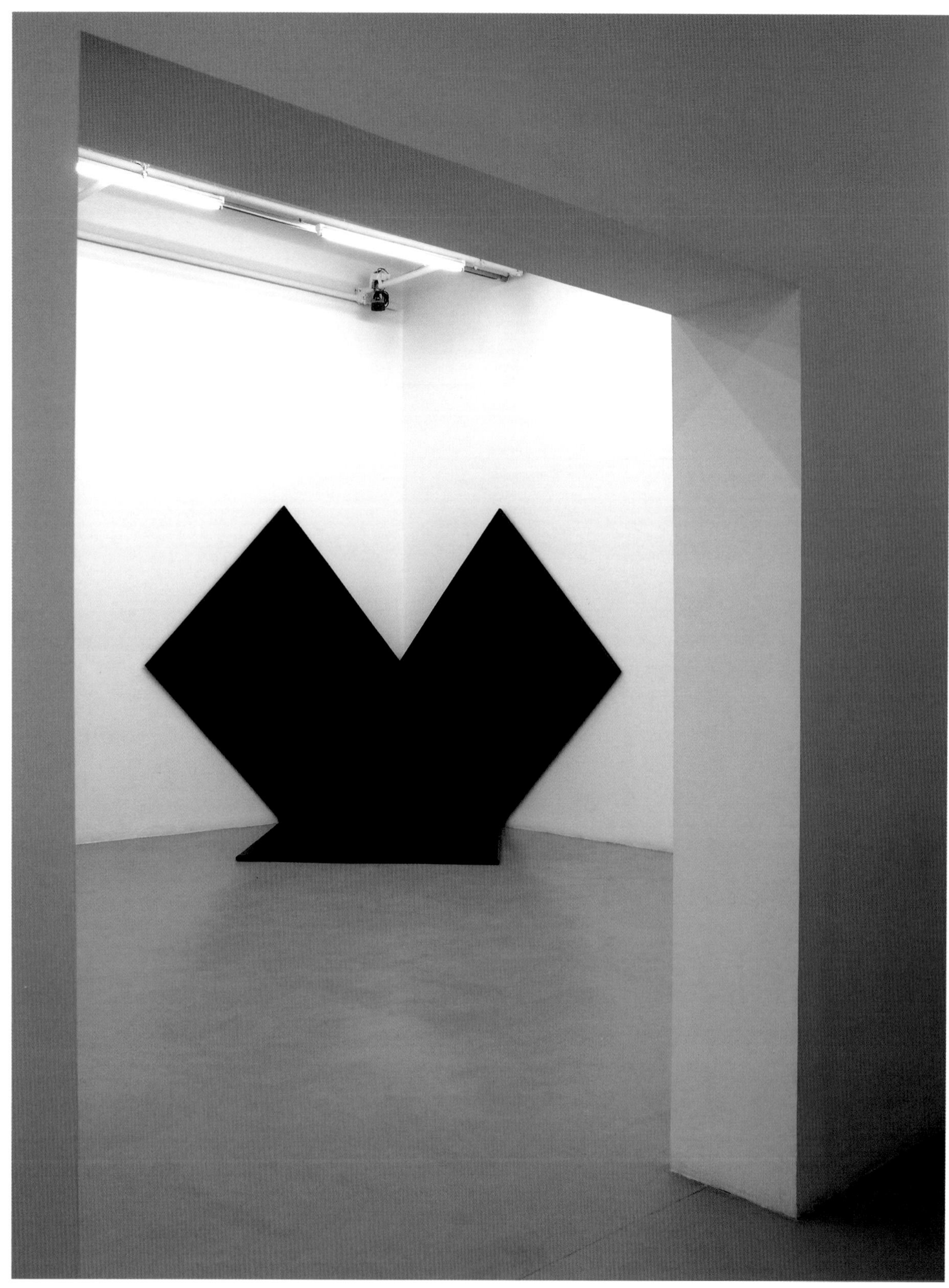

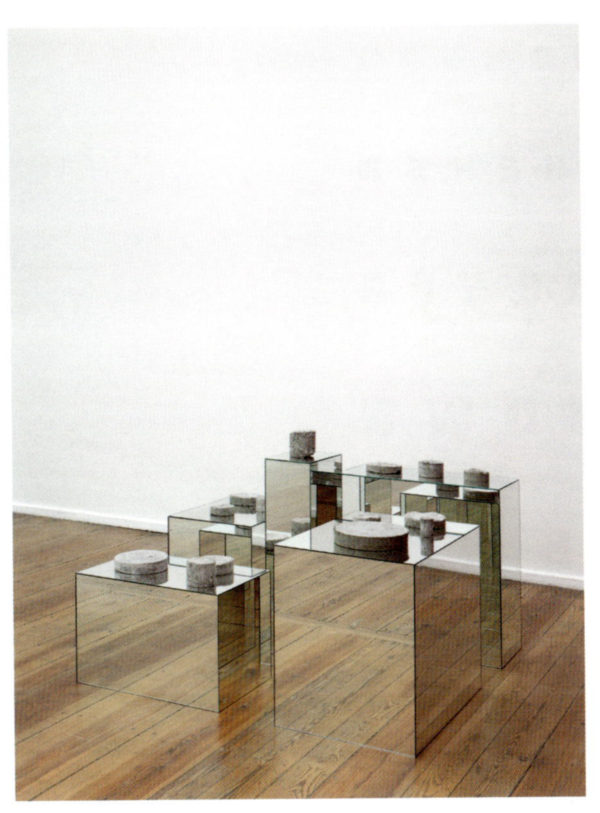

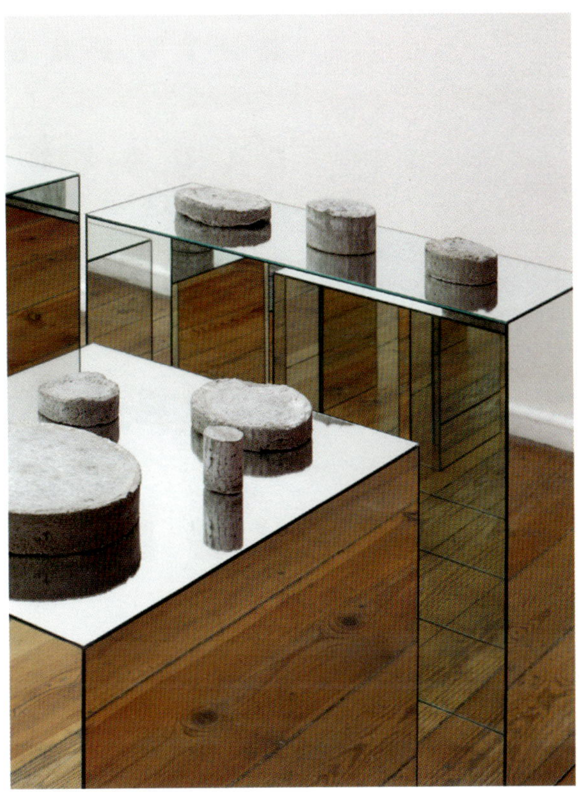

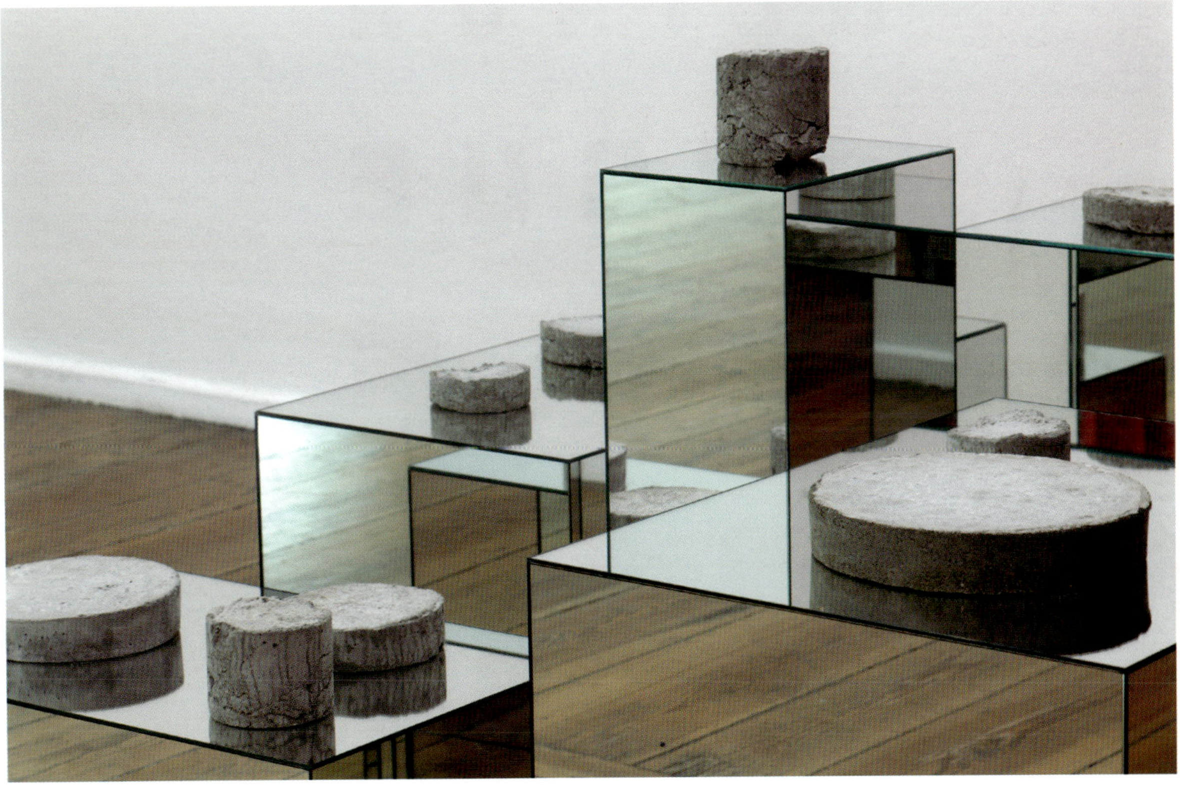

MATVFUENOXOZD 12 pt

DLVATBKUEHSM 13 pt

RCYHOFMESPA 17 pt

EXATZHDWN 20 pt

YOELKSFDI 22 pt

OXPHBZD 25 pt

MLTAVR 34 pt

OHSUE 44 pt

MCF 62 pt

ZU 120 pt

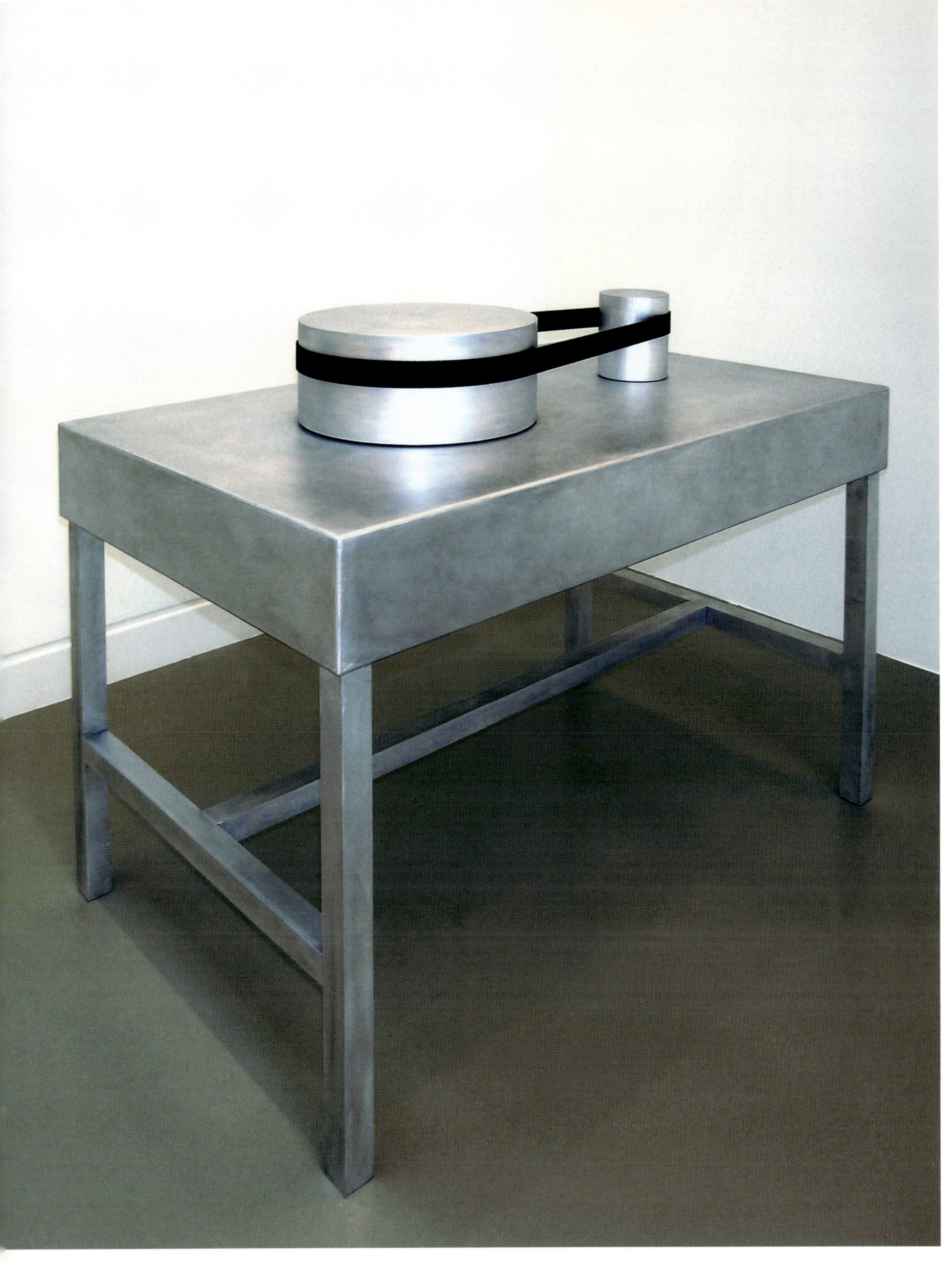

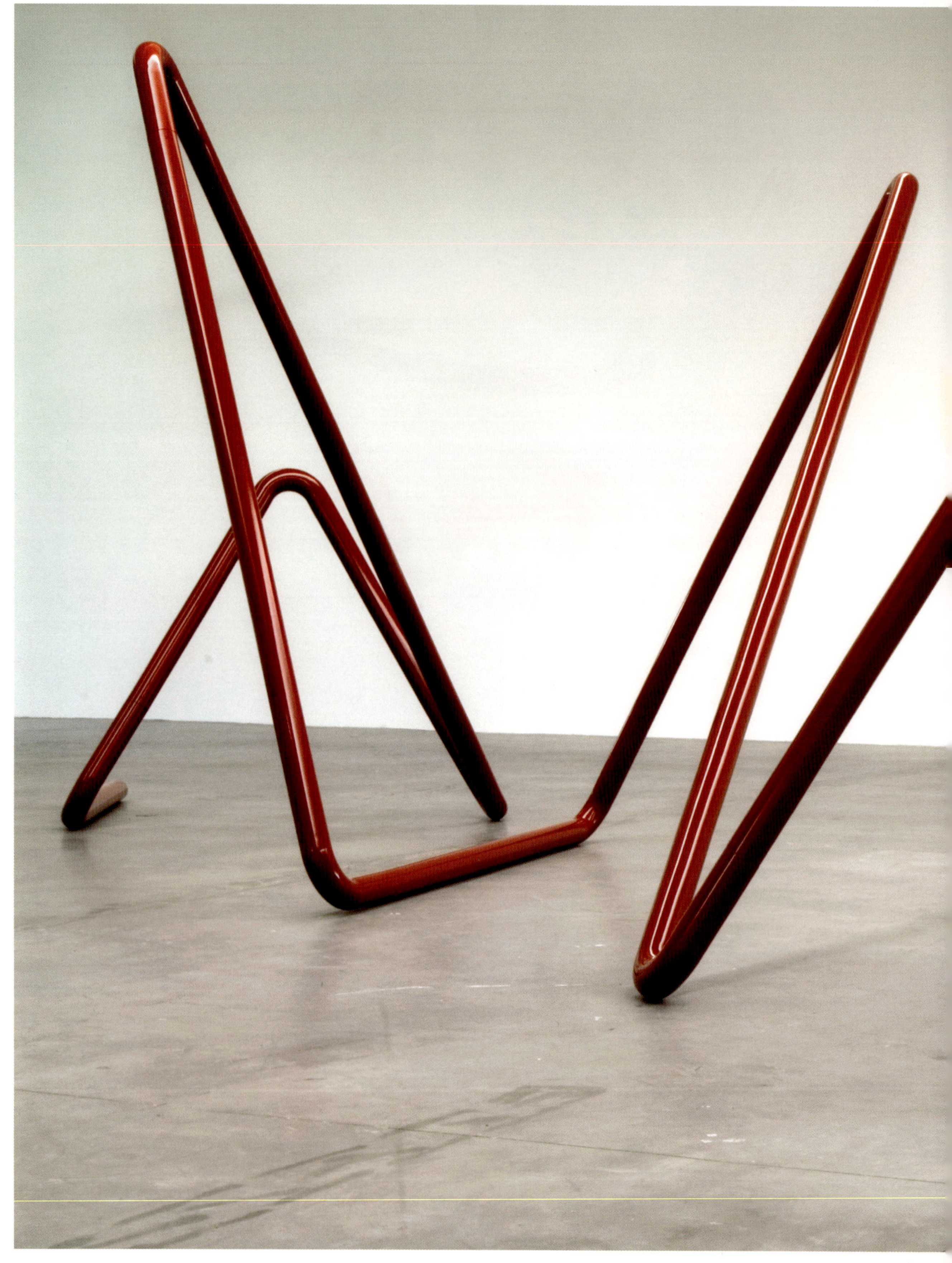

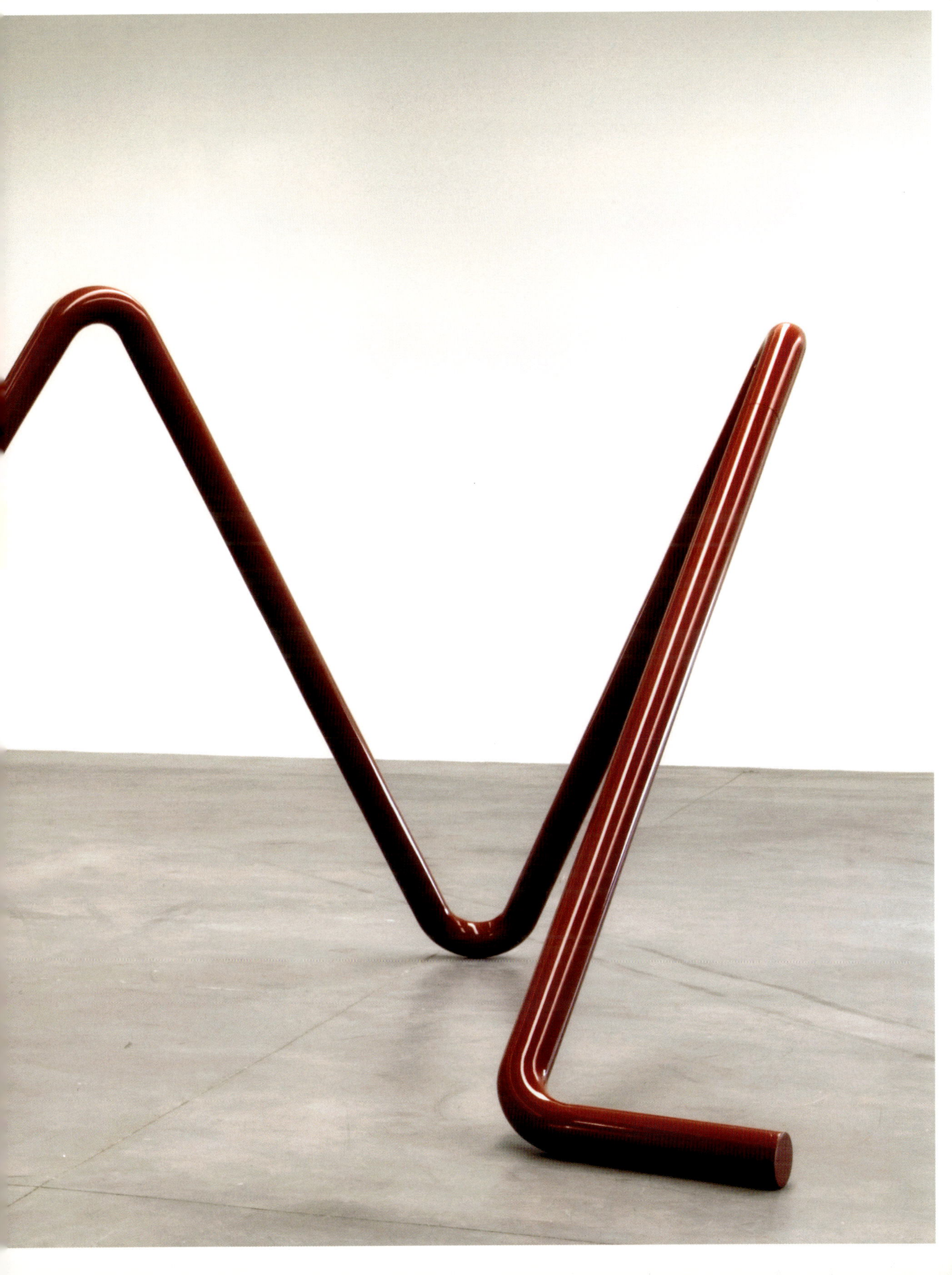

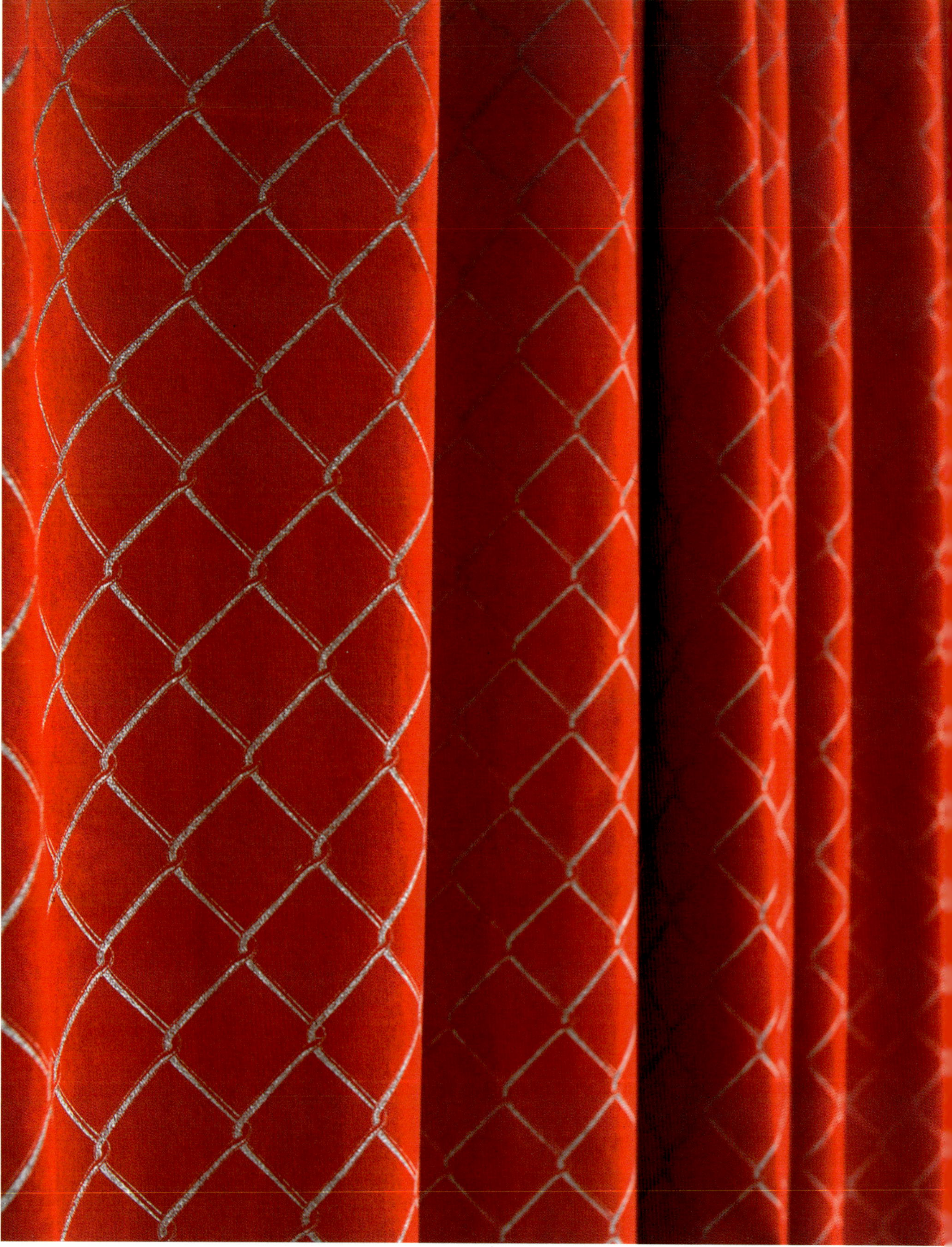